目錄

食○買○玩 最強特集

分區導遊

那霸機場

那霸機場共分國際線及國內線兩幢大樓。由香港前往沖繩會在國際線大樓出境，由於規模和人手都較少，即使每次只辦理一班機的入境手續，最少也要等20分鐘。至於距離僅2分鐘路程的國內線大樓，無論設施、交通配套、商店及餐廳選擇都齊全得多，遊客亦可在此乘搭飛機往石垣島、宮古島等沖繩離島。

那霸空港2019年大裝修，增設了許多餐廳和商店，離境時記得預多一至兩小時「掃蕩」。

如要寄明信片或有東西速遞回港，可在9:00am-5:00pm辦公時間前往國內線大樓郵局辦理。

機　場　大　樓　解　構

4樓：餐廳
3樓：機票大堂：投幣式儲物櫃、互聯網、詢問處
2樓：離境大堂：商店、自動櫃員機、投幣式儲物櫃、互聯網、詢問處、停車場及單軌電車連絡路
1樓：入境大堂：投幣式儲物櫃、互聯網、詢問處、餐廳、郵局、警察局、沖繩觀光協會、行李寄存處

行李寄存中心

國內線大樓設有行李寄存中心，行李甚至可在此存放1個月。
電話：098-840-1181
營業時間：7:30am-8:00pm

行李尺寸	收費
S(120cm 以下)	￥400
M(120cm-160cm 以下)	￥600
L(160cm-250cm 以下)	￥800
LL(250cm 以上)	￥1000
大衣一件	￥200
※ 上述為各件行李之1日費用。	

國內線航廈(四樓)餐廳推介

琉球迴轉壽司 海來 (位置4-1)
供應人氣創意壽司及各式沖繩縣產和牛料理。
時：10:30am-8:00pm

鄉土料理店 天龍 (位置4-9)
沖繩蕎麥麵及鄉土料理專門店。
時：9:00am-8:30pm

蓋飯店 志貴 (位置4-11)
各式沖繩料理蓋飯。
時：9:00am-8:00pm

國際線航廈(二樓)手信店推介

鹽屋 (位置2-65)
沖繩著名鹽專賣店，鹽製產品令人目不暇給。
時：7:00am-8:30pm

Blue Sky (位置2-71)
經銷北海道、大阪及東京等全國點心及伴手禮。
時：7:00am-8:30pm

美麗海 (位置2-61)
專營沖繩美麗海水族館紀念品及琉球傳統工藝品。
時：7:00am-8:30pm

沖繩交通

機場往返 沖繩交通

抵達那霸機場後，建議步行至國內線大樓，再轉乘的士、巴士、ゆいレール（單軌電車）等前往市區。若有任何交通上的問題，也可向機場大堂內的沖繩觀光協會查詢，職員都懂得以簡單英語溝通。

的士：

的士站設在國內線大樓1樓入境大堂門外，分為長途及短途兩種。前往那霸市、首里或南部可選擇短途的士；目的地是中部及北部則選乘長途的士。行李都不會額外收費。

的士車費網上查詢：
http://www.okinawa-kotsu-grp.co.jp/

收費： 沖繩的士起錶為￥560，每365米跳錶一次，每次￥70。由機場至國際通約15分鐘車程，車費約￥1,540。

機場接駁巴士：

由於中部及北部位置較遠，因此機場亦設有利木津機場巴士，接載乘客到該區各主要酒店，車票在國內線大樓入境大堂的利木津巴士櫃台售票處有售。

那霸市內線／ 本島市外線巴士：

國際線抵達大廳外有一個「那霸機場國際線站」，這個站的巴士都由國內線站出發，如果擔心巴士太擠上不去可以去國內線上車。國內線巴士站會看到「那霸機場國內線站（1-4號站牌）」及隔一條馬路的「機場巴士專用站牌（12號站牌）」。由機場前往那霸國際通一帶可乘坐25、99及120號巴士；前往北部地區則乘坐111或120號巴士。

巴士站①	●包租巴士 ●國內線←→國際線 免費接駁巴士
巴士站② （國際線大廳亦有巴士站）	●111號高速巴士（往名護巴士總站） ●117號高速巴士（往名護巴士總站、美麗海水族館）
巴士站③ （國際線大廳亦有巴士站）	● 23號（具志川線） ● 25號（普天間機場線） ● 26號（宜野灣機場線） ● 99號（天久新都心線） ●113號（具志川機場線） ●120號（名護西機場線） ●123號（石川機場線） ●125號（普天間機場線） ●152號（AEON線）
巴士站④	● 95號（往沖繩 OUTLET ASHIBINAA）
巴士站⑫	●機場巴士（往中北部各大度假飯店、美麗海水族館） ●機場巴士（沖繩機場接駁巴士3日／5日券上車點）

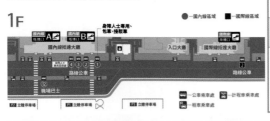

1F

收費： 那霸市內線巴士每程劃一車費￥220，大小同價，上車付錢，不設找贖。而市外線巴士則於上車時取票，下車時按路段收費。

ゆいレール（單軌電車）：

由機場前往國際通，最方便的方法就是從國內線機場大樓2樓離境大堂，沿天橋步行約2分鐘乘搭單軌電車，由那霸空港站往縣廳前、美榮橋或牧志站，車費約￥270-300，車程大概13-16分鐘。

沖繩本島市內交通

如果同行的人都不懂駕駛，那就只有依靠沖繩的公共交通工具。沖繩本島交通工具選擇不多，主要分為單軌電車、巴士及的士。

單軌電車是遊客往來國際通的主要交通工具。

ゆいレール（單軌電車）

那霸市的單軌電車日文稱為ゆいレール（Yui Rail），全程約長12.9公里，以那霸機場為起點，てだこ浦西駅為終站，途經國際通等遊客必到的地區，車程約37分鐘，每班車約相隔8至12分鐘。

單程票價：¥230-370

那霸空港站 ←4分鐘→ 赤嶺站 ←1分鐘→ 小祿站 ←2分鐘→ 奧武山公園站 ←2分鐘→ 壺屋站 ←2分鐘→ 旭橋站 ←1分鐘→ 縣廳前站 ←2分鐘→ 美榮橋站 ←2分鐘→ 牧志站

てだこ浦西站 ←2分鐘→ 浦添前田站 ←2分鐘→ 經塚站 ←2分鐘→ 石嶺站 ←3分鐘→ 首里站 ←2分鐘→ 儀保站 ←2分鐘→ 市立病院前站 ←2分鐘→ 古島站 ←2分鐘→ おもろまち站 ←1分鐘→ 安里站

購票過程簡單

首先揀選購買張數。

揀選想要去的車站。

購票過程簡單，若想買1日乘車券，則到服務中心向服務員查詢。

醒目消費

任搭乘車券

如果只打算在國際通閒逛，基本上可以不購買乘車券，因為一條國際通已橫跨縣廳前、美榮橋及牧志3個車站。若計劃去首里或其他車站，買乘車券則較划算，以平均每程¥230為例，搭4次就已經回本。而且這張一日乘車券是以24小時計算，也就是說如果你中午12點買的，可以用到翌日中午12點。

車票	大人	小童
一日乘車券（24小時有效）	¥800	¥400
二日乘車券（48小時有效）	¥1,400	¥700

觀光的士

好處是不用擔心在不熟悉的地方開車或迷路，享受悠閒放鬆的旅行。沖繩有多間包車公司，有會簡單英文的司機，最低消費3小時¥11,600起，4人分攤每人約¥2,900，省下不少等巴士時間，又可免除舟車勞頓之苦。

INFO

結美沖繩

LINE：https://line.me/ti/p/%40yvs2066c

網頁：https://www.jiemei-okinawa.com/transportation/taxi.html

沖繩交通

巴士

那霸市內線 / 本島市外線

沖繩巴士由4間巴士公司營運，分為那霸市內線及本島市外線兩種。除了機場外，遊客亦較多機會在那霸等候巴士。那霸市巴士總站位於單軌電車「旭橋」站後方，1-19號巴士主要行走那霸市內，20號以上則為市外巴士線。部分路線只會在周日特定時段才行經國際通，詳細路線及收費可瀏覽：http://www.kotsu-okinawa.org/map_naha.html

那霸市內巴士路線

車號	起點	終點	主要旅遊點
1	三重城	新川営業所	久茂地、首里
2	三重城	新川営業所	縣廳前、識名園、國際通 (僅限周日12:00nn - 6:00pm)
3	三重城	新川営業所	泊港、識名園
5	三重城	新川営業所	識名園、國際通 (僅限周日12:00nn - 6:00pm)
6	那霸バスターミナル	おもろまち駅前広場	縣廳前、國場
8	おもろまち駅前広場	石嶺地東	首里、首里城
9	石嶺営業所	具志営業所	儀保、小祿、久茂地、國際通 (僅限周日12:00nn - 6:00pm)
10	那霸バスターミナル	那霸市新都心地區	國際通
11	石嶺営業所	具志営業所	儀保、泊高橋、縣廳前、小祿
14	新川営業所	新川営業所	識名園、縣廳前、首里、國際通 (僅限周日12:00nn - 6:00pm)
17	石嶺営業所	具志営業所	儀保、首里城、小祿
18	那霸バスターミナル	首里駅前	國場、首里

只要在網站輸入出發地及目的地 (可選擇中文)，系統便會按要求釋出實時乘車資料。
網址：**https://www.busnavi-okinawa.com/top/Transit**

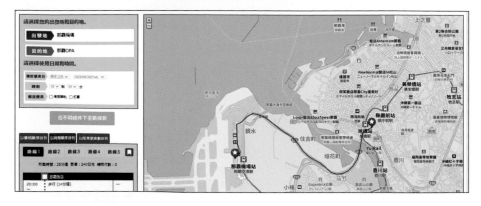

往來離島交通

前往沖繩離島，最方便快捷的方法莫過於到那霸機場國內線大樓乘飛機。然而，機票昂貴加上很多島嶼都不設機場，所以到那霸泊港碼頭乘船，甚至由其他島嶼轉渡輪往更偏僻的離島，就成為前往沖繩離島的主要途徑。

那霸→石垣島・宮古島【飛機/單程】　　　　　＊2023年6月份參考價

飛機航線	公司	啟程	抵達	所需時間	費用	班次
那霸→宮古	ANA	最早:9:40am 最晚:6:00pm	最早:10:30am 最晚:6:50pm	50分鐘	¥10,140-20,040	每日5班
	JAL	最早:7:20am 最晚:6:20pm	最早:8:15am 最晚:7:15pm	55分鐘	¥13,110-23,450	每日59班
那霸→石垣	ANA	最早:7:30am 最晚:7:25pm	最早:8:30am 最晚:8:25pm	60分鐘	¥13,140-26,040	每日8班
	JAL	最早:7:15am 最晚:6:15pm	最早:8:20am 最晚:7:20pm	55分鐘	¥13,300-29,940	每日7班
宮古→石垣	JAL	最早:11:35am 最晚:5:40pm	最早:12:05pm 最晚:6:10pm	30分鐘	¥12,100-13,750	每日3班
石垣→宮古	JAL	最早:12:35pm 最晚:7:00pm	最早:1:05pm 最晚:7:30pm	30分鐘	¥12,100-13,750	每日3班

地：那霸空港國內線大樓
電：（ANA）098-861-8800；
　　（JAL）098-863-8522
網：（ANA）www.ana.co.jp；（JAL）www.jal.co.jp

石垣島→西表島【公司：安榮觀光/輪船】

渡輪航班	啟程	所需時間	費用	班次
石垣島→西表島(大原港)	最早：8:30am 最晚：4:00pm	40-90分鐘	單程 ¥2,060	每日4班 (如果上原港線停航時會加開航班)
西表島(大原港)→石垣島	最早：9:30am 最晚：5:00pm		來回 ¥3,960	每日6班
石垣島→西表島(上原港)	最早：7:00am 最晚：4:40pm	40-50分鐘	單程 ¥2,690	每日5班
西表島(上原港)→石垣島	最早：7:50am 最晚：5:30pm		來回 ¥5,170	

地：石垣碼頭
電：（安榮觀光）098-083-0055
網：（安榮觀光）aneikankou.co.jp/
註：網址另有前往小浜島、黑島、鳩間島、波照間島船期表。

石垣島→竹富島【公司：安榮觀光/輪船】

渡輪航班	公司	啟程	所需時間	費用	班次
石垣島→竹富島	ANA	最早：7:30am 最晚：5:30pm	10-15分鐘	單程 ￥790	每日8班
竹富島→石垣島	JAL	最早：7:50am 最晚：5:50pm		來回 ￥1520	每日9班

地：石垣碼頭
電：（安榮觀光）098-083-0055
網：（安榮觀光）aneikankou.co.jp/

那霸→久米島→渡名喜島【公司：久米商船/輪船】

渡輪航班	啟程	所需時間	費用	班次
那霸→久米島	2:00pm	3小時	單程：￥3,450 來回：￥6,560	每日1班 (周一停航)
那霸→渡名喜島	9:00am	1小時55分鐘	單程：￥2,750 來回：￥5,230	每日1班
渡名喜島→久米島	11:10am	1小時20分鐘	單程：￥1,160 來回：￥2,210	每日1班

那霸→久米島→渡名喜島【公司：JAL/飛機/單程】

飛機航線	啟程	啟程	所需時間	費用	班次
那霸→久米島	最早：7:45am 最晚：6:10pm	最早：8:20am 最晚：6:45pm	35分鐘	￥9,370-￥12,780	每日7班
久米島→那霸	最早：8:45am 最晚：6:10pm	最早：9:20am 最晚：7:45pm			

地：那霸空港國內線大樓；那霸市前島3-25-1
電：（久米商船）098-868-2686；（JAL・JTA・RAC）098-863-8522
網：（久米商船）www.kumeline.com；（JTA）www.jal.co.jp；（RAC）http://www.churashima.net/rac
註：久米商船逢星期一只行駛上午一班船(8月份除外)

那霸→與那國島【公司：JAL/飛機/單程】

飛機航線	啟程	抵達	所需時間	費用	班次
那霸→與那國島	最早：7:15am 最晚：12:25pm	最早：8:35am 最晚：1:45pm	1小時20分鐘	￥21,580-￥34,010	每日2班
與那國島→那霸	11:25am	12:40pm	1小時15分鐘	￥21,580-￥34,010	每日1班

石垣島→與那國島(單程)【公司：福山海運/輪船】

渡輪航班	啟程	抵達	所需時間	費用	班次
石垣島→與那國島	10:00am	2:00pm	4小時	￥3,550	每周2班(周二＆周五)
與那國島→石垣島	10:00am	2:00pm	4小時		每周2班(周三＆周六)

⊙地：那霸空港國內線大樓；石垣碼頭
⊙電：（RAC）057-002-5071；（福山海運）098-082-4962
⊙網：（RAC）rac.churashima.net
　　　（福山海運）http://fukuyamakaiun.ti-da.net/

石垣→波照間島【公司：安榮海運/輪船】

渡輪航班	啟程	所需時間	費用	班次
石垣島→波照間島	最早：8:10am 最晚：3:30pm	60-80分鐘	單程：￥4070 來回：￥7830	每周2班(周二＆周五)
波照間島→石垣島	最早：9:50am 最晚：5:20pm			每周2班(周三＆周六)

⊙地：石垣碼頭
⊙電：（安榮觀光）098-083-0055
⊙網：www.aneikankou.co.jp/water_routes/detail/hateruma

那霸→渡嘉敷島【公司：渡嘉敷/輪船】

渡輪航班	啟程	抵達	所需時間	費用	班次
那霸→渡嘉敷島	快船： 9:00am、4:30pm 慢船：10:00pm	快船： 9:40am、5:10pm 慢船：11:10pm	快船 40分鐘	快船 單程：￥2530 來回：￥4810	快船每日2班 慢船每日1班
渡嘉敷島→那霸	快船： 10:00am、5:30pm 慢船：4:00pm	快船： 10:40am、6:10pm 慢船：5:10pm	慢船 1小時10分鐘	慢船 單程：￥1690 來回：￥3210	快船每日2班 慢船每日1班

註：只有往渡嘉敷島航線。

⊙地：那霸市前島3-25-1泊港
⊙電：098-868 7541
⊙網：https://tokashiki-ferry.jp/Senpaku/portal
⊙註：網址另有前往座間味島、阿嘉島、粟國島、伊江島、
　　　大東島船期表。

全年盛事表

沖繩年度全紀錄

1月	2月	3月	4月	5月	6月
節慶	**節慶**	**節慶**	**節慶**	**節慶**	**節慶**

1月 節慶

1月1日
元旦

1月1日-3日
首里城公園
新春之宴
地點：
首里城公園

1月第2個星期一
成人節

1月中旬-2月上旬
櫻花祭
地點：
本部町八重岳、
今歸仁城跡、
名護市

1月12日-3月31日
座間味村
賞鯨季節
地點：座間味島

1月中旬-5月中旬
沖繩花之狂歡節
地點：縣內各地

2月 節慶

2月5日-13日
（每年不同）
沖繩國際洋蘭
博覽會
地點：
本部町·
海洋博公園

2月11日
建國紀念

3月 節慶

3月上旬至中旬
東村杜鵑花祭
地點：
東村村民の森
つつじ園

3月21日
（每年不同）
春分

3月下旬
八重山海灘開放

4月 節慶

4月上旬
琉球海炎祭
地點：
宜野灣市·
宜野灣海濱公園

4月29日
昭和之日

5月 節慶

5月3日至5日
那霸龍舟大賽
那霸市那霸新港
埠頭傳統龍舟大
賽，穿著仿古服
飾的划船手在比
賽中大展身手。
地址：
那霸市那霸
新港埠頭

5月3日
憲法記念日

5月4日
國民休息日

5月5日
兒童節

6月 節慶

6月上旬
系滿龍舟大賽
地點：
系滿市系滿漁港

開花品種

1月	2月	3月	4月	5月	6月
大紅花、櫻花、甘蔗花、龍船花、九重葛	大紅花、火紅杜鵑、櫻花、甘蔗花、龍船花、九重葛	大紅花、火紅杜鵑、黃花風鈴木、紫菖蒲、九重葛	大紅花、火紅杜鵑、麝香百合、紫菖蒲、九重葛、刺桐花	大紅花、月桃、麝香百合、龍船花、九重葛、刺桐花、艷山薑、沖繩木荷	大紅花、麝香百合、龍船花、艷山薑、沖繩木荷、穗花棋盤腳、菠蘿、芒果、火龍果

大紅花是沖繩的象徵之花，原名木槿，一年四季都可見到它的蹤影。

平均溫度

1月	2月	3月	4月	5月	6月
最高：19.1 最低：14.3	最高：19.2 最低：14.3	最高：21.3 最低：16.2	最高：24 最低：18.9	最高：26.4 最低：21.5	最高：29.2 最低：24.6

沖繩以陽光海灘作賣點，可想而知夏天就是這兒的旅遊旺季。其實這個島國一年四季都同樣精彩，跟著這個圖表去旅行，自然玩得最精明啦！

7月

節慶

7月3日至4日
愛與和平搖滾音樂會
地點：
沖繩市コザ運動公園

7月
第三個星期六
海洋博公園
夏日嘉年華
地點：
本部町．
海洋博公園

7月第3個星期一
海洋節

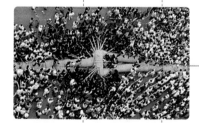

開花品種

大紅花、龍船花、艷山薑、穗花棋盤腳、菠蘿、芒果、火龍果

平均溫度

最高：31.3
最低：26.4

8月

節慶

8月1日
萬人太鼓舞祭典
各地青年會及藝能團體匯聚那霸國際通，表演沖繩太鼓舞。
地點：
那霸國際通り

8月14日-15日
宜野灣

開花品種

大紅花、龍船花、穗花棋盤腳、菠蘿、芒果、火龍果

平均溫度

最高：30.9
最低：26.1

9月

節慶

9月中旬
（每年不同）
中秋之宴
昔日琉球王朝為歡迎中國使節、冊封使，每年農曆8月15日都會在首里城公園舉行御冠船舞踊及傳統藝能表演。
地點：
首里城公園

9月第3個星期一
敬老節

9月23日
（每年不同）
秋分

開花品種

大紅花、龍船花、九重葛、絲木棉、火龍果

平均溫度

最高：29.9
最低：25.1

10月

節慶

10月10-12日
那霸祭
以封鎖國道58號進行的拔河大賽為主，連續3天在那霸市內展開的大型祭典。
地點：
那霸国道58号．國際通り．奧武山公園

10月
第2個星期一
體育節

10月23-24日
琉球祭典
地點：
那霸市新都心公園、國際通

10月29日-30日
首里城祭
地點：
首里城御庭

開花品種

大紅花、龍船花、九重葛、絲木棉、火龍果

平均溫度

最高：27.5
最低：22.7

11月

節慶

11月3日
首里城祭、文化節
重現琉球王朝時代的古式行列，並有各種技藝表演。
地點：
首里城御庭

11月23日
勤勞感謝日

開花品種

大紅花、龍船花、九重葛、絲木棉、火龍果

平均溫度

最高：24.2
最低：19.5

12月

節慶

12月5日
那霸馬拉松
日本最大型馬拉松比賽，從那霸市沿南部跑一周。
地點：
58號旭橋交界、平和祈記念公園、奧武山陸上競技場

12月23日
天皇誕生日

12月31日至
1月1日
摩文仁火
地點：
系滿市沖繩平和祈念堂

開花品種

大紅花、甘蔗花、龍船花、九重葛、絲木棉

沖繩屬亞熱帶海洋性氣候，全年平均溫度為22度，1至6月為梅雨季節，雨量至5、8至10月則屬颱風季節，頗大。

平均溫度

最高：20.9
最低：16.1

OKICA卡

　　OKICA卡是沖繩自家出品的交通卡，主要用作乘坐單軌列車及巴士之用。如果行程集中於機場、那霸及首里一帶，使用率其實頗高的。OKICA卡購買的金額下限為￥1,000，當中￥500為車費，￥500為押金，可於退卡時退回。OKICA卡有充值功能，預計餘額不足可在車站的購票機增值(每次最少￥1,000)。與日本其他交通卡如SUICA、ICOCA或PASMO比較，OKICA卡優惠不多，又不能用來購物。但因為其他地方的交通卡不能在沖繩使用，為免每次乘車購票麻煩，可考慮抵埗後購買使用。

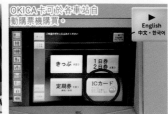

OKICA卡可於各車站自動購票機購買。

INFO

購買地點：各單軌列車及巴士站

網站：http://info.okica.jp/

沖繩巴士周遊PASS

　　此周遊PASS分兩種，分別為「巴士PASS」和「巴士及單軌電車PASS」。兩種均分為1日券和3日券，可在一日或三日內無限乘搭巴士(不包括111號、117號、機場穿梭巴士及定期觀光巴士)。但請留意，「巴士+單軌電車PASS」無論是一日券或三日券，單軌電車自由乘車券都只是一天(請於周遊PASS利用開始前後一周內換領)，若想多乘搭數天單軌電車便須另外購票。這個Pass在2021年推出電子APP版，只要上下車時出示QR CODE即可，就不用特別再到窗口購票，十分方便。

	巴士周遊	巴士周遊+單軌電車
1日券(成人/小童)	2,500 / 1,250	3,000 / 1,500
3日券(成人/小童)	5,000 / 2,500	5,500 / 2,750

*日圓/截至2023年5月

INFO

購買地點：那霸觀光案內所【國際線】，沖繩觀光情報中心：那霸巴士總站站2/F、那霸巴士總站內1/F、那霸觀光案內所(牧志3-2-10 てんぷす那霸1階)、RYUBO旅行 Salon店(久茂地1-1-1 7/F)、名護出張所(名護巴士總站內)

網站：https://www.okinawapass.com/

美麗海水族館五合一套票（美ら海とくとく5パス）
Churaumi Toku Toku 5 Pass

美麗海水族館五合一套票是美麗海水族館最新推出的旅遊套票，遊客可以在沖繩15個觀光熱點中挑選4個，加上美麗海水族館，安排5天之內遊覽。以最貴的4處門票計，包括琉球村（¥1,500）、文化王國玉泉洞（¥2,000）、大石林山（¥1,200）及東南植物樂園（¥1,540），加上美麗海的門票（¥2,180），已是¥8,420，而五合一套票只要¥5,500（成人），即慳¥2,920。

票價（HK$）： 成人 $320，高中生 $262，初中以下 $146　　**購票地點：** kkday.com、klook.com
使用限期： 訂購時需指定兌換日期，並於兌換日起連續5日使用完畢　　**參考網頁：** https://rts21.co.jp/enjoypass-01
兌換方法： 完成購買程序將獲發 QR Code，出示 QR Code 即可入場

五合一套票十五選四的景點包括：

沖繩美ら海水族館

那覇空港

1 やんばる國立公園 大石林山　**大石林山**　●15歳以上 1,200円 ●4歳〜14歳 550円
2 古宇利オーシャンタワー　**古宇利海洋塔**　●16歳以上 1,000円 ●6歳〜15歳 500円
3 DINO 恐竜 PARK やんばる亜熱帯の森　**DINO恐龍公園**　●16歳以上 1,000円 ●4歳〜15歳 600円
4 OKINAWAフルーツらんど　**水果樂園**　●高校生以上 1,200円 ●4歳〜中学生 600円
5 ネオパークオキナワ　**自然動植物公園**　●中学生以上 1,200円 ●4歳〜小学生 600円
6 琉球村　**琉球村**　●大人 1,500円 ●高校生 1,200円 ●6歳〜15歳 600円
7 あまわりパーク 勝連城跡・歴史文化施設　**勝連城跡**　●高校生以上 600円 ●小・中学生 400円
8 体験王國むら咲むら　**體驗王國**　●大人以上 600円 ●中・高校生 500円 ●小学生以下 400円
9 美らやんパークオキナワ・東南植物樂園　**東南植物樂園**　●大人 1,540円 ●13歳〜17歳 1,050円 ●4歳〜12歳 600円
10 沖縄こどもの国　**兒童王園**　●大人 500円 ●中・高校生 200円 ●4歳〜小学生 100円
11 識名園　**識名園**　●大人 400円 ●中学生以下 200円
12 首里城公園　**首里城公園**　●大人 400円 ●高校生 300円 ●中学生以下 160円
13 旧海軍司令部壕　**舊海軍司令部壕**　●大人 600円 ●小中学生 300円
14 玉泉洞　**玉泉洞**　●大人 2,000円 ●4歳〜14歳 1,000円
15 沖縄平和祈念堂　**平和祈念堂**　●大学生以上 450円 ●小人 350円

景點分布沖繩本島，15選4其實要都頗花心思！

沖繩巴士周遊PASS

Okinawa FunPASS 是一套集觀光、美食及購物優惠的套票。用戶可以兌換美麗海水族館門票+6個景點選2+美食選1 加上 Blue Seal 雪糕+2份藥妝來店禮，再享購物85折。Okinawa FunPASS 是在它專屬 APP 開通的電子票券，開通五天內隨時可以使用，不需要事前預約，最適合每天都在更換行程，不喜歡被電子票券時間綁住的人用。

套票已包括美麗海水族館門票及Blue Seal 雪糕

網址：https://okinawa.funpass.app/
價錢 (klook)：成人 $308，
兒童 (4-14 歲)：$165

Fun PASS 下載 QR Code

如何使用 Okinawa FunPASS

STEP1
於網上購買 PASS，取得兌換序號。

STEP2
下載 Okinawa FunPASS APP 後輸入序號。(一部手機可綁定多個序號)

STEP3
輸入個人資料，開通 PASS。

STEP4
到合作景點或店家，出示 APP 內 QR-code 來使用。

人氣景點(6選2)	文化王國(玉泉洞)、東南植物樂園、名護動植物園、古宇利海洋塔、琉球村、名護鳳梨園
美食(選1)	唐門そば、Zootons、燒肉どうらく、回転寿司北海素材、WaGyu-Cafe KAPUKA、Hawaiian-Caf'e KAPUKA、牛骨琉球、Cafe R
購物折扣	札幌藥妝、DEGU 藥妝、第一牧志公設市場中真水產、唐吉訶德、Ryu Spa

GOGO PASS 七景點通用券

與「美麗海水族館五合一套票」內容相似，不過這套票包含的是7個景點，可以包括美麗海水族館亦可以排除，對曾經去過水族館的朋友較有彈性。雖然7個景點已由南到北分布全沖繩，但用戶不可有七景點以外的選擇。而且5天遊7個景點，在時間管理上會有點挑戰，啱晒時間有限但又想盡用假期的朋友。

此套票購買後需要下載【Okinawa player】APP 才可以使用，使用期限為預約日期開始算起5天內。

GOGO PASS 七大景點：

使用方法：
① 打開 APP，於首頁選取我的預約。
② 選取【GOGPASS 七景點通卷】。
③ 於景點入口出示憑證，由工作人員按下【入場】按鈕，即可順利進場。
如額外購買美麗海水族館門票，用戶需前往國際航廈 1 樓的 TISCO 櫃台，兌換實體票券，再使用實體票券入場。

網址：https://www.okitour.co.jp/tw/products/gogo_pass
價錢：GOGO PASS 七景點 ￥2,500，
七景點＋美麗海水族館門票 ￥3,900

沖繩第三大商場
iias

交：單軌電車赤嶺駅轉乘 TK02 號巴士，於總站下車

　　iias 於 2022 年 6 月開幕，一共有 4 層。iias 是一站式商場，有女士喜歡逛的藥妝店及時裝店；如 Kahiko、GU、札幌藥妝；有男士感興趣的電器店和戶外用品店，如 Kojima x Bic Camera、XEBIO；小朋友對購物不感興趣，但一定會被頂樓的主題公園 DINOSAUR BBQ&PARK 所吸引。因為 iias 鄰近機場，最適合回國前來最後一波購物遊玩。

地址：沖繩縣豐見城市 3-35
電話：098-840-6900
營業時間：10:00am-9:00pm(各店不同)
網頁：https://toyosaki.iias.jp/

沖繩新事

【 商店介紹 】

札幌藥妝

　　女士們來日本少不了到藥房掃貨，這家札幌藥妝特色是商品種類齊全，不只有眾多知名品牌，更獨家代理了不少人氣商品。家庭常備的止痛藥、保健品、護膚品等等一應俱全，而且價格實惠，所以不少人回國前都會在這裡進行最後採購。這家札幌藥妝連著卡樂 B 販賣店，如果想買日本限定口味零食，也可以順便看看。

電話：098-996-3134
營業時間：10:00am-9:00pm
網頁：https://satudora.jp/

1/F

SUPER SPORTS XEBIO

　　XEBIO 店內集結不同運動品牌，店員會根據你的需求來推薦適合的商品。另外店內有專門選鞋的員工，在問完你的需求和平時運動狀況後，再測量站立時的壓力狀況以及拍攝腳部步態，了解了所有資訊後會推薦最適合你雙腳的運動鞋，既專業又貼心。

電話：098-996-1439
營業時間：10:00am-9:00pm
網頁：https://www.supersports.com/ja-jp/xebio

1/F

沖繩新事

KOJIMA X BIG CAMERA

場內設有四驅車俱樂部，小朋友隨時可以「鍊番轉」。

到東京或大阪旅行，往 BIG CAMERA 掃貨是指定動作。至於 KOJIMA X BIG CAMERA，其實也是同一個集團，不過店內除了家電及 3C 產品，同時有售生活用品、藥妝、及玩具等。過往沖繩只有北中城村的 AEON MALL OKINAWA RYCOM 及那霸設有分店，難得在 iias 也進駐，大家記得在官網先下載優惠券，盡享購物優惠。

電話：098-840-5252
營業時間：10:00am-9:00pm   **1/F**
網頁：https://www.kojima.net/shop/shoplist/iiastoyosaki.html

DINOSAUR BBQ&PARK
沖繩 Stem Resort

Stem Resort 是適合全家人的遊樂園，園內一共分為戶外、室內以及 epica 沙灘俱樂部。戶外區除了有逼真的恐龍模型及恐龍遊樂設施外，還會根據季節，夏日會舉行恐龍水上樂園；冬季舉行恐龍充氣樂園。室內區則有很多漂亮可愛的打卡區，還有手作坊給小朋友動手做飾品。

epica 沙灘俱樂部是給遊客 BBQ*，這裡可以自備食材，也可事先請園方準備。在這邊用餐可以一邊看美景一邊享受 BBQ。如果不想 BBQ，亦可到園方的小賣店或商場用餐，門票一日內可以無限次進出場，不用擔心出去就不能回來。

電話：098-996-3791   **4/F**
門票：一般 - 大人 ￥2,200；小孩 (4-17 歲)￥1,100；長者 (65 歲以上)￥700
　　　事前購票 - 大人 ￥1,980；小孩 (4-17 歲)￥980；長者 (65 歲以上)￥700
　　　*如購買 BBQ 套票則已包含門票。
營業時間：10:00am-9:00pm　　　網頁：https://stem-resort.com/

戶外冒險樂園
Chura Net Park

交：單軌電車赤嶺駅轉乘 TK02 號巴士，於總站下車

在 iias 商場旁邊新開了一個體能設施 Chura Net Park，以美麗海為起點，玩轉沖繩的大海。這公園夏天是水上樂園；冬天是繩網樂園，園內工作人員都經過公司以及急救課程培訓，安全方面都令人放心，無論大人還是小朋友都可以盡情在樂園瘋玩。

為了讓每一位入場的人都能充分玩樂，園方會進行人流管制，遊客需要事先在網路上預約，每小時限定50人玩，所以想入園的朋友記得到官網預約啊。

地址：豐見城市豐崎 3-35　　　電話：080-2601-9619
門票：大人（15歲以上）￥1500；兒童（6-14歲）￥1000；兒童（3-5歲）￥500
營業時間：9:00am-9:00pm　　　網頁：https://chura-venture.com/

沖繩新事

美麗海水族館的姊妹館
DMM かりゆし水族館

交：單軌電車赤嶺駅轉乘 TK02 號巴士，於總站下車

DMM 水族館在 2020 年 4 月新開幕，是 DMM.com 集團繼美麗海水族館後在沖繩第二家水族館。集團引進最新影像及空間表現技術，希望為遊客帶來全新體驗。水族館一共分為兩層，2/F 是常綠之森；1/F 為澄清之海 ，而入口位於 2/F，根據動線，遊客會先探索亞熱帶森林後再了解海底世界。透過視覺、聽覺感受到沖繩季節自然變化，了解沖繩在地生態觀。以下就讓小編介紹一些水族館的參觀吧！

地址：豐見城市豐崎 5-1　電話：098-851-3486
門票：成人￥2400；青年￥2000；兒童￥1500

營業時間：10:00am-7:00pm
網頁：https://kariyushi-aquarium.com/

【水族館內的參觀區】

榕樹森林

一入園看完播放影片後，首先看到的是一片熱帶森林，透過音響和投映技術，有如入森林之感。走過螺旋木梯後，可以看到琉球龍蜥等各種動植物。展區內的影像及音效於早、午、晚呈現不同特色，展現出隨著時間有所變化。

海風岩洞

這參觀區是水族館主打參觀之一，水池內展示海水侵蝕而誕生的洞穴以及各種魚類，而背景配上了動畫及聲效，模擬出沖繩的不同天氣變化。在大自然的音樂伴奏下，遊客可以慢慢欣賞牠們水中悠閒游弋的姿態。

海洋漫步

海風洞窟背後有間黑房，千萬不要略過不進去。海洋漫步區內在地上嵌入6米展示窗，遊客進去要先脫鞋，赤腳進入黑房。房內只有水箱散發出熒熒光芒，踏上展示窗上，就像潛入水底一樣，十分有意思！

探索生物池

在這邊可以觸摸動物，像是唇鯊、海參、海星等等。這邊的海洋生物已很習慣被人觸摸，所以不用擔心大膽地撫摸吧！另外這邊還有吃死皮的醫生魚，可以把手放入池中，感受一下牠們輕啄你手的感覺。

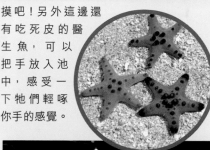

水母世界

區內聳立多個巨型的圓筒形水箱，展示出不同品種水母。這些圓筒水族箱會配合燈光以及音效，隨著時間有所變化，加上水母輕盈漂浮的姿態，給人浪漫唯美的氛圍。

咖啡廳及精品店

參觀完肚子有點餓的話，可以試試水族館主題的特色美食及特飲，而當中水母特飲更是熱銷飲料，水藍的飲料中漂著代表水母的啫喱，打卡一絕。

而精品店販售帶有水族館和沖繩特色的周邊，給遊客為這趟旅程留下紀念。

沖繩新事

整個商場風格以懷舊昭和風為主。

地址：那霸市牧志 2-2-30　電話：03-3710-2091
營業時間：11:00am- 翌日 4:00am(各店不同)
網頁：https://kokusaidori-norengai.com/

深宵食街
國際通りのれん街

交：單軌電車駅牧志步行 7 分鐘

　　國際通りのれん街於2020年5月重新開幕，一共有3層。B1/F是琉球橫丁和竜宮通り粉もん橫丁；1/F是那霸市場和国際通り橫丁；2/F是コザ橫丁。如果想直接在餐廳用餐，品嚐沖繩食材與沖繩料理的話，B1/F就有比較多餐廳選擇；如果想用半自助形式用餐，想在店家挑選新鮮食材再給餐廳料理的話，1/F則會比較適合；如果想享受深夜大人時光，感受音樂與美酒的恢意，去2/F就準沒錯！

餐廳和酒吧大樓
美國村 Depot Central

交：那霸市巴士總站搭乘 20、28、29 號巴士，或在那霸空港搭乘 120 號巴士，於「軍陸病院前」站下車，步行約 5 分鐘

　　美國村在2020年新開了一區Depot Central，一共8層，整幢大樓用色都十分鮮艷，令遊客一進入就好像進入主題公園一樣。Depot Central內有很多拍照點，像是沖出大樓的卡丁車、大白鯊魚口等等，就算不消費，也可以在這拍到有趣照片。由於Depot Central臨近海邊，所以樓上的餐廳與酒吧很多都設有觀景位來給遊客一邊品嚐美食，一邊欣賞美景。如果想恢意地消磨時間，到樓上餐廳酒吧吃喝也是不錯的選擇哦！

地址：中頭郡北谷町字美浜 9-1　電話：098-926-3322
營業時間：10:00am-10:00pm（各店不同）　網頁：https://www.depot-island.co.jp/

美國村溫泉酒店
Lequ Okinawa Chatan Spa & Resort

交 ：那霸市巴士總站搭乘 20、28、29 號巴士，或在
那霸空港搭乘 120 號巴士，於「軍陸病院前」駅下車

　　這間度假酒店位於美國村內，共分為主樓和尊貴樓兩幢。如果預算許可，可以選擇入尊貴樓客房，那邊每間客房都帶有獨立溫泉，不喜歡和陌生人泡溫泉的話可以留在客房慢慢享受溫泉。另外這家酒店最吸引人的地方是頂樓無邊泳池（需另外付費），泳池對著美國村的海洋，夏季入住的話還能看到美國村煙花。

地址 ：中上郡北谷町美浜 34-2　　電話 ：03-3710-2091
房價 ：￥41,786 起　　網頁 ：https://www.vessel-hotel.jp/en/lequ/okinawa/

全沖繩最大的泳池
Ryukyu Hotel & Resort Nashiro Beach

交 ：那霸機場乘坐的士約 20 分鐘

　　這間酒店於2022年7月開幕，號稱擁有全沖繩最大泳池。除了泳池之外，它也是唯一有河川式泳池，遊客游到累時可以坐在泳圈裡隨著水流漂浮。另外這間酒店是沖繩南部唯一一間與海灘相連，遊客隨時隨地想到海灘漫步都沒問題。酒店的房型全是海景房，附設小陽台讓住客欣賞海景，不過要注意因為酒店方面不想打擾海龜上岸產卵，所以晚上陽台是不準開燈的。

地址 ：糸滿市名城 963　　電話 ：098-997-5111
房價 ：￥22,840 起　　網頁 ：https://www.ikyu.com/

最後血拼
那霸機場YUINICHI St.

遊日本，機場往往是掃貨的最後城堡。過去那霸機場血拼的選擇不多，連結國內線與國際線的「際內連結航廈」完工後，同時48家全新的店鋪進駐2F的「YUINICHI St.」，以後辦完登機手續，記得預留2-3小時盡情「鳩烏」！

地址：那霸機場2F

【必逛商店】

福地商店　位置：2-78

沖繩縣的土特產商店，裡面有陶器和琉球漆器。商店內還設有Shisa繪畫體驗區，讓你DIY設計這沖繩的守護神。

黑船　位置：2-73

東京高級菓子店，當然不可錯過以正宗沖繩黑糖炮製的長崎蛋糕。

Senka　位置：2-47

經銷ROYCE那霸機場限定紅芋芝士蛋糕「SHURI」等及其他人氣商品。

INTERLINK OKINAWA 位置：2-68

著名的沖繩土產專門店，以銷售食品為主，其中的「鐘乳洞貯蔵熟成豆腐(腐乳)」是人氣商品，有多種口味，不要錯過。

oHacorte 位置：2-66

沖繩受歡迎的烘焙店，水果撻(塔)是人氣商品，酸甜水果配上香甜卡士達醬，令人為之瘋狂。市區店熱門貨早早便沽清，機場

Umichira 位置：2-61

沖繩美麗海水族館直營手信店，在水族館漏網之魚，仍有最後機會入貨補數。

Dear Okinawa 位置：2-59

主力銷售沖繩著名畫家的創作，包括明信片、書畫及飾品等雜貨，文青一族最啱！

永遠藍天碧海的沖繩，絕對是一家大細同遊的天堂。由大自然景觀、室內外遊樂場，到體驗學堂通通有齊。要安排大人細路都合意的活動，簡直易如反掌！

合家歡遊樂場

Map 4-1 A6 — Round 1 STADIUM

Round 1 STADIUM是日本連鎖大型室內遊樂場，全國擁有超過一百間分店，沖繩分店位於宜野灣和南風原。其中宜野灣遊樂場樓高四層，有齊保齡球、桌球、溜滑梯及波波池等項目，適合大人小朋友一齊喪玩。

- 地：宜野湾市真志喜3丁目28番8号　電：098-870-2112
- 時：10:00am-6:00pm，周五及假日前一天至12:00mn，周六24小時營業
- 費：【全日任玩】成人￥1,980、學生￥1,780-1,880(會員再享特價)
- 網：https://www.round1.co.jp/shop/ryokin/okinawa-ginowan.html
- 交：從那霸巴士總站搭乘32號線公車，於「コンベンションセンター前」（Convention Center前）站下車，徒步約10分鐘

Map Code：33 372 598*88

Map 1-1 A3 — 波之上兒童樂園

專為10歲以下的幼童而設，遊玩的項目比較簡單，除了彈翻床、溜滑梯這些必備遊戲，更設有職業體驗區，讓小孩子一嘗打工滋味。

- 地：那霸市辻3丁目2-1 エスパーナ 2F　電：098-917-2273
- 時：10:00am-7:00pm，周六日及假日9:00am-7:00pm
- 費：成人￥380(全日)、小童(半歲至1.5歲)￥380(全日)、小童(1.5歲至12歲)￥980(2小時)
- 網：http://www.nami-kids.com/
- 交：由國際通自駕或乘的士前往車程約15分鐘　**Map Code：33 155 854*26**

Map 4-1 B5 — SEGA 遊樂場北谷店

SEGA遊樂場位於北谷町美國村內的海濱大樓二樓，除了SEGA刺激的電玩，當然還有唔玩唔知身手好的夾公仔機。未夠喉可以玩埋隔離的美濱保齡球場！以後媽咪開心購物，老豆同細路都有地方落腳消遣。

- 地：中頭郡北谷町美浜9-8 2F　電：098-936-6741　時：10:00am-12:00mn
- 網：https://tempo.sega.jp/am/chatan/
- 交：由那霸機場搭搭120號巴士於桑江站下車即達　**Map Code：33 525 506*47**

Map 2-1 D4 — Southern Hill 溜冰場

沖繩雖然不會下雪，卻有一個室內溜冰場。Southern Hill 溜冰場有28m×58m的寬廣空間，可以進行溜冰及冰上曲棍球等活動。除了冰上活動，這裡的岩盤浴也非常聞名，使用「玉川溫泉的熔岩石」，令遊客在沖繩也可享洗溫泉之樂。

- 地：南風原町字宮平460-1　電：098-888-5656　時：11:00am-8:00pm，周六日10:00am-9:00pm
- 費：成人￥1,700、中學生￥1,500、小學生￥1,300、幼兒￥1,100　網：http://southern-hill.com/
- 交：乘單軌電車於「首里」站下車，轉乘的士約10分鐘　**Map Code：33 132 410*20**

Map 5-2 E6 宜野座道之驛公園

曾在日本自駕的朋友，都喜歡在IC(高速公路)途中的道の駅休息兼選購當地土產。宜野座道之驛公園把道の駅的功能加倍發揮，除了例牌的餐廳食肆＋超市，更增設四層樓高的大型溜滑梯、彈跳床、繩網及嬉水池，令道の駅由配角變成熱門景點，就算不需要休息都要到此一遊。

地：國頭郡宜野座村字漢那1633
電：09896-84520
Map code：206 204 344*26

Map 4-1 C5 Legend Sports Heroes Okinawa

位於沖繩巨無霸商場 Aeon Mall Okinawa Rycom 的 Legend Sports Heroes 佔地兩層，面積2,875平方米，提供24款虛擬真實的運動遊戲，包括騎馬、射箭、足球及滑雪等。除了正經的運動，也有搞笑的項目，例如做出不同姿勢穿過洞穴的Dynamite Pose。項目有不同難度，適合一家人一起參加。

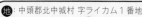

地：中頭郡北中城村 字ライカム1番地
電：09898-94638　時：10:00am-10:00pm
：【90分鐘任玩】成人￥2,300、中小學生￥2,000、幼稚園生￥1,100
【120分鐘任玩】成人￥2,800、中小學生￥2,400、幼稚園生￥1,400
網：http://www.legendheroes.co.jp/okinawa/
交：由單國際通自駕或乘的士前往車程約40分鐘

人氣動物園

Map 5-2 C1(1) 海洋博公園

要數沖繩最具人氣的景點，一定是海洋博公園。位於名護市的海博園，集合了美ら海水族館、海豚Oki-chan劇場、海洋文化館、翡翠海灘、熱帶‧亞熱帶都市綠化植物園、熱帶夢幻中心、沖繩鄉土村等11個主題區，一天時間都未必玩得完。

- 地：国頭郡本部町字石川424番地
- 電：098-048-2741
- 時：8:00am-6:00pm（10月至2月）；8:00am-7:30pm（3月至9月）；12月第1個周三及四休館
- 費：部分免費，6歲以下小童全部免費
- 網：oki-park.jp/kaiyohaku
- 交：名護市巴士總站搭乘65、66、70號巴士，於「紀念公園前」站下車。由機場駕車經許田IC前往約2小時20分鐘

Map Code：553075409

Map 5-2 F2 名護自然動植物公園

園內設有15個主題區，呈現中南美洲、澳洲及非洲等熱帶地區的生態。公園飼養了逾150種野生雀鳥、爬蟲類與哺乳類動物。其中「國際種保存研究中心」主要飼養因交通意外受傷需特別照顧的動物，參觀之餘盡顯愛心。

園內設有懷舊火車，遊園省時又省力。

- 地：名護市名護4607-41
- 電：098-052-6348
- 時：10:00am-5:00pm
- 費：成人￥1,200、兒童￥600
- 網：www.neopark.co.jp
- 交：名護巴士總站轉乘的士約5分鐘。由機場駕車經許田IC前往約1小時45分鐘

Map 5-2 C1 もとぶ元氣村

位於本部町的もとぶ元氣村，是一個集學藝歷奇於一身的活動中心。其中最熱門的活動，首推與海豚共樂。元氣村飼養了多條海豚，更准許大家與海豚來個貼身接觸，跟它一起游水及餵食。無論大人或小朋友，都是難得的體驗。

- 地：本部町字浜元410
- 電：098-051-7878
- 時：9:00am-6:00pm
- 費：包括與海豚共游或純粹岸邊打招呼等不同程度的接觸，收費由￥1,200至￥16,000
- 網：www.owf.jp
- 交：由那霸機場駕車經許田IC前往約2小時15分鐘
- 註：中心尚有餵羚羊、沖繩料理烹飪教室、水上電單車等活動，詳情可參考網址

沖繩兒童王國

Map 4-1 D4

號稱日本最南端的動物園，除了外地進口的動物如大象、長頸鹿及河馬外，亦致力保育沖繩土生土長的動物如那國馬等。園內特設「故鄉園」，重現沖繩鄉村傳統的房屋，讓遊客對沖繩本土文化有更深刻認識。

地：沖繩市胡屋5丁目7番7号　　電：098-933-4190
時：(4月至9月)9:30am-6:00pm，(10月至3月)9:30am-5:30pm，逢周二休息
費：成人￥500、學生(13-18歲)￥200、學生(4-12歲)￥100
網：https://www.okzm.jp/
交：那霸巴士總站搭乘23號、27號、31號公車於中の町車站下車步行約15分鐘；從那霸自駕行駛沖繩南IC下交流道，繼續行駛グラウンド通り前往胡屋，總車程約40分鐘

BIOS之丘（ビオスの丘）

Map 4-1 C1(3)

BIOS之丘是一個名副其實融入大自然的活動中心。公園設在石川高原的亞熱帶森林內，搭乘觀賞船遊河是遊客的指定活動。小朋友在公園內可以與小動物近距離接觸，更可以乘坐水牛車暢遊叢林，與大自然融為一體。

地：宇麻流市石川嘉手苅961-30　　電：098-965-3400
時：9:00am-6:00pm，周二休息
費：入園費＋乘船套票 大人￥1,800、兒童￥900不同項目有不同收費
交：從那霸機場出發車程約1小時15分鐘　　**Map Code**：206 005 263

Map 4-1 D3(26) 東南植物樂園

東南植物樂園有1300種、5萬株以上的植物,是日本最大的戶外植物園。樂園分為水上樂園及植物園兩區。植物樂園內的餐廳於以治愈與健康為主題,提供大量使用當地食材的菜單。最有名餐點是自製香草涮涮鍋,從園內挑選最好的香草來製作香草湯。除了香草涮涮鍋,餐廳還有提供時令菜餚,遊客可以透過大玻璃窗,一邊欣賞熱帶棕櫚樹景觀,一邊享用餐點。

- 地 沖繩市知花2146
- 電 098-939-2555
- 時 9:30am-10:00pm(營業時間可能會改,請留意官網)
- 費 大人(18歲以上)¥2600;青年(13-17歲)¥1400;兒童(4-12歲)¥800
- 網 https://www.southeast-botanical.jp/
- 交 乘坐那霸巴士90番於農民研修センター前バス亭下車,轉乘的士約3分鐘到達

Map 1-2 B1 企鵝居酒屋 Penguin Bar Fairy

日本不乏一些寵物餐廳,以貓狗等可愛小毛孩吸引顧客。位於那霸市的企鵝居酒屋,想不到親善大使竟然是幾隻可愛的企鵝。這群小紳士每逢晚上7時便會登上舞台,無需任何才藝表演,便引來萬千目光。入場費每位¥500,有¥2,500-4,500的套餐可選擇,雖然收費略高,不過有這群小可愛伴食,也不要太計較。

- 地 那霸市松山2-6-16號1樓
- 電 098-863-9993
- 時 星期一至四6:00pm-2:00am(L.O.1:00am),星期五至六 6:00-5:00am(L.O.4:00am),星期日6:00pm-1:00am(L.O.12:00nm)
- 網 https://www.penguin-bar.jp/
- 交 乘單軌電車於「美栄橋」站下車,步行10分鐘

Map 5-2 E2(19) 大家

位於名護郊區的大家由沖繩一組百年古宅改建而成,不但地方寬敞,而且超多打卡位,啱晒一家人嘆美食之餘齊齊影靚相。古色古香的木製結構有傳統的和室,亦有室外綠意盎然的用餐區。而餐廳更專門提供沖繩著名的Agu豬料理,無論是炸豬排、薑燒或涮涮鍋,總有啱你的口味。

- 地 名護市中山90
- 電 098-053-0280
- 時 11:00am-10:00pm
- 網 http://ufuya.com/
- 交 由那霸機場駕車經許田IC前往約1小時45分鐘
- **Map Code** : 206 745 056*82

Okuma度假村

　　藍天碧海是沖繩度假酒店的基本要求，但Okuma度假村除了有大小泳池，連私家海灘也擁有。度假村設有不同面積的別墅Villa，房租最平不用HK$800/晚！住宿之餘，村內又提供不同的水上活動、DIY班，甚至生態旅遊，保證住客能渡過充實的假期。

一公里長的沙灘，想點玩都得。

地：国頭郡国頭村字奧間913　　電：098-041-2222　　費：雙人別墅￥10,000/晚起　　Map Code：485 829 674*35
網：https://okumaresort.com/　　交：由那霸機場駕車前往約2小時；或預約穿梭巴士(每天一班)由那霸市至度假村

Map 5-2 C1

Orion本部度假SPA酒店

　　酒店由啤酒品牌Orion經營，所以住客每天都可以免費品嘗Orion啤酒。酒店房間都有超大陽台，又設有不同的泳池。不過酒店最大賣店是鄰近海洋博公園，步行前往只要需10分鐘，另外超靚AA級的翡翠海灘也近在咫尺，位置得天獨厚所以很受家庭客歡迎。

地：国頭郡本部町備 148-1　　電：098-051-7300
費：雙人房￥35,000/晚起　　網：http://www.okinawaresort-orion.com/
交：由那霸機場駕車前往約2小時　　Map Code：553 105 322

Map 5-2 D5

沖繩萬豪Spa度假酒店

　　沖繩萬豪酒店設於名護市，不但房間超大，泳池超多，平日入住房價也是HK$1,000有找。其中的兒童水上樂園更配備超寬廣滑水道，亦有提供大型吹氣設備供客人耍樂，充滿嘉年華氣氛。

地：名護市喜瀬1490-1　　電：098-051-1000
費：雙人房￥11,570/晚起　　網：https://www.marriott.com/
交：由那霸機場駕車前往約1小時　　Map Code：206 412 127*17

合家歡酒店

Map 1-2 C4 那霸格拉斯麗酒店

酒店雖然不算星級豪華度假酒店，但鄰近那霸國際通，往單軌電車「県庁前站」也只要5分鐘步程，食買玩超方便。酒店的「美麗海主題房」把沖繩海底景色投影在牆壁上，感覺超夢幻。而父母帶同11歲以下小孩入住，更不用加錢，非常體貼。

美麗海主題房。

哥斯拉主題房。

- 地：那霸市松尾1-3-6
- 電：098-867-0489
- 費：雙人房￥8,000/晚起
- 網：https://naha.gracery.com/
- 交：單軌電車「県庁前站」步行5分鐘

Map 3-2 A2 琉球溫泉瀨長島酒店

瀨長島距離那霸機場僅10分鐘車程，亦有免費接駁巴士來往那霸市。不過這裡最大的賣點其實是溫泉。話說酒店的溫泉水採自地底1,000公尺的天然溫泉「龍神之湯」，泉質屬氯化鈉強鹽泉，對於促進血液循環和舒緩肌肉緊繃很有效果。無論在房間或露天浴池，住客都可享用這一級秘湯。

- 地：豐見城市字瀨長174-5
- 電：098-851-7077
- 費：雙人房￥22,000/晚起
- 網：https://www.hotelwbf.com/
- 交：由那霸機場乘的士車程約10分鐘

Map 4-1 B5 沖繩坎帕納船舶酒店

坎帕納船舶酒店位於北谷的美國村內，是沖繩那霸以外另一食買玩熱點。酒店設有「展望大浴場」，對著汪洋大海浸浴，令人身心舒暢。父母帶同18歲以下孩童入住，只要不加床便不用加錢。如果是大家族同遊，更可租用可以打通兩個房間的「Connecting room」，方便互相照應。

- 地：中頭郡北谷町字美浜9番地22
- 電：098-926-1188
- 費：雙人房￥8,000/晚起
- 網：https://www.vessel-hotel.jp/campana/okinawa/
- 交：由那霸機場駕車車程約40分鐘

見學十八般武藝

［貼身體驗琉球文化］

　　走馬看花的旅遊風格早已不合時宜，要深入了解一個地方，最直接的方法就是學習當地文化。這方面沖繩尤其做得出色，隨便走在街上，已見到不少店舖掛著「見学」招牌，意思就是提供體驗課程，讓遊客邊學邊感受沖繩獨有的文化面貌。

Map 4-1 A2 ── 101種課程 **体験王国むら咲むら**

見學時間其實很自由，導師示範一下後便會把材料與説明書交給你，慢慢摸索效果隨時更佳。

　　想試試見學課程卻又拿不定主意，去體驗王國就保證萬無一失。這裡原本是NHK電視台大河劇《琉球の風》的拍攝場地，整座建築都參照15世紀的琉球皇宮興建，後來才改建成全沖繩最具規模的體驗學校。全校共設有32幢傳統赤瓦樓房，提供的課程共有101種，起碼逗留1個月先玩得晒！

部分體驗課程		
石獅子上色體驗	￥1,185起	約60分鐘
手製陶瓷	￥2,500	約60分鐘
黑糖工房	￥1,100	約30分鐘
三味線教室(2人以上)	￥2,500	約60分鐘
藍染教室	￥1,800	約60分鐘
人字拖雕花	￥2,000	約60分鐘
琉球舞踊體驗(4人以上)	￥1,760	約60分鐘

三味線看似簡單易玩，記者親身試過後，卻發現彈幾個音調都有困難。

體驗王國隨處都見到造型趣怪的石獅子，目標是全園放置1,000隻。

- 地：讀谷村高志保1020-1
- 費：成人 ￥600、小童 ￥400
- 電：098-958-1111
- 網：www.murasakimura.com
- 時：0:00am-6:00pm
- 交：那霸市巴士總站搭乘28號巴士，於「読谷村大当バス停留所」站下車，步行約10分鐘。由機場駕車經沖繩北IC前往約1小時
- 註：課程以日語為主，部分工房設有英選單，只有部分員工能以簡單英語溝通。

Map 4-1
C1(20)

傳統文化之旅 琉球村

貼身體驗琉球文化

琉球村是沖繩其中一個主題樂園，雖然並非以見學作賣點，但同樣有多項體驗課程供遊客試玩，而且全部都與傳統文化息息相關。由於這裡的體驗活動都採取小班教學，所以假期或旅遊旺季前往最好先預約，否則就未必可以上到心水課程了。

花織是15世紀時琉球王府的御用布匹，別人做時看似簡單，親身體驗才發現要把花紋編織得平均相當考功夫。

部分體驗課程

項目	費用	時間
石獅子上色體驗	¥ 1,300	約40-50分鐘
玉獅子教室	¥ 2,200	約20-30分鐘
黑糖工房	¥ 1,500	約40分鐘
三味線教室	¥ 1,000	約20-30分鐘
紅型染布教室	¥ 2,000	約20-30分鐘
藍染教室	¥ 1,200	約20-30分鐘

由於只提供石獅上色課程，所以作品可以即日取走，非常適合心急的香港人。

在被列為國家重要文化財產的古民家內學玩三味線，情調非同凡響。

只要細心留意，就會發現每當三味線的表演者多於一人時，除了主力演奏的那人外，其他人都會用三板替他打拍子。

利用6種以鮮花煉成的顏料為布匹上色，以鮮花圖案為主，古時只有貴族和有錢人才有機會使用這種手帕。

地 ：恩納村山田1130
電 ：098-965-1234
時 ：10:00am-4:00pm (星期三休園)
網 ：www.ryukyumura.co.jp/
費 ：成人￥1,500；小童 ￥600
交 ：那霸市巴士總站搭乘20號巴士，或在那霸空港搭乘120號巴士，於「琉球村前」站下車步行約1分鐘。由機場駕車經石川IC前往約1小時20分鐘

Map 5-2
E2

全程細心指引 琉球窯

貼身體驗琉球文化

提起沖繩最受歡迎的體驗課程，容易上手又富有地方色彩的石獅製作一定位列榜首。琉球窯是一家專門提供石獅體驗課程的工房，主要有上色、素燒和窯燒3種課程給你選擇。前者顯淺易明，就是將現成的陶瓷獅子上色，那麼素燒和窯燒又有什麼分別呢？原來兩者所用的陶泥不同，窯燒用的質素較好，不過最少要風乾半個月，遊客必須自付運費寄回香港。相反，素燒僅需1小時就能完全風乾，有時間還可以追加一個上色課程，為石獅上妝扮靚。

來自群馬縣的中村優子（左）與神奈川縣的吉田早織（右）結伴來沖繩旅行，覺得這兒的見學課程都很新鮮好玩，更說要試每項沖繩文化體驗。

素燒逐格睇

STEP 1
分派材料和工具後，導師會先親身示範一次每個製作步驟。

STEP 2：
將陶泥按壓成心目中的形狀，並用雕刻刀做出想要的表情，方法跟紙黏土相似。

上色逐格睇

STEP 1
工房內早備妥造型不一的陶製石獅子，沒信心自己做一隻的話，為現成石獅上色也是上佳選擇。

STEP 2
可從五彩繽紛的顏料中揀選心水顏色，為石獅添上獨一無二的色彩。

STEP 3
用水彩筆上色快捷方便，但要畫花紋、手指及點睛，就得靠牙籤來幫手了。

STEP 4
完成上色過程後，用風筒吹乾顏料，就可以帶石獅子離開。

體驗課程		
石獅子上色體驗	¥1,600-2,100	約20-60分鐘
素燒製作體驗	¥2,100	約60分鐘
窯燒製作體驗	¥3,200	約90分鐘（製成品約在一個半月後空運回港）

🏠 地：名護市為又479-5
🕐 時：10:00am-6:00pm
🌐 網：taiken-jp.net/ryukyu/
🚌 交：名護巴士總站搭乘70、76號巴士，於「名護入口」站下車，步行約20分鐘。由機場駕車經許田IC前往約2小時
📝 註：毋須預約，但店舖只有一位懂英語的導師，如指定由他任教，則需事前致電說明。

📞 電：098-043-8660

知多啲
開口閉口意義重大
石獅 Shisa 是沖繩的吉祥物，但製作石獅時，你是否知道為什麼雄獅要張大嘴巴，母獅則把嘴閉得緊緊？原來沖繩人都深信張開嘴的雄性獅子負責吹走惡運，而閉嘴的母獅則擔起鎖住好運的重任。

貼身體驗琉球文化

盡享親子樂 シーサー工房不羈

Map 1-1
E4(64)

位於壺屋通的シーサー工房不羈規模較小，但家庭式經營反而吸引了一班日本父母帶小朋友來體驗為石獅上色的樂趣。採訪當日只見4歲的琳史妹妹聚精會神地為石獅油顏色，媽媽則坐在對面做窯燒石獅，可見體驗課程是一項絕佳的親子活動。

由店家所造的陶瓷石獅，無論表情或細節都做得很精緻。

小妹妹雖然只得4歲，不過在店主叔叔的幫忙下，不消半小時已塗好一隻紅色石獅子。

體驗課程

石獅子上色體驗	￥2,500	約30-60分鐘
窯燒製作體驗	￥3,000	約60-100分鐘
		（製成品約在1個月後空運回港）

- 地：那霸市壺屋1-7-10仲村アパート101
- 電：098-863-3283 / 098-861-7440
- 時：10:00am-7:00pm
- 網：www.shisa-koubo.com
- 交：乘單軌電車於「牧志站」下車，沿「國際通り」直行，轉入「平和通り」行至街尾即達，約15分鐘
- 註：必須預約，其中一位女店員能以流利普通話溝通。

Map 1-2
G3

香薰啫喱蠟燭 体験工房美ら風

店舖就在國際通附近，主打蠟燭製作，有多款得意配飾可供選擇。行街行到劫，過來做個香薰啫喱蠟燭，甚至弄一隻石獅子，既可回氣又不會浪費時間，一舉兩得。

提供超過200種彩砂、貝殼、公仔配件，讓你配搭出獨一無二的蠟燭。香氣則有檸檬、薰衣草及玫瑰幾種味道供選擇。

只要發揮創意，屬於你的動物園或海洋世界唾手可得。

體驗課程

蠟燭製作	￥1,200	約40-60分鐘
石獅子上色體驗	￥1,600-2,100	約40分鐘
素燒製作體驗	￥2,100	約60分鐘
窯燒製作體驗	￥3,200	約90分鐘

- 地：那霸市牧志3-2-50　電：098-866-8558
- 時：10:00am-6:00pm
- 網：taiken-jp.net/churak
- 交：乘單軌電車於「牧志」站下車，沿「國際通り」直行，轉入「平和通り」行至街尾即達，約15分鐘

Map 3-2 B5(10)

玻璃工藝中心 琉球ガラス村

「ガラス」即玻璃，琉球玻璃以色彩鮮艷與造工精緻聞名於世，來到沖繩當然要學習這項極具代表性的傳統工藝。問當地人有哪些學造玻璃的地方，他們都紛紛推薦琉球ガラス村。這兒是島上最大的玻璃製品生產工場，中央設有一座燒玻璃的巨型熔爐，製作過程一覽無遺，遊客更可體驗創作玻璃杯、相架、飾物的樂趣。

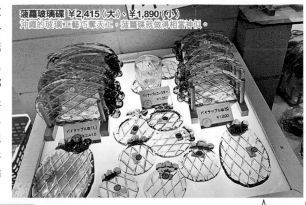

菠蘿玻璃碟 ¥2,415（大）、¥1,890（小）
沖繩的玻璃工藝巧奪天工，菠蘿碟就做得相當神似。

玻璃製作逐格睇

STEP 1
將未成形的玻璃放入熔爐內燒熱。

STEP 3
為玻璃染色或加上喜歡的配飾。

STEP 2
將玻璃吹成心目中的形狀。

STEP 4
把已成形的玻璃製品燒至理想造型。

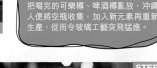

STEP 5
待玻璃完全冷卻後，即可帶走製成品。

知多啲
琉球玻璃興盛之謎
琉球王朝早在明治時代已流行玻璃工藝，不過當時只做油燈或家具擺設。沖繩玻璃真正聞名於世卻要數到美軍進駐的時代。據說當時美軍經常把喝完的可樂樽、啤酒樽亂放，沖繩人便將空瓶收集，加入新元素再重新生產，從而令玻璃工藝突飛猛進。

體驗課程

玻璃杯製作體驗（需預約）	¥1,870	約60分鐘 *作品3天後領取或由店方代郵寄
手作玻璃飾物體驗	¥1,650 起	約30-60分鐘
玻璃相架製作	¥1,100 起	約40分鐘

地：糸満市福地169
電：098-997-4784 / 098-997-2070
時：10:00am-5:30pm
網：www.ryukyu-glass.co.jp
交：那霸市巴士總站搭乘89號巴士，於「糸満」巴士總站下車，轉乘82或108號巴士，於「波平入口」站下車；由機場駕車前往約30分鐘
註：玻璃村內設有玻璃工場、體驗工房、美術館、商店及餐館。

醒目貼士
索取優惠券
「琉球ガラス村」經常會在遊客指南附送9折優惠券，大家經過車站或遊客中心時不妨留意一下。

OL 必冧 琉球ガラス匠工房

Map 4-1 D1

擁有兩家分店的琉球ガラス匠工房規模不算大，兩店所走的路線稍有不同，石川店只做玻璃擺設，恩納店則兼做玻璃杯與飾物；不過由於專攻時尚可愛款式，因此大受 OL 及小朋友歡迎。

玻璃飾物
款式時尚又可愛的玻璃飾物，女生們怎抗拒得了？

在導師的指引下，小朋友一樣可以做出屬於自己的玻璃杯。

體驗課程		
玻璃飾物製作	￥2,000	約15分鐘
玻璃杯製作	￥2,000起	約10-15分鐘

- 地：うるま市石川伊波1553-279
- 電：098-965-7550
- 時：9:00am-6:00pm，星期三休息
- 網：takumi-kobo.com
- 交：由機場駕車經石川IC前往約1小時
- 註：可於網上預約，但當日及翌日的預約則請用電話預約。課程以日語為主。作品可在翌日送到指定地點，急於取貨也可商量其他運送辦法。

受不住熔爐高溫，用本生燈來燒製玻璃飾物，應該合你心意吧！

Map 5-2 E2

親子玻璃工房 森のガラス館

走到大熔爐燒玻璃，再吹出心愛的形狀固然好玩，不過對小朋友來說實在太過危險；想一家大細試試玻璃體驗課程，其實一樣有辦法，好像這家大受日本家長歡迎的玻璃工房，課程主要是以現成的玻璃製作飾物，是既安全又好玩的節目。

玻璃彩珠經琢磨後已變得平滑，可安心讓小朋友自製飾物。

體驗課程		
玻璃飾物製作	￥1,650	約30-40分鐘
玻璃貝殼相架製作	￥1,100	約40-50分鐘
手作萬花筒體驗	￥880	約30分鐘

- 地：名護市為又478
- 電：098-054-2121
- 時：10:00am-5:00pm
- 網：www.morinogarasukan.co.jp
- 交：名護巴士總站搭乘70、76號巴士，於「ワタンシャ原」站下車，步行約3分鐘。由機場駕車經許田IC前往約2小時

5歲的河合玲奈來自東京，她只花了20分鐘就做好一個玻璃貝殼相架，興奮得四處炫耀。

Map 4-1 B2   變裝沖繩人 琉裝 Wing

遊日本穿和服變裝日本娃娃已是指定動作！來到沖繩，不妨再玩盡一些，化身本土的琉球古人，在古蹟上打卡留影。琉裝一番屋位於讀谷村座喜味城跡附近，提供漂亮的琉球傳統服飾及道具，讓遊客化身古裝琉球靚人。除了變裝，一番屋還提供專業拍攝服務，保證留住最美一刻。無論自拍還是找攝影師代勞，遊客一定要到鄰近的座喜味城跡留影。這座超過500年歷史的世界遺產，雖然只剩下石垣和城牆，卻見證了琉球文化的光輝歲月。

地：読谷村座喜味248-1	電：098-958-4718
網：琉裝體驗由￥3,300/1小時起	$：http://ryuso1ban.com/
時：9:00am-4:00pm	交：從那霸機場開車約1小時10分鐘

動靜皆宜之旅 もとぶ元気村

Map 5-2 C1

上天下海玩完一輪，也是時候靜靜坐下來感受一下沖繩的地道文化。もとぶ元気村既有刺激的水上活動，亦有三味線、陶藝、染布等傳統課程；三味線更指明針對初學者，就看看能否彈奏一首簡單童謠吧。

老伯彈奏三味線多年，經驗老到。雖然只能以日語溝通，但音樂無分界限，只要童心機一樣可以學識。

體驗課程		
三味線體驗	￥2,000	約50分鐘
琉球玩具製作	￥800	約50分鐘

地：本部町字浜元410
電：098-051-7878
時：9:00am-4:00pm
網：https://owf.jp/
交：由機場駕車經許田IC前往約2小時15分鐘
註：必須電話預約。

滬滑梯公園

Map 3-2 B2 那霸最激 海軍壕公園（道具廣場）

　　沖繩有幾個大型公園，都設有三層樓高的「滬滑梯」，當中以海軍壕公園的交通最為方便！公園除了有「滬滑梯」外，還有一組鞦韆，鋼架及沙池，更有水喉洗腳，小朋友玩完沙都可以稍為清潔一下。

藍色較長的是主梯，約3層樓高，但速度慢；黃色較短的副梯，但速度勁快！

刺激好玩的大型滑梯，連大人都樂在其中。

除了「滬滑梯」玩，小朋友還可以在這裡玩沙池！

玩滑梯前記得買一塊滑草板（約￥100），可免屁股受皮肉之苦。

地：豐見城市字豐見城236番地　　電：098-850-4055
時：24小時；主停車場8:00am-7:00pm
網：http://kaigungou.ocvb.or.jp/park.html
交：單軌電車「牧志」站步行5分鐘

滷滑梯公園

大型爬架前，更設有一塊大滷滑板，可供幾個朋友同一時間「滷」，影相一流！

Map 4-1 A6

極速滷滑梯 浦添大公園

　　面積比海軍壕公園大，玩樂設施更有大型爬架，及3組大小不同的「滷滑梯」，適合不同年紀的小朋友玩樂。不過交通不太便利，從那霸國際通乘的士約20分鐘。如不是自駕遊的朋友，回程時就要行約5分鐘走出大路截的士。

即使是大人亦可跟小朋友在主梯一同玩樂，極之Happy！

主梯約4層樓高，速度極快極順，非常刺激，4歲以下小朋友最好有大人陪玩。

地：沖繩市伊祖115-1　　電：098-873-0700
時：9:00am-9:00pm
網：https://www.urasoedaipark-osi.jp/
交：那霸國際通乘的士約20分鐘

滑梯公園

Map 3-2
E1

恐龍探險記

東濱恐龍公園（東浜きょうりゅう公園）

東濱公園本來是沖繩南部東浜小社區的一個公園，但因為矗立著一隻威猛的紅色恐龍而聲名大噪。大恐龍足足有三層樓高，小朋友可以從「下腹」攀上恐龍的肚子裡探險。整個項目結合了攀繩、爬網等元素，可以訓練小朋友的手眼協調。除了恐龍，公園的遊玩設施實在不多，但旁邊有一座以木片做的長長滑梯，差不多有兩層樓高，總算滿足小朋友的滑梯慾望。而且公園面積廣大，有足夠地方給孩子們追追逐逐，已可以喪玩一番。

地：与那原町東浜16　　時：24小時
交：由那霸機場駕車車程約40分鐘

Map 4-1 C6

綠油油大草地 中城公園

中城公園除了玩樂之外，還包括了世界遺產「中城城跡」，整個公園橫跨了中城村及北中城村，範圍相當大。

這個遊具廣場除了一連幾組滑梯外，還有一組極大的跳床，大人細路同享歡樂！當然，喜受綠油油草地的朋友，亦應該抽時間來這裡享受一下。除了極受歡迎的南區廣場，大家還往中央區去玩那組兩層樓高的滾軸滙滑梯，相當好玩。

跳床之大，足夠100名小朋友入內反斗。

中央遊具廣場：喜愛滾軸滙滑梯的朋友，就要來中央區轉戰一下啦！

地：中城村登又1319/ 北中城村荻堂平田原370-2　電：098-935-2666　時：10:30am-9:00pm

網：https://www.nakagusukupark-osi.jp/

交：AEON Mall Rycom或美國村駕車約13分鐘，由於入口非常難找，可出發前輸入mapcode定位：
33 410 668（西駐車場，50個車位，極近南區廣場）；33 440 128（北駐車場，150個車位）

瀡滑梯公園

Map 3-2 A3 — Outlet同遊 豊崎にじ公園

　　地方不大，但勝在鄰近Outlet Mall Ashibinaa，可順道讓小朋友放電。比較有趣的是這裡有一個三層樓高的螺旋滑梯，速度高，超好玩。旁邊亦有一個大草地，大人亦可順道休息。

- 地：豊見城市豊崎1-2
- 電：098-850-5332
- 時：9:00am-9:00pm
- 網：http://www.goyah.net/ okinawa_park/nanbu/ toyosakinijipark.html
- 交：那霸國際通乘的士約20分鐘

Map 3-2 B1 — 單軌直達 奧武山公園

　　奧武山公園可算是那霸市內最大型的的綜合公園，除了這個2015年全面翻新的「遊具広場」外，還有泳池、球場等等。「遊具広場」位於網球場後方，玩到累的話，園內神社前方還有小食店可以補充體力。

- 地：那霸市奧武山町52
- 電：098-858-2700
- 時：9:00am-9:00pm
- 網：www.ounoyama.jp
- 交：那霸單軌列車「奧武山公園駅」直達

共享陽光海灘

沖繩水上活動晒冷

　　去沖繩唔玩水，就等於自由行來到香港唔掃貨一樣講都冇人信！既有「東方夏威夷」之稱，沖繩絕對是得天獨厚，叫無數城市人嚮往不已的白沙灘、藍海水、晴朗天空，在這兒通通垂手可得。身處這個國度，即使平時見到陽光如見仇人，也會忍不住來個大解放，誓要玩盡沖繩各式各樣的水上活動。

世界級潛水天堂

　　美得脫離現實的海灘，在沖繩竟以高密度的姿態出現。遊客固然被這兒無污染的白沙淨水所吸引，生活在其中的海洋生物自然比我們更加識揀，所以在沖繩海域經常都會見到各種稀有的熱帶魚與珊瑚，亦因此令沖繩成為潛水者的天堂。

邊 度 潛 水 最 啱 我 ？

沖繩可供潛水的地方俯拾皆是，潛水學校甚至比中小學還要多。
與其盲春春求其幫襯一間，不如睇清楚邊款最啱自己玩。

去沖繩潛水，你屬於下列哪一類？

A　最緊要方便，玩完可以繼續shopping。

B　想遠離人群，與熱帶魚及珊瑚礁來個近距離接觸。

C　去過太多地方潛水，想看特別一點的海底世界。

選擇A：一站式水上無人島

位於南城市附近的知念海洋度假中心，建在一個自成一角的無人島上，要轉乘高速艇才能抵達。島上有齊U Tube、玻璃船等水上活動，初學者亦可以跟教練去體驗浮潛滋味。由於中心就在那霸附近，玩完水再返國際通行街也很方便。

知念海洋度假中心

Map 3-2 G2

- 地：南城市知念字久手堅676
- 電：098-948-3355
- 時：9:00am-5:30pm（4月至9月）；
  9:00am-5:00pm（10月至3月）
- 網：www.chinenmarine.co.jp
- 費：乘船費 ¥2,500、體驗潛水 ¥10,000、
  玻璃船 ¥1,400
- 交：那霸市巴士總站搭乘38號巴士，於「知念海洋レジャーセンター」站下車。由機場駕車前往約35分鐘。

選擇B：離島彩色珊瑚

每逢夏季來臨，沖繩的海灘處處皆見人潮，假如你想在更隱世的海域享受潛水之樂，不妨轉乘內陸機或高速船前往石垣島、宮古島或慶良間諸島，在遠離煩囂的小島與海洋生物來趟近距離接觸。而石垣島更擁有世上其中一個最大型的珊瑚礁，就算只是浮潛也一樣樂趣無窮。

石垣島川平灣

Map 6-2

- 地：石垣市川平
- 電：098-082-1535(石垣市觀光課)
- 時：9:00am-5:00pm，每15分鐘一班觀光船
- 費：玻璃船 ¥1,000
- 交：由石垣機場乘的士或駕車往約30分鐘

選擇C：藍光洞窟

要選出沖繩本島最具特色的潛水勝地，一定非「青之洞窟」莫屬。「青之洞窟」亦即藍洞，在意大利卡普利島（Capri Island）也有一個，不過當地只容許在上面划艇，唯獨沖繩這個可以潛入其中。攀過崎嶇不平的岩石後，教練會帶你走進崖底一個洞穴內；表面看似平平無奇，但只要把頭探進水裡，就會發現水底竟透著充滿神秘感的藍光。此情此景在別處絕對看不到，必定叫你畢生難忘。

陽光由外面折射進洞穴內，令海水發出閃亮的藍色光芒，美得令人目眩。

青之洞窟 Natural Blue

Map 4-1 B2

- 地：讀谷村字楚喜名193-2
- 電：090-949-7374
- 時：9:00am-9:00pm
- 網：www.natural-blue.net
- 費：青之洞窟浮潛 ¥4,500、體驗潛水
  ¥12,000、與鯨鯊潛水 ¥15,000(不同月份費用有別)
- 交：那霸市中心乘的士或駕車前往約1小時20分鐘
- 註：提供英語導師，預約時必須說明。

NAGI

Map 4-1 C1

- 地：恩納村字山田501-3
- 電：098-963-0038
- 時：7:30am-10:00pm
- 網：www.nagi.biz
- 費：青之洞窟浮潛 ¥3,800、體驗潛水
  ¥8,800、海上獨木舟+青之洞窟浮潛 ¥6,800
- 交：那霸市中心乘的士或駕車前往約1小時30分鐘

Map 5-2
C1

透明艇最適合不熟水性但又想近距離欣賞海洋生物的人，看見哪兒多珊瑚就划過去，不懂游水一樣有話事機會。

獨一無二水上飄
透明船

多年前在泰國也坐過玻璃船，但透明的船底卻長滿青苔，加上水質不算清，所以並沒有留下深刻的印象。想知道將玻璃船的功能發揮至極限是哪個模樣，就一定要坐坐沖繩這種透明船。坦白說，坐在100%透明的小艇上，第一個感覺就像站在幾十層高的觀光塔再低頭望向透明地板，那種視線直達海底的感覺絕對叫人毛骨悚然。不過，當看見魚兒就在船底下游來游去，便會即時忘記所有不安，恨不得馬上跳進水裡親牠們一下。

備瀨マリンレジャー

- 地：本部町字備瀨373番地
- 電：098-043-5026
- 時：8:00am-7:00pm(不定休)
- 費：¥3,300(50分鐘)
- 交：名護市巴士總站搭乘117號巴士，於「Orion本部渡假SPA酒店」站下車，步行1分鐘。由機場駕車經許田IC前往約1小時50分鐘。
- 網：http://bise-marine.com/
- 註：請自備可弄濕的服裝和毛巾

從水底角度向上看可以透射陽光，就知道透明船到底有幾透明。

划艇雖然浪漫，不過這項運動講求體力與合作性，情侶們小心玩玩下喋交收場。

紅樹林中 **划艇**

　　不知是不是日本人特別愛划艇，幾乎所有水上活動中心均有划艇活動供應，一班人齊齊出發，穿梭於紅樹林河流，探索多樣化的生物，又或在宮古島洞窟中探險，沐浴在充滿綠意的環境中。不論是沖繩本島的恩納海岸，抑或鄰近的石垣島、西表島等，均是熱門的划艇熱點。第一次接觸擔心駕馭不了？只要跟足教練的指示，其實也很容易上手。去到多魚的地方，甚至可以在教練的許可下跳進水裡玩浮潛，比乘快艇出海潛水有不一樣的感受。

各 區 划 艇 中 心

KAYAKCLUB GOODLIFE

地	恩納村字瀨良垣1288
電	098-966-8282
時	8:00am-6:00pm
費	￥5,000（約2小時，包器材及保險費）
交	由機場駕車經屋嘉IC前往約1小時30分鐘
網	www.go-goodlife.com

Map 5-2
C5

Ocean Tribe

地	宮古島市平良島尻6番地
電	098-072-5690
時	8:00am-9:00pm
網	￥5,000
費	（約1小時，包器材及保險費）
交	宮古機場乘的士或駕車約30分鐘

Map
7-2

なきじん海の自然學校

地	今歸仁村字仲宗根992
電	098-056-580
網	www.umibe-nature.com
費	￥5,980　時：9:00am-4:00pm
	（約2小時30分鐘，包器材及保險費）
交	由機場駕車經許田IC前往約2小時20分鐘

Map 5-2
E1

国頭村環境教育センターやんばる學びの森

地	国頭郡国頭村字安波1301-7
電	098-041-7979
網	https://yanbaru-manabi.com/
時	9:00am-5:00pm
費	￥6,500
交	（約2小時30分鐘，包器材及保險費）：由機場駕車經許田IC，轉縣道2號線，約2小時40分鐘

離島人煙稀少，海水更清澈，在附近海域生活的海洋生物也特別漂亮健康。

Map 5-2
B6

坐著滑水
U型不倒翁

十年都不做一次運動，忽然要消耗大量體力划艇同潛水都咪話唔辛苦！而U Tube就最啱喜歡新奇刺激玩意又怕羞的懶人。只要坐上這隻水上不倒翁，就可以高速在海中馳騁。捵彎時整個浮床甚至作出90度傾斜，既緊張又好玩。想省力記住轉彎時身體跟著傾斜，否則玩完一樣成身散晒。

Sunmarina Hotel

- 地 ： 恩納村字富着66-1
- 電 ： 098-965-2222
- 時 ： 8:30am-5:30pm
- 網 ： https://sheraton-okinawa.co.jp/
- 費 ： ￥3,000（10分鐘）
- 交 ： 那霸機場搭乘芭蕉號穿梭巴士直達酒店。由機場駕車經石川IC前往約1小時20分鐘
- 註 ： 酒店尚有其他水上活動提供，詳情可參考網址

在香港玩wakeboard就試得多，坐著滑水卻是第一次見。難度相對較低，但一樣刺激好玩。

SUP滑浪板比一般伏著玩的滑浪板大得多，所以較易取得平衡，就算小朋友都一樣一學即曉。

Sea Park Chatan

超慢速滑浪
站著划板

Map 4-1
B5

划獨木舟沒什麼稀奇，滑浪也並非新玩意，但集合兩者特色的立式划槳（Stand Up Paddle），是近年最新興的人氣水上活動。玩者只需站在特製滑浪板上用船槳向前划，就可以輕鬆在海上移動。海面風平浪靜，除非你在板上郁身郁勢，否則怕跌落水不如擔心企到腳軟。

- 地 ： 北谷町美浜54番地
- 時 ： 9:00am-10:00pm
- 費 ： ￥3,500 /60分鐘
- 交 ： 由機場駕車前往約40分鐘
- 電 ： 098-923-5771
- 網 ： http://www.chatan-information-center.co.jp

親子遊首選
水上電單車

Map 4-1
C1

水上電單車一向大受歡迎，一家大細來沖繩玩，父母更可在教練的陪同下充當駕駛者，與子女在海中體驗高速馳騁的樂趣。

父母帶子女去旅行，小朋友見到各種新奇刺激的活動都嚷著要試；然而玩U Tube驚跌落水、潛水又怕發生意外，什麼都只准看不准玩，寶貝仔女一定扭計扭到返香港。那不如帶他們去玩水上電單車吧！雖然最高時速可達60公里，但全程都有教練陪同，而且成人想揸車都必須持有駕駛執照，刺激得來夠安全，最啱一家大細玩。

Renaissance Okinawa Resort

- 地：恩納村山田3425-2
- 電：098-965-0707
- 時：8:00am-8:00pm
- 網：www.renaissance-okinawa.com
- 費：￥3,000（10分鐘）、親子2人組￥3,000（5分鐘）
- 交：那霸市巴士總站搭乘20號巴士，於「Renaissance Okinawa Resort」站下車。由機場駕車經石川IC前往約1小時20分鐘
- 註：全部均有教練陪同駕駛，小學生必須與家長參加親子組

Map 5-2
C5

沖繩獨家
水底電單車

有小朋友同行就話玩水上電單車貪其夠安全，拍住拖或一班朋友來沖繩，當然要玩一些只此一家的玩意。著到成隻Wall-E般落水已經夠搞笑，不過最特別之處卻是可以騎著電單車在2米深的水底馳騁。這種水底電單車全日本就只得沖繩有得玩，由於有一定難度，所以只接受中學生或成人玩，小朋友還是在海上吹吹風算了。

水底電單車BOB源自美國邁亞密，參加者要帶齊氧氣罩及氧氣筒落水。雖然在海底無法施展飄移技術，不過駕著電單車睇魚都一樣有趣。

思い出販売美ら海

- 地：名護市濟井出223
- 電：0980-52-8855
- 時：9:00am-9:00pm
- 網：https://www.sensuiscooter.com/
- 費：￥8000（潛水時間約15分鐘）
- 交：名護市巴士總站搭乘72號巴士，於「濟井出」站下車，步行10分鐘。由機場駕車經許田IC前往約40分鐘。
- 註：請自備可弄濕的服裝和毛巾

Map 1-1 C2

潛入那霸海底
水中觀光船

只需安坐觀光船內，就可以看到沖繩海底的優美景色，最啱不擅游水又想一睹海底景致的遊客。

那霸是遊客必到之地，以為這個沖繩本島市中心只得商店和食肆，那就大錯特錯了！沖繩既然以海洋聞名，遊客當然可以在這個最「就腳」的區域親近一下海底世界，而靠的就是設有潛水艙的「海洋之星號」觀光船。當船駛至海中心時，會慢慢減速並潛入約1.7米深的海底。雖然離岸甚近，不過由於水質清澈，一樣看得見各式珊瑚與熱帶魚。

マリンスター乘船待合所

- 地：那霸市泊3-14-1
- 電：098-869-2241
- 時：10:15、11:30、13:15、14:30出發（航程約60-70分鐘）
- 網：www.marinenetwork.co.jp
- 費：￥3,000
- 交：那霸市巴士總站搭乘20或120號巴士，於「泊高橋」站下車，在第1個街口向左直行。由機場駕車前往約25分鐘

海豚既聰明又溫純，絕對稱得上人見人愛。來到這個人氣親子活動中心，小朋友更有機會埋身同海豚玩。

零距離　Map 5-2 C1
親親小海豚

海豚堪稱海洋界的友誼先生及小姐，因為牠們既聰明又不怕人，還特別喜歡親近小朋友。如果你也是海豚迷，來到沖繩記得要去もとぶ元氣村，因為這兒不但飼養了多條海豚，更准許大家與海豚來個貼身接觸，跟它一起游水。眼見現場個個小朋友都玩到捨不得離開，家長要有心理準備，仔女以後將會成日扭計要你再帶他來玩。

もとぶ元氣村

- 地：本部町字浜元410
- 電：098-051-7878
- 時：11:00am、2:00pm、3:00pm
- 網：https://owf.jp
- 費：7-8月：50分鐘￥16,000
- 交：由機場駕車經許田IC前往約2小時15分鐘
- 註：中心尚有餵羚羊、沖繩料理烹飪教室、水上電單車等活動，詳情可參考網址。

激玩水上海底

座頭鯨有「神秘海洋巨獸」之稱，身長最少達16米。雖然身形龐大，但要一窺全貌也不容易，見到條尾已經好好彩。

座頭鯨出沒注意
觀鯨團

偶然也有小鯨魚誤闖香港水域，由於難得一見，所以不少市民都會蜂擁前往觀鯨。這方面沖繩人就比我們幸福得多，因為身形龐大的座頭鯨經常都會在沖繩南面的座間島出沒，尤其每年1至4月，更會有過百條鯨魚從阿拉斯加游到沖繩繁殖。座頭鯨天生好動活躍，經常表演噴水、跳躍、擺尾、抬頭、搖鰭等動作，比在海洋館人工飼養的鯨魚招積得多。

Map
8-1D

座間味村觀鯨協會

沖繩是阿拉斯加以外，唯一可以觀賞到座頭鯨的地方。不過始終來自大自然，想睇都要講運氣，乘小船搖到暈船浪都未必保證一定看得到。

地：島尻郡座間味村座間味　　電：098-896-4141
時：每日10:30am及12:30nn於座間味港口出發，行程約2小時。(1月-4月)
網：http://zwwa.okinawa/
費：成人￥6,600，小童(6~11歲)￥3,300
交：座間味島碼頭有專車接送
註：出發前可預先瀏覽網頁，以獲取當日觀鯨的資料。

精心挑選 沖繩必遊沙灘

沖繩哪一個海灘最美？這個問題，就好像邀請了一班米芝蓮3星名廚為你煮食，然後問你哪道菜最好吃般，相當難答。清澈得見到魚兒暢泳的海水、赤足奔跑都不怕拮親的細沙，全都是沖繩沙灘的必備條件。不過，誰叫假期有限，即使不情願也要向現實低頭；那就惟有從「最美」的海灘中，再精挑細選出「更美」的出來吧！

沖繩3大 Best of the Best 沙灘

海岸線呈Y形的泳灘分成「遊びの浜」、「憩いの浜」及「眺めの浜」3個區域，可容納3,000個泳客。

沖繩泳灘的更衣室一般都很乾淨，亦有齊更衣室、儲物櫃、淋浴等設施。

貼士

認實「ビーチ」

ビーチ讀音bi-chi，其實就是beach，海灘的意思。在沖繩只要見到這個日文，跟著走就應該可以找到海灘了。

Map 5-2
C1

[必去第1位]

入圍88選

翡翠海灘 (Emerald)

首推翡翠海灘，除了因為它被選為「日本の水浴場88選」之一外，亦由於這兒就在遊客必去的沖繩美ら海水族館附近，相當就腳，就算不打算落水，去影張到此一遊的靚相也很方便！海灘以翡翠綠命名，全因這兒水清沙幼百分百無污染。在陽光映照下，清澈見底的海水更會發出翠綠色的光芒。喜歡陽光海灘的話，真的沒有不來的理由。

水質屬最優質的AA級，更是全國唯一一個可以看到珊瑚礁的內海濱泳灘。

地 本部町字石川424

電 098-048 2/41

時 4-9月：8:30am-7:00pm、10月份至5:30pm（開放游泳月份：4月至10月）

網 http://oki-park.jp/kaiyohaku/inst/75

費 免費

交 名護市巴士總站搭乘65、66、70號巴士，於「紀念公園前」站下車。由機場駕車經許田IC前往約2小時20分鐘

激玩水上海底

必去第2位

佔盡地利　殘波海灘

Map 4-1 A1

　　殘波海灘是沖繩人氣最鼎盛的沙灘，尤其7、8月暑假季節，比我們的淺水灣還要熱鬧。能夠吸引那麼多人來游水，説其水質清澈實在太過敷衍；真正的原因，應該是地點方便，又有各式各樣的水上活動玩吧！海灘就在遊客必到的殘波岬毗鄰，附近還有幾間resort酒店，不想嘥時間搭車搵沙灘，這兒絕對是最方便之選。

- 地：読谷村宇座1933
- 電：098-958-3833
- 時：9:00am-6:00pm（開放游泳月份：4月至10月）
- 費：免費
- 交：那霸市巴士總站搭乘28號巴士，於「殘波岬」站下車，步行約5分鐘。由機場駕車經石川IC前往約1小時20分鐘

玻璃船、浮潛、香蕉船等水上活動應有盡有，比其他沙灘多元化得多，當然多人來玩了。

現實中的小白屋其實是家水上用品店，想學哥哥在這兒歎咖啡？還是去沙灘的小食店吧。

Map 5-2 C5

必去第3位

懷念哥哥　万座海灘

　　日本人可能不明白，為什麼個個香港遊客來到沖繩，都指定要去万座海灘，而且還要在那間水上用品店門前不停影相？這全拜張國榮所致，當年哥哥與王菲拍《戀戰沖繩》，這兒就是王菲工作的咖啡室。自此，這個海灘就成為沖繩其中一個必去景點，就算不是ANA Manza Beach Hotel & Resort的住客，也要專程來這兒拍照留念。

- 地：恩納村瀬良垣2260
- 電：098-966 1211
- 時：10:00am-6:00pm（開放游泳月份：全年）
- 費：免費
- 交：那霸市巴士總站搭乘29號巴士，或在機場搭乘120號巴士，於「恩納村役場前」站下車，步行約10鐘。由機場駕車經石川IC前往約1小時30分鐘

由於沙灘隸屬酒店，所以非住客都要付費入場。另外，這兒亦提供多項水上活動設施。

一望無際
富着海灘

Map 5-2
B6

以為富着海灘在住宅區附近，就一定會有三姑六婆在高談闊論？那就大錯特錯了。前來這個泳灘的，通常都是父母和小朋友，一家人樂也融融地堆沙、拾貝殼，在美麗的沙灘上顯得特別溫馨。

富着沙灘海岸線很長，一望無際看不見其他島嶼，絕美景色在沖繩本島長躓頭一二位。

- 地：恩納村富着
- 電：098-966-1280
- 時：24小時（開放游泳月份：全年）
- 費：免費
- 交：由機場駕車經石川IC前往約1小時20分鐘

學習之最
恩納村海浜公園ナビー海灘

Map 5-2
C5

日本人很喜歡在旅遊時參加簡單有趣的體驗課程，想不到連海灘也是學習的場所。這個位於恩納村海浜公園的海灘就提供了多種水上活動，遊客更可入住這兒的海邊民宿。

海灘水清沙幼，四周被綠樹林蔭所包圍，更可眺望萬座毛的景色。

- 地：恩納村恩納419-3
- 電：098-966-8839
- 時：10:00am-7:00pm（開放游泳月份：4月下旬至10月）
- 費：免費
- 交：那覇市巴士總站搭乘29號巴士，或在機場乘搭120號巴士，於「恩納村役場前」站下車，步行約10鐘。由機場駕車經石川IC前往約1小時30分鐘

海中巨岩
渡具知海灘

Map 4-1
A3

與渡具知公園合二為一的沙灘，最特別的景色就是屹立在岸邊不遠處的幾塊大岩石。這個泳灘的水很淺，徒步已可走到岩石下面。不過爬上去時切記要小心一點，跌親受傷就會令旅程留下陰影了。

岩石雖與岸邊有段距離，但由於水很淺，及膝的水深連小朋友也可以徒步過去。

- 地：読谷村渡具知
- 電：098-982-8877
- 時：24小時（開放游泳月份：全年）
- 費：免費
- 交：由機場駕車經沖繩南IC前往約1小時20分鐘

欣賞最美夕陽
カナイ海灘

Map 4-1
A1

被日本雜誌譽為「好地方中的好地方」的カナイ海灘，能當之無愧地獲得此稱號，全因在這兒可以看到極美的夕陽景色。每逢日落時分，海上的沙丘都會反照出夕陽的倒映，橙紅色的光芒與灰藍色的天空互相交替，添上幾分神秘感。

不想跑到偏遠的離島欣賞夕陽餘暉，在読谷村這個沙灘看日落也挺不錯。

- 地：読谷村儀間600
- 電：N/A
- 時：24小時（開放游泳月份：全年）
- 費：免費
- 交：由機場駕車經石川IC前往約1小時20分鐘

Map 3-2 F3
毗鄰聖地
百名海灘

　　沒有幅員廣闊的白沙灘，海岸線的距離也很近，惟有退潮時才勉強顯得寬廣。喜愛來這個沙灘的，都是喜歡其人跡稀少，加上毗鄰南城市的御嶽是聖地，賣點自然更加吸引。

除了觀光客外，很少人會專程到百名海灘暢泳或享受日光浴，令這兒成為一個無人沙灘。

地：南城市玉城百名
電：N/A
時：24小時（開放游泳月份：全年）
費：免費
交：那霸市巴士總站搭乘39號巴士，於「百名入口」站下車，步行約10分鐘。由機場駕車前往約35分鐘

Map 3-2 A4
午休後樂園
北名城海灘

　　周遭沒有特別景點，海灘也不見得特別遼闊，卻被當地人視為飯後小休的好地方，原因是海灘被岩石及樹叢圍繞，形成自成一角的格局。在閒適的日子，沖繩人都喜歡吃完便當就在和煦陽光下睡午覺。

沖繩人懂得享受生活，吃過午飯就走去海灘瞓晏覺，真識歎！

地：糸滿市名城982
電：098-840-8135
時：24小時（開放游泳月份：全年）
費：免費
交：那霸市巴士總站搭乘89號巴士，於「糸滿」巴士總站下車，轉乘82號巴士，於「名城」站下車。由機場駕車前往約30分鐘

沖繩玩水必讀 8大貼士

貼士1：冬季不宜游泳
沖繩位於日本最南端，氣候雖然比較和暖，但以為一年四季都是游水季節就錯了！當地大部分沙灘都只會在4月至10月才開放給泳客游水，想游冬泳就只能到少數全年開放的泳灘。

貼士2：潛水四季皆宜
潛水服有保溫作用，因此在冬季都可以潛水。由於不是熱門季節，必須提早幾天跟潛水學校預約。

貼士3：搽防曬防中暑
當地的水上活動中心營業時間頗長，不過應盡量避免在陽光猛烈的中午時段落水。出發前1小時謹記搽防曬，中途也要補搽免被曬傷。

貼士4：早上最啱潛水
一般人都會選擇在午飯後出發潛水，其實只要早點起床，中午前去潛水不但溫度更舒適，海水更不會因太多人游來游去而變得混濁，透明度自然較高。

貼士5：查詢漲潮時段
相信大家都知道漲潮和退潮時，無論水位和環境都會有很大的變化吧。事前瀏覽當地天文台的網頁，知道水位漲退的時間，就可以根據個人喜好出發。

貼士6：留意海灘告示
由於沖繩對開就是海洋，除了熱帶魚和珊瑚外，也可能會有其他危險生物。因此落水前謹記留意沙灘告示，亦不要游出警戒範圍。

貼士7：切勿帶走珊瑚
五光十色的珊瑚礁雖美，但都是受保護的海洋生物，所以潛水時千萬不要據為己有，破壞自然生態。

貼士8：先服暈浪藥物
參加潛水、觀鯨團等活動前，一般都要先乘坐小艇出海，容易暈船浪者出發前半小時應先服食暈浪藥，免得因身體不適敗興而歸。

其 餘 人 氣 沙 灘

夏威夷風情
サンセット海灘

Map 4-1 B5

サンセット海灘即 Sunset Beach，由於沙灘就在美軍機地附近，駕車前往才不過10多分鐘車程，所以處處都洋溢著美式風情；在椰林樹影的映襯下，還以為去了同樣以陽光海灘聞名的夏威夷。

建議在周末前往 Sunset Beach，因為晚上可順道到附近的跳蚤市場逛逛。

- 地：北谷町美浜2
- 電：098-936-8273
- 時：9:00am-5:00pm（開放游泳月份：全年）
- 費：免費
- 交：那覇市巴士總站搭乘20號巴士，於「軍陸病院前」站下車，步行約15分鐘。由機場駕車經石川IC前往約1小時

人工白沙灘
アラハ海灘

Map 4-1 B5

外國人一向喜歡到沙灘曬太陽，而沖繩的美軍基地又位於北谷，所以這一帶的沙灘都特別富有美式風情。這個位於安良波公園內的人工沙灘全長約610米，整個沙灘都鋪滿雪白細沙，在陽光照射下更覺耀眼。

沙灘吸引很多外國人前來，也許他們都被附近的美式商場與沙灘狹長的海岸線所吸引。

- 地：北谷町北谷2-21
- 電：098-936-0077
- 時：9:00am-6:30pm（開放游泳月份：4月至10月）
- 費：免費
- 交：那覇市巴士總站搭乘20號巴士，於「ハンビータウン前」站下車，步行約10分鐘。由機場駕車經石川IC前往約1小時

觀賞珊瑚礁
新原海灘

Map 3-2 F3

新原海灘在沖繩泳灘中，一向都獲得相當高的評價。其中一個原因是在這兒能遠眺名勝萬座毛的景色，令海灘變得更有特色。加上沿岸有一大片珊瑚礁，退潮時乘搭玻璃船出海，把一群群的熱帶魚與珊瑚礁一覽無遺。

新原海灘距離那覇約40分鐘車程，遊客也可選擇住在附近的民宿。

- 地：南城市玉城百名
- 電：098-948-1103
- 時：8:30am-5:00pm（開放游泳月份：4月至9月）
- 費：免費
- 網：www.mi-baru.com
- 交：那覇市巴士總站搭乘39號巴士，於「新原ビーチ」站下車，由機場駕車前往約35分鐘

合家歡之選
21世紀の森海灘

Map 5-2 E3

沖繩許多泳灘都不設救生員，有救生員當值當然玩得格外放心，21世紀の森海灘就是其中之一，名護市居民都稱之為「最佳休憩型海灘」，每逢假日總喜歡一家大細來暢泳。

開放時間內有救生員看守，家長可以放心。

- 地：名護市宮里
- 電：098-054-3301
- 時：9:00am-6:30pm（開放游泳月份：5月至9月）
- 費：免費
- 交：名護巴士總站轉乘的士約10分鐘。由機場駕車經許田IC前往約1小時45分鐘

潛水初哥

勇闖沖繩絕色

沖繩有很多潛水店提供浮潛和體驗潛水的活動，參加者不需要有潛水牌，甚至小朋友或不會游泳的人都可參加。一場來到沖繩、小編一於玩到盡，勇闖沖繩潛水勝地青之洞窟。

1. 準備篇

最緊要溝通

初次浮潛和體驗潛水多多少少都會緊張不安，對於不懂日文的人而言，最怕教練講解時雞同鴨講，所以找一家教練會說中文或英文的店是必需的。這次小編找到一家店內所有員工都會說流利廣東話或國語，而且老闆是香港人，也是PADI認證潛水教練，令小編喜出望外。出發前他們會先電郵健康聲明書予參加者閱讀，以確保參加者的身體狀況適合潛水，電郵也會列明到達集合點前的注意事項。

一個價錢包潛包拍照

去玩最重要是拍照打卡，報名前宜了解清楚價錢是否已包浮潛、潛水及水中拍照服務，免得要逐項收費有排計。

店裡的裝備都很齊全，而且很新很乾淨。為了保持衛生及節省時間，記得到店前先穿好自己的泳衣褲。

Map4-1/ C1

這家由香港人主理的潛水店，教練和員工都會說廣東話或國語。

沖繩青潛 Best Dive Okinawa
地址：沖繩縣國頭郡恩納村仲泊94
電話：070-3124-7160
費用：體驗潛水+浮潛 ¥ 15,500、體驗潛水 ¥12,500、浮潛 ¥4,500(加海底VR攝影 ¥5,000)
網址：http://www.bestdiveokinawa.com/
註：可在店的停車場免費停車
交通：從那霸乘的士或駕車前往約1小時

由樓梯往下走就可以直達大海，只要有裝備就可以進水，當然有教練陪同會比較安心。

2. 實戰篇

第一回：浮潛

　　到達位於恩納村的店裡集合，填妥健康聲明書，之後店員會按照參加者的身高和體型分配潛水衣和防滑鞋，著裝完畢員工就會載我們去青洞，車程大概10分鐘。到達後，教練會仔細說明當天的活動流程及注意事項，我們是先浮潛後潛水，帶齊浮潛三寶（面鏡、呼吸管、蛙鞋）就出發了。

　　下水後先要自行游一段路才到青洞的入口，但基本上你可以完全不用費力，因為教練會用水泡拉你出去，全程你可以專心看水中的生態觀察珊瑚礁。教練還會帶麵包給你餵魚，很多熱帶魚就會自動游過來，邊餵魚邊移動，不驚不覺就會游到青洞入口。

滿滿的藍色玻璃水

　　當進入洞時只要往下看，你會看到又藍又清澈透明的海水，而當你深入青洞然後把頭探進水裡看向洞口，就會發現一道很神奇很夢幻的藍光，原來這是當陽光穿透蔚藍的海水折射而所產生的效果，青之洞窟名字就此而來。

浮潛時教練會幫我們拍照，而且還會游下去拍不同的角度。

青洞附近有不少的魚喔，教練會準備麵包給你餵魚。教練説餵魚最好是早上去，因為魚已經餓了一晚，會比較活躍。

第二回：潛水

潛水恩物——
全覆蓋式面鏡

結束浮潛回到岸上休息，教練就開始說明潛水的基本常識和準備器材，其中的「全覆蓋式面鏡」令小編眼前一亮。第一、戴上這個面鏡你可以在水裡用鼻子自由呼吸，跟在陸地上呼吸一樣，不習慣咬嘴呼吸器的你一定會愛上它。第二，女生臉上的妝會受到很好的保護，上水後想立即拍照是完全沒有問題，這簡直是女生的恩物。然後教練繼續講解下水後的基本幾個手勢以及如何減耳壓，再三提醒每下潛一米就要減耳壓，感到耳痛才減壓已經太遲了。

這就是初次潛水者的恩物「全覆蓋式面鏡」，在水裡可以用鼻子呼吸。

教練正指導小編如何減耳壓。

潛水一定要在腰上綁鉛塊，不然會潛不下去，戴上身之後好重喔！

潛水前教練先讓我們在淺水的地方適應和練習呼吸。

先在淺水區練習

下水後教練會在淺水的地方與你練習一下呼吸，之後就慢慢游到更深處。起初教練會以面對面式帶小編潛下去以確保安全，待小編慢慢適應後就會轉在上方拉著游，以防止我們被水流沖走或撞到珊瑚礁，只有拍照時教練才會將我們放在珊瑚礁上。

基於安全理由，一個教練最多會帶六個人浮潛，體驗潛水最多帶兩個人。最初教練會以面對面式帶你潛下去。

確保一切安全後，教練才轉為在旁邊或背後拉著。

療癒系美景──海底世界

Nemo真的好可愛，是相機追蹤的對象。

沖繩的海水果然很清澈而且很藍，在旅程中教練會指導你及為你拍照，如果看到特別的海洋生物也會帶你游近，而最為人熟悉的一定非小丑魚Nemo莫屬！當小編游向青洞時，前方有幾條熱帶魚好像也是去青洞，牠們慢慢地游好像是邀請我跟著牠們一樣，於是牠們就當了我的海底嚮導，一直在為我引路，直到到達洞口就消失了！(小編的幻想力太豐富了)

這就是小編幻想出來的海底冒險世界裡的嚮導，謝謝你們喔！

其實洞底是很黑的，是教練用電筒照向小編才能成功在洞底拍照。

浮潛，有點像美人魚！洞底看到的藍光更為震撼，剛巧有人在上面

迷人的神秘藍光

終於進入青洞了，這次是在水底看向洞口，畫面果然比浮潛看到的更為震撼迷人，藍光是更加明亮耀眼，配合周遭寧靜的環境，恍如置身仙境，那種悠閒自在和驚艷，簡直讓人畢生難忘。

附近有免費的更衣室和洗手間，裡面有收費的熱水淋浴間，靠近食堂也有收費的吹風機，設施齊全。

附近有一間食堂，可以出發前在這裡填肚。

回到岸上建議先到淋浴間用熱水沖身並換裝，之後會有專車載你回店裡就完成了整個活動。至於活動期間所拍的相片，教練會在當天或翌日電郵給你。

【沖繩其他潛水勝地】

沖繩本島

1. 宜野灣
距離那霸市最近，即日往返都很方便。

2. 大度浜海岸
位於沖繩本島最南端，有機會與海龜相遇。

3. 名護灣
因有暖流經過，是冬天潛水的最佳地點。

4. 慶良間群島
包括渡嘉敷島、阿嘉島及座間味島等三大島及大大小小約20個島嶼，湛藍的海水更被譽為「慶良間藍」，是潛水愛好者的天堂。

5. 久米島
東側的「終端之濱」被譽為「東洋最美」的無人島海灘，是欣賞海底地貌及魚類的好去處。

6. 石垣島
石垣島的「海講座」近年也發展為潛水勝地，海底更有機會一睹魔鬼魚（蝠鱝）的風采。

離 島

自駕遊
[玩盡沖繩本島]

由於巴士班次疏落，鐵路系統又不發達，自駕遊順理成章成為遊沖繩本島主流的方式。在沖繩自駕由租車至使用GPS系統都和日本其他地方的操作相似，不過仍有一些事項需要注意。

沖繩高速公路知多啲

沖繩本島的面積只有1,207平方公尺，比香港大一點，貫通南北的高速公路只得58號公路一條。由最南那霸空港開車到最北邊戶岬，大概3小時。至於由那霸開到北部許田的沖繩自動車道，從2010年6月開始則免費通行，以後去沖繩又可以慳番一筆公路費。

常用沖繩自動車道出入口
北部：許田IC、宜野座IC
中部読谷村、うるま市：石川IC、沖繩北IC
中部北谷：沖繩南IC
那霸：那霸IC
南部、機場：豐見城・名嘉地IC

注意！綠色地帶通行限制

每逢上下班時間，一些較繁忙的區域如那霸、北浜都會大塞車。為鼓勵當地人使用公共交通工具，以紓緩塞車情況，特別劃出巴士專用行車區，見到這些綠色地帶，就要格外留神免被罰款了。

實 施 路 段：
1. 7:30am-9:30am ● 伊佐→久茂地 5:30pm-7:30pm ● 旭橋→第一天久
2. 7:00am-9:00am ● 山川→松川、松川→安里交差點、安里三叉路→國際通 5:30pm-7:30pm ● 國際通→安里三叉路、安里交差點→松川、松川→山川
3. 7:00am-9:00am ● 兼城→古波藏、古波藏→與儀交差點、與儀交差點→那霸高校前 5:30pm-7:30pm ● 那霸高校前→開南、開南→與儀交差點
星期六、日及公眾假期、1月1日至3日除外 罰款金額：￥7,000

實施限制使用時段的行車道都漆上綠色，指定時間內記住不要使用該行車線。

沖繩自動車道路線

F6-1

沖繩開車10件事

① 沖繩沿海有多條公路直通本島各地，其中西海岸線58號公路更是自駕遊的必經之地。

② 沖繩公路的一般車速限制在時速50km或以下，就算是高速公路也不超過時速80km。當地人都很遵守交通規則，所以你也慢慢駕駛享受自駕遊的樂趣吧！

③ 各區IC出入口都設有「道の駅」讓遊客有機會休息一下，而沿路亦有不少賣雪糕的小攤檔，開車開到悶可以買杯雪糕降溫。

④ 北部尚有很多未開發的地方，不少牧民更會四處放牧，所以開車時要特別小心，以免撞傷人或動物。

⑤ 除了必須乘飛機或渡輪前往的離島外，沖繩本島周邊還有許多以大橋連接的小島，而全長1,960米的「古宇利大橋」是當地最長的免費通行大橋，遊客更可在此下車，在橋上欣賞醉人的海景。

⑥ 日本的駕駛者只會在危急情況下才響按，而且一般都比較有耐性；香港人到沖繩自駕遊，也是時候改變一下沒耐性的惡習。

⑦ 無論紅燈或綠燈，只要沒有行人過馬路也可左轉；不過日本的道路以行人優先，行人亦都認為車輛一定會先讓他們，所以要在燈位前及轉彎位要格外留神，免得釀成意外。

⑧ 不幸發生交通意外時，如有傷患應立即致電110報警，再通知租車公司來處理。雖然已購買保險，但酒後駕駛、無牌駕駛、超速、超載、衝紅燈、沒佩戴安全帶等均不會受保。

⑨ 沖繩停車場數目極多，而且除了國際通及著名景點外，大部分停車場都不收費，所以毋須擔心會像銅鑼灣、旺角般最少要等15分鐘才找到車位，又或者泊車泊到窮。

⑩ 國際通逢星期日中午12時至下午6時都會劃為行人專用區，所有車輛（包括單車）都不得內進。

沖繩主要景點地圖編碼 (Map Code)

在日本租車，車上均裝有GPS衛星導航系統，準確度相當高。導航系統很多已有中文選項，就算不懂日文一樣很易上手。另外，很多GPS裝置都可用電話號碼或地圖編碼（Map Code）搜尋，以下便是沖繩主要景點的 MapCode 以供參考。

那霸

那霸機場	33 123 189*60
那霸巴士總站	33 126 794*82
若狹碼頭 (郵輪停靠處)	33 186 483*60
泊港 (Tomarin 碼頭)	33 187 338*14
國際通屋台村	33 158 452*28
泊魚市場	33 216 085*14
國際通	33 157 411*25
平和通	33 157 416
第一牧志公設市場	33 157 264*54
壺屋陶瓷老街	33 158 093*74
波之上宮	33 185 022*00
天久 RYUBO 樂市	33 218 150*00
沖繩 DFS 旗下 T 廣場	33 188 295*81
識名園	33 130 119*36
奧武山公園 (青空樂園)	33 126 062*00

首里

首里城公園	33 161 497*55
園比屋武御嶽石門 (首里城內)	33 161 639*65
玉陵 (首里城內)	33 160 659*77
首里金城町石疊道	33 161 390*60

南部

瀨長島	33 002 605*22
和平祈念公園	232 311 776*70
琉球玻璃村	232 336 224*71
沖繩世界文化王國・玉泉洞	232 495 333*86
Ashibinaa	232 544 541*17
舊海軍司令部壕	33 036 793
道の駅いとまん	232 543 416
齋場御嶽	33 024 282*85

中部

美濱美國村	33 526 450*63
沖繩兒童王國	33 561 766*72
體驗王國	33 851 374*05
Bios 之丘 自然主題園區	206 005 115*03
沖繩黑糖	33 856 458*22
AEON MALL RYCOM (沖繩來客夢)	33 530 406*45
中城城跡	33 411 581*81
勝連城跡	499 570 170*77
座喜味城跡	33 854 428*55

西海岸

琉球村	206 033 096*41
御菓子御殿 恩納店	206 315 289*28
殘波岬	1005 685 378*55
真榮田岬	206 062 685*77
萬座毛	206 312 039*17

北部

部瀨名海中公園	206 442 075*11
Orion 啤酒工廠	206 598 837*51
森之玻璃館	206 686 440*63
NEO PARK 自然動植物園	206 689 725*11
農產品販賣店 Shimachurara	206 719 043*85
沖繩水果樂園	206 716 584*13
名護鳳梨公園	206 716 467*85
沖繩美麗海水族館	553 075 797*77
BLUE SEAL 冰淇淋 名護店	206 568 609*58
今歸仁城跡	553 081 414*44

Tabirai Mapcode 查詢

自駕遊行程

　　嫌觀光網站推介的行程太大路或太地道，不太適合香港人的口味？沒問題，因為我們已精選了兩種旅遊天數的精彩行程，跟住玩應該可以在有限時間內，真真正正體驗到沖繩最好玩的一面！

5 日 4 夜 玩 盡 沖 繩 之 旅

行程均假設住宿於那霸市內酒店。

第1天

下午：4時離開機場→（開車約20分鐘）那霸新都心 逛 DFS Galleria、Naha Main Place 等。

晚上：（開車約10分鐘）那霸國際通品嘗地道沖繩美食，再到各店瘋狂掃貨。

第2天

全日：（開車10分鐘）前往 Tomarin 碼頭附近享用早餐，然後到碼頭乘船往離島觀光及玩水上活動→晚上住宿於島上酒店。

第3天

上午：留在島上繼續暢遊，或乘船返回那霸市。

下午：（開車約1小時）到琉球村感受琉球文化。

晚上：往中部北浜美國村行街購物，體驗沖繩另一種美國風情。

第4天

上午、下午：（開車約2小時）前往萬座毛觀光，再到海洋博公園，參觀美ら海水族館及周邊設施

晚上：在北部一帶的餐廳用膳。

第5天

上午：（開車25分鐘）到南部系滿市購買地道手信，再到機場附近豐見城市的 Outlet 及大型購物中心作最後衝刺。

下午：2時返回租車中心還車，然後乘穿梭巴士到機場辦理離境手續。

3 日 2 夜 體 驗 文 化 之 旅

第1天

下午：離開機場→（開車約1小時）到
琉球村感受琉球文化，並試試特
色沖繩家鄉料理。

晚上：（開車約1小時）那霸國際通逛街
購物，在地酒橫丁用膳並欣賞傳
統歌舞表演。

第2天

上午、下午：（開車約2小時）前
往海洋博公園，參
觀美ら海水族館及
周邊設施。

晚上：（開車約1小時）往中部北
浜美國村行街購物，體驗
沖繩另一種美國風情。

第3天

上午：9:00am來到壺屋參觀
這條載滿歷史的陶瓷
街，參加體驗課程為石
獅上色→（開車25分
鐘）到南部系滿市購買
地道手信，再到機場附
近豐見城市的Outlet及
大型購物中心作最後衝
刺。

下午：2時返回租車中心還
車，然後乘穿梭巴士到
機場辦理離境手續。

[沖繩 無駕 自由行]

*以下收費以日圓計算

　　對於沒有駕駛執照或沒信心在異域駕駛的朋友,其實也可以選擇乘坐觀光巴士或的士暢遊沖繩。沖繩當地有多間巴士公司,分別是琉球巴士、沖繩巴士、那霸巴士及東陽巴士。當中沖繩巴士的路線較多人搭,那霸巴士主要走市區,琉球巴士則往來南部。東陽巴士較規模較小,覆蓋東岸中城及泡瀨一帶。包括:

琉球巴士 098-867 2707 (日語)
http://www.ryukyubuskotsu.jp

沖繩巴士 098-862 6737 (日語)
https://okinawabus.com

那霸巴士 098-868 7149 (日語)
http://okinawa.0152.jp

東陽巴士 098-832 1840 (日語)
http://www.toyobus.jp

沖繩巴士協會 098-867 7386 (日語)
www.busnavi-okinawa.com
中文咨詢熱線: 098-916 6181

　　部分巴士公司,會兼營定期觀光行程,除了專車接送,更包括景點入場費,沿途又有專人解說(日語),雖然午餐要自行解決,還要與陌生人同團,但一定比自行乘車遊覽方便省時,更是深入接觸日本人的最佳機會。

　　至於乘的士,雖然日本的士出名「挪剡」,不過沖繩始終不是東京大阪這些大城市,的士收費其實與香港相差無幾,而且自由度大,幾個人分擔車資,其實與參加觀光團的使費相差不遠。

登車地點

登車地點就在國際通街頭那霸巴士總站,非常易找。

県庁前

旭橋

国際通り

巴士總站

觀光巴士團

不會自駕又不想乘的士的遊客，可考慮參加當地的旅行團。

從那霸出發

A Course

沖繩美麗海水族館＋古宇利島＋萬座毛＋名護鳳梨公園

行程費用：
成人￥7,000/ 兒童 (6歲-15歲)￥5,800/
(3-5歲)￥4,000
需要時間：約10-11小時

實施期間：每日出發
自動語音導覽：
普通話、廣東話、英語、日語、韓國、
泰語、西班牙語、俄羅斯語
餐點：無

從那霸出發

B Course

沖繩美麗海水族館＋乘坐半潛艇 Jr.II＋備瀨福木步道＋美浜美國村

行程費用：
成人￥7,500/ 兒童 (6歲-15歲)￥6,500/
(3-5歲)￥4,500
需要時間：約8-11小時

實施期間：每日出發
自動語音導覽：
普通話、廣東話、英語、日語、韓國、
泰語、西班牙語、俄羅斯語
餐點：無

從那霸出發

C Course

東村紅樹林交流公園＋国頭港食堂 (午膳)＋邊戶岬＋
山原秧雞生態學習中心＋山原之森遊客中心的自然之旅

行程費用：
成人￥12,000/ 兒童 (6歲-15歲)￥1,0000/
(3-5歲)￥5,000
需要時間：約10-11小時

實施期間：逢周三、五及日出發
自動語音導覽：
普通話、英語、日語、韓國、泰語
餐點：包括

※ 以上行程由2023年9月30日開始營運，敬請留意

網址：http://www.jumbotours.co.jp/okinawa-hip-hop-bus/

沖繩無駕遊

公共巴士

　　如果有充足旅遊時間，每天行程只集中一兩個景點，乘坐公共巴士前往也是一個可行的方法。特別是那霸巴士總站(那霸バスターミナル)，是大部分行經市內外巴士的總匯，非常方便。

乘公共交通工具往沖繩主要景點：

1		具志川バスターミナル
		具志川バスターミナル
2		首里駅前
	32	真志喜駐車場（那霸BT 始発便）
	43	北谷町役場（那霸BT 始発便）
3	28	読谷バスターミナル
	29	読谷バスターミナル
	89	糸満バスターミナル
4	23	具志川バスターミナル（那霸BT 始発便）
5	27	屋慶名バスターミナル（那霸BT 始発便）
	31	泡瀬営業所
	52	屋慶名バスターミナル
	77	名護バスターミナル
	80	屋慶名バスターミナル
6	34	糸満バスターミナル
	35	糸満バスターミナル

7	30	泡瀬営業所
	37	南城市役所・馬天営業所
	38	志喜屋
8	6	おもろまち駅前広場
	10	那霸新都心地区
	12	新川営業所
9	50	百名バスターミナル
	51	百名バスターミナル
	54	玉泉洞前
	83	玉泉洞前
10	27	屋慶名バスターミナル（豊見城始発便）
	32	真志喜駐車場（豊見城始発便）
	39	南城市役所（豊見城始発便）
	89	那霸バスターミナル

11	20	名護バスターミナル
	23	具志川バスターミナル（空港始発便）
	111	名護バスターミナル
	113	具志川バスターミナル
	120	名護バスターミナル
A	23	那霸空港
	111	那霸空港
	113	那霸空港
	120	那霸空港
B	14	新川営業所（開南経由）
C	4	新川営業所
	14	新川営業所（国際通り経由）
D		石嶺営業所
	14	新川営業所（国際通り経由）
E		具志営業所
	14	新川営業所（国際通り経由）

首里城公園	乘單軌電車於「首里」下車步行15分鐘即達
美麗海水族館	由名護巴士總站乘65、66或70號巴士於「記念公園前」下車，步行5分鐘即達，車程約50-60分鐘
今歸仁城遺跡	去程：由名護巴士總站乘66號巴士於「今歸仁城跡入口」下車，步行20分鐘；回程：由「今歸仁城跡入口」乘66號巴士回名護巴士總站，車程約50-60分鐘
沖繩水果樂園	由名護巴士總站乘70或76號巴士於「名桜大学入口」下車，步行3分鐘，車程約20分鐘
名護鳳梨公園	由名護巴士總站乘70或76號巴士於「名桜大学入口」下車，步行3分鐘，車程約20分鐘
萬座毛	由那霸巴士總站乘20或120號巴士於「恩納村役場前」下車，步行15分鐘，車程約100分鐘
琉球村	由那霸巴士總站乘20或120號巴士於「琉球村」下車即達，車程約80分鐘
體驗王國	由縣廳北口乘28號巴士於「大当(ウフドウ)」站下車，步行15分鐘，車程約75分鐘
文化王國 • 玉泉洞	由那霸巴士總站乘33或46號巴士於上泉站下車轉54號巴士於「玉泉洞前」下車即達，車程約70分鐘
琉球玻璃村	由糸滿巴士總站乘82、107或108號巴士於「波平入口」下車即達，車程約15-35分鐘
御果子御殿 (恩納村)	由那霸巴士總站乘20或120號巴士於「瀨良垣」下車，步行5分鐘，車程約110分鐘

MAP1-1/ D1

地茂魚市場 泊いゆまち

要在沖繩吃海鮮，大多數遊客都會首選牧志公設市場，不過在港町碼頭附近的泊いゆまち市場，比起前者可謂更地道。市場內約有20多家商販，由於不能即時在店內烹調，所以來挑選海鮮的都是本地人較多。不過，店舖亦有售各類壽司、刺身，當中最出名的要數呑拿魚，在每年4至6月的盛產期，場內的呑拿魚數量更超過100噸，吸引不同地方的商販店主前來採購，拍賣新鮮漁獲，認真誇張！

地址：那霸市港町1丁目1-18
電話：098-868-1096
營業時間：7:00am-5:00pm
網頁：www.tomariiyumachi.com

交通：
單軌電車「美栄橋」站步行20分鐘或轉乘的士

市場地圖

市場內只有兩張長橙，每張可以坐2至4人，如果有其他人使用時，可能要站著進食或到其他地方用餐。

市場的最盡頭有一個解體室，不定期有即開原條呑拿魚的表演。

精選推介

唯一飯桶
丼すしまぐろ屋本舖

市場內唯一的餐廳，主打各種刺身丼定食，適合怕麻煩又想坐得舒服的人。首先在自動售票機買票，再交給店員即可，但謹記店內不能進食外帶食物！

電話：
098-863-7065

拖羅之王
茂水產

要找到可吃拖羅壽司的地方並不多，而茂水產這裡主要售賣吞拿魚腩壽司及刺身，可以滿足你一次過吃赤身、中拖羅及大拖羅的願望！

電話： 098-863-6640

熱食之選
三高水產

市場內主要售賣壽司、刺身及其他冷盤，甚少熱食，但這裡卻有燒蝦、帆立貝、八爪魚等小吃，有時更會有新鮮生蠔！

電話：
098-863-1559

市場買平價生果
泊いゆまち菜市場

位於停車場旁邊的商店是一個小小的菜市場，裡面售賣新鮮的蔬菜及水果，吃飽後可買個水果來解解膩。

旅遊貼士

大快朵頤後，少不免會留下一大堆「戰利品」，但其實場內是沒有垃圾桶的，而日本人亦不會用大膠袋裝好垃圾就扔，他們還會好好分類！因此請大家購買時認清所購食物的店舖，吃完後把膠盒乖乖歸還。

日式大牌檔
國際通屋台村

MAP1-2/ H2

單軌電車『牧志』站步行5分鐘

「屋台文化」並非九州福岡的專利，在這條國際通屋台村，就有20間主打不同料理的食店。整個屋台村分中山通及北山通兩條美食街，坐在店外，邊吃串燒邊喝啤酒，非常有氣氛！

地址：那霸市牧志3-11-16
營業時間：11:00am-11:00pm (各店不同)
網頁：www.okinawa-yatai.jp

正宗江戶前壽司
寿司　築地男前鮨

琉球鮨是沖繩少有的正統壽司店之一，食材大部分來自沖繩，而且由師傅即場手握，非常新鮮。店內裝潢高級，可惜店面不大，來用餐要有排隊的心理準備。

電話：070-5690-9333
營業時間：5:00pm-12:00mn，星期六日加開12:00nn-3:00pm；星期三休息

鐵板料理
味ノ坊

在沖繩共3間分店的味ノ坊，原材料由名護直送，以串燒、大阪燒及章魚燒等鐵板燒料理為主，而且最令人放心的是有中文餐牌，絕對適合點杯啤酒暢飲一番。

電話：080-4318-3883
營業時間：星期一至四5:00pm-1:00am
星期五至日 12:00pm-1:00am

超震撼三文魚籽蓋飯
蝦夷前壽司

　　小店只有8個座位,頗為擠迫。這裡的海鮮來自沖繩本地及北海道,馳名的三文魚籽蓋飯店主把晶瑩剔透的三文魚籽大方地鋪面飯面,每次上菜都非常震撼。店家的菜牌有日中英三文解説,方便遊客點菜。

電話:098-866-8177
營業時間:12.00nn-12.00mn,星期一休息

營業時間:11:00am-12:00mn

土雞料理
鶏男爵

　　提供各式雞料理,採用沖繩產的土雞山原秧雞及沖繩男爵薯仔。低溫油炸處理令肉質香脆之餘又保持鮮嫩。

摸下酒杯底
島酒と肴『しまぁとあて』

　　是這美食村的村長的店,提供沖繩獨有的蒸餾美酒「泡盛」,並挑選最好的沖繩食材作下酒菜。

營業時間:12:00nn-11:30pm

8大 必吃名物

沖繩在1879年才正式歸入日本，之前的琉球王朝數百年來一直向中國進貢，連飲食習慣都帶有強烈中國風。中式菜系Ｘ沖繩縣產食材Ｘ日式烹調法，形成了風格獨一無二的沖繩料理。而石垣牛、Agu豬、海葡萄、水雲、沖繩そば、苦瓜更是享譽沖繩的6大菜式。

石垣牛

石垣牛產自石垣島上的黑毛和牛，與神戶牛同種。由於牛隻自幼天然放牧，因此肉質特別柔軟、脂肪分布平均、油花豐富、肉味香濃，與佐賀牛、松阪牛同屬頂級和牛。在肉屋ししや只要選好部位，放心交給師傅即可享用美味牛排。除了石垣牛，店內還有其他頂級和牛，一次滿足你的口慾！

Agu豬

沖繩人愛吃豬的程度是連豬頭也不放過，眾多品種中又以產自沖繩北部的Agu豬最受歡迎。Agu豬味道香濃、肉質柔軟、油脂多但膽固醇含量只有一般豬肉的1/4，加上含有豐富膠原蛋白，對健康分外有益。此燒肉店以豬肉聞名，豬舌、豬頸肉、瘦肉、肥豬肉全部以糖、蜜糖等醬料醃製，香口卻不會搶去原味。

やんばる縣產豚套餐

肉屋ししや

Map 1-2
F3

- 地：那霸市牧志3-1-1
- 電：098-869-5448
- 時：11:00am-10:00pm
- 網：https://www.facebook.com/okinawa.shishiya/
- 交：單軌電車牧志　步行8分鐘。

燒肉金城北谷店

Map 4-1
B5

- 地：北谷町北前1-11-10
- 電：098-983-7566
- 時：11:30am-11:00pm
- 交：由機場駕車經北中城IC前往約1小時

沖繩拉麵

海葡萄

海葡萄是沖繩特產，咬落爽脆帶點海水鹹香，加醋及青紫蘇汁來吃更易入口。這家老店獲沖繩協會推選為特選店，海葡萄料理更是招牌菜。顧客可因應個人口味為海葡萄調味，方法是加入適當分量的檸檬醋，然後將海葡萄與白飯、三文魚子及白膽拌勻，鮮味將在口腔中歷久不散。

苦瓜炒蛋套餐

沖繩拉麵

沖繩そば用小麥粉製成，麵身較粗，口感像烏冬。這家店的麵使用的木灰與鹽巴，以手工方式製作麵條，製作出具有嚼勁的粗麵與爽口但濃郁的美味湯頭，加上肥而不膩的五花肉，經食客口耳相傳，在當地麵食愛好者間與麵迷圈內廣為人知。

海葡萄蓋飯套餐

苦瓜

「ゴーヤーちゃんぷる」幾乎是沖繩每家餐廳都會供應的菜式，「ゴーヤー」是琉球語苦瓜的意思，「ちゃんぷる」則解作撈勻，而這道菜就是將雞蛋、午餐肉、豆腐、芽菜與苦瓜同炒，這道傳統菜式當然難不到老字號丸隆そば。順帶一提，沖繩苦瓜苦味較淡，切成薄片後口感與味道跟翠玉瓜相似，同樣爽脆可口。

Map 3-2
A2

Map 5-2
B5

Map 1-2
G3

とらや

- 地：那霸市赤嶺1-5-14
  金城ビル 1F
- 電：098-858-2077
- 時：11:00am-5:00pm
- 交：單軌電車小禄駅步行5分鐘。

元祖海ぶどう本店

- 地：恩納村恩納6091
- 電：098-966-2588
- 時：11:00am-9:00pm，周二休息
- 交：那霸市巴士總站搭乘20、120號巴士，於「恩納中小学校前」站下車，步行約5鐘。由機場駕車經屋嘉IC前往約1小時40分鐘

花笠食堂

- 地：那霸市牧志3-2-48
- 電：098-866-6085
- 時：11:00am-2:00pm，
  6:00pm-8:00pm，星期四休息
- 交：乘單軌電車於「牧志」站下車，沿「国際通り」，轉入「平和通り」，步行約6分鐘

水雲

水雲近年在沖繩的受歡迎程度直迫海葡萄與苦瓜，然而這碟經常用作奉客的前菜，無論質感和賣相卻一點也不討好。懷著隨時吐掉的心態淺嘗一下，方發現沒有腥味之餘，與醋及檸檬汁拌勻後竟意想不到的好吃。這種海藻可降低膽固醇並減少患腸癌的機會，是流行的健康食物。

水雲

Hawaiian Ice-cream Float

來自美國的 Blue Seal，在日本的銷售點遍布全國，其中有9間位於沖繩，更特別設計了超過30款沖繩獨有的雪糕口味，好像紅芋、甘蔗等，一場來到當然要食番夠本。
雪糕奶味超濃，溶化速度極快，與用藍色梳打水加菠蘿汁打成的奶昔混合同吃，感覺就像喝有水果味的鮮奶般，味道沒有想像中那麼甜。

雪塩雪糕

除了雪鹽餅外，相信塩屋最受歡迎的商品就是雪塩雪糕。雪糕分大、小杯裝與雪糕筒3款，杯裝都會贈送鹽餅；客人可按喜好為雪糕添加檸檬鹽、紅芋鹽、辣椒鹽等調味粉。
最初還擔心加了鹽的雪糕味道會很怪，誰知吃了一口已立即愛上。雪鹽本身味道不算濃郁，有助減淡雪糕的甜膩感。加送一塊鹽餅亦令口感變得更豐富。

Map 1-1 **G2(69)**	Map 1-2 **D3(6)**	Map 1-2 **G2**
沖繩の台所	**Blue Seal**	**塩屋 國際通店**

沖繩の台所
- 地：那霸市おもろまち4-8-26
- 電：098-862-2397
- 時：5:00pm-12:00nm
- 網：www.paikaji.jp
- 交：乘單軌電車於「おもろまち」站下車，步行約15分鐘。由「國際通り」駕車前往約12分鐘
- 註：設英文餐牌

Blue Seal
- 地：那霸市國際通
- 時：10:00am-11:00pm
- 網：www.blueseal.co.jp
- 交：單軌電車「県庁前」站步行5分鐘

塩屋 國際通店
- 地：那霸市牧志3-9-2
- 電：0120-408-385
- 時：10:00am-9:00pm
- 網：www.ma-suya.net
- 交：乘單軌電車於「牧志」站下車，沿「國際通り」步行約8分鐘

細嘗泡盛古酒

來到沖繩，你會發現當地人都喜愛杯中物。翻開餐牌，飲品來來去去只得香片、烏龍茶、紅茶、咖啡、橙汁和汽水；但泡盛那一欄卻永遠填得密密麻麻，既分酒精濃度，也按年代劃分，選擇之多教人歎為觀止。泡盛與沖繩的飲食文化密不可分，就算不好杯中物，泡盛，還是值得買的。

認識泡盛（Awamori）

知多啲

早在600年前，泡盛已是琉球王朝最重要的產業，時至今日，泡盛依然是沖繩人最引以自豪的釀酒技術。泡盛的主要材料是泰國米及黑麴菌，由於釀製過程會產生大量氣泡，故稱之為泡盛。泡盛酒的酒精濃度約在25至60度之間，酒精濃度高、氧化速度慢，因此酒味特別香醇。生產少於3年是新酒，多於3年才稱得上古酒。

瑞泉琉球泡盛（a）

酒香濃郁強烈，入口醇厚芳香；酒精含量高，適合追求香醇柔滑古酒之人士飲用。酒瓶刻有沖繩石獅，更富地方色彩。

酒精度：43度

まさひろ藏元限定泡盛（b）

一般泡盛都用泰國米釀製，而這支限定版卻採用縣產米製造，口感細緻、酒質甘甜，獲沖繩縣知事頒發優良縣產品推獎狀。

酒精度：30度

點飲泡盛？

加凍水：
泡盛6分、水3分。

加冰：
放入冰塊直接入口。

加熱水：
分量與凍水一樣，但暖胃效果更顯著。

加梳打水：
自行調製泡盛雞尾酒。

直接飲用：
感受至純正的泡盛滋味。

五頭馬（b）
釀製超過10年的古酒，在08及09年國際品評會中連續兩年獲得最高金賞受賞。

酒精度：43度

古酒家琉球泡盛（c）
由沖繩縣最大泡盛販售商所釀製的人氣產品。古酒家共發售49個酒莊的商品，吸收了各家所長後，釀造了這支米香濃郁、酒味馥郁的10年古酒。

酒精度：35度

青櫻古酒琉球泡盛（c）
由創於1882年的神村酒造所生產，在國際品評會中屢獲殊榮。口感清新輕柔，適合初次品嘗泡盛的人飲用。

酒精度：25度

《a》瑞泉酒造

Map 2-1
C3(13)

地：那霸市首里崎山町1-35
電：098-884-1968
時：9:00am-5:30pm；每月第2、4個星期六、星期日及公眾假期休息
網：www.zuisen.co.jp
交：乘單軌電車於「首里」站下車，步行約10分鐘。由「國際通り」駕車前往約20分鐘

《b》まさひろ酒造

Map 3-2
A3(12)

地：糸滿市西崎町5-8-7
電：098-994-8080
時：9:00am-5:00pm，星期六、日休息
網：www.masahiro.co.jp
交：由機場駕車前往約15分鐘

1982光龍こうりゅう古酒泡盛（d）

這瓶酒擁有28年歷史，堪稱古酒中之極品。不加一滴水製造，令陳年泡盛更香醇柔滑，回甘歷久不散。假如一般古酒已無法滿足你，這將會令你回味無窮。

酒精度：40度

ごころ古酒（d）

瑞穗酒造於1975年釀製的35年古酒。雖然價格高昂，但能夠品嚐到陳年佳釀獨有的醇香潤喉口感與回甘之味，愛酒之人絕對願意花這筆錢。

酒精度：30度

おもろ5年（a）

用5年時間發酵釀製的古酒，打開瓶蓋已聞到濃郁芳香的酒味，淺嘗一口更覺甘甜醇厚。用這個價錢就可以買到百年老字號出產的古酒，相當划算。

酒精度：41度

(c) 古酒家

(d) 泡盛の専門店ハイビスカス

Map 1-2 F3

- 地 那霸市久茂地3-2-19
- 電 098-867-2773
- 時 9:00am-10:30pm
- 網 www.koosya.jp
- 交 乘單軌電車於「県庁前」站下車，沿「国際通り」步行約4分鐘

Map 1-2 G3

- 地 那霸市牧志3-2-53
- 電 098-860-7678
- 時 9:00am-10:00pm
- 交 乘單軌電車於「牧志」站下車，沿「国際通り」直行，轉入「平和通り」直行，約12分鐘

GRAND CABIN HOTEL Naha Oroku

交：單軌電車「赤嶺」站步行3分鐘

剛於2019年初開業的GRAND CABIN HOTEL走平價路線，房間介乎膠囊酒店與商旅之間——雖然有獨立房間，住客卻要共用洗手間和浴室。全酒店分150間客房，而且男女分層。雖然限制多多，不過一間雙人房包早餐只要HK$500左右，而且位於那霸機場旁、單軌電車「赤嶺站」隔籬，行過少少又有Aeon超市，慳埋酒店錢可以食多兩碟Agu豬和石垣牛，抵番晒！

地址：那霸市宇栄原1丁目 27の1
電話：098-851-4990
房租：雙人客房￥7,000/晚起
網址：https://www.grandcabinhotel.com/
Map Code：33 064 495*25

Green Rich Hotel Naha

Map 1-1
C3

交：單軌電車「美栄橋」站步行10分鐘

同樣於2019年初開業的Green Rich Hotel Naha，房間卻有不同種類選擇，由膠囊房、標準房到高級房都有提供。酒店接近單軌電車「美栄橋站」，步行至國際通大約15分鐘。膠囊房雖然共用洗手間和浴室，不過酒店同時設有大浴場，可以體驗日本人的入浸風俗。膠囊房僅限男性住客，一晚房租連早餐也只是￥3,000，啱晒單身背囊友投宿。

地址：那霸市松山町2丁目15-1
電話：098-863-2400
房租：膠囊房￥3,000/晚起
網址：https://greenrichhotels.jp/naha/
Map Code：33 156 835*88

Halekulani Okinawa

Map 5-2
D5

交：由那霸機場自駕約1小時15分鐘

　　沖繩有日本夏威夷之稱，而Halekulani正是位於夏威夷威基基海灘上的著名酒店。2019年7月，Halekulani沖繩店正式開業，並選址在本島北部的恩納村，鄰近讀谷村、殘波岬和座喜味城等景點。Halekulani Okinawa延續慵懶的度假風，360間客房分普通房、套房及連獨立泳池和天然溫泉的別墅。為了讓住客足不出戶都能豪嘆美食，酒店還聘請米芝蓮二星餐廳名廚為顧問，令住客在酒店都可享用國際級美食。

地址：国頭郡恩納村名嘉真1967-1
電話：098-953-8600
房租：雙人房￥62,000/晚起
網址：https://www.okinawa.halekulani.com/
Map Code：206 380 658*63

Hyatt Regency Seragaki Island Okinawa

Map 5-2
C5

交：由那霸機場自駕約1小時

　　凱悅集團沖繩的新酒店在2018年8月開業，選址自成一國，位於恩納村的瀬良垣島，四面環海，真正海天一色。344間客房全部設有露台，讓住客每時每刻都能享受碧海藍天。為了融入環境，酒店特別設計了一層層的戶外礁湖泳池，令泳客無論使用那個池都可享無邊際的視野。酒店內有多間餐廳，提供日本傳統及西式料理，又策劃不同的戶外活動，使住客不用四處奔波也能欣賞沖繩的自然美景。

地址：国頭郡恩納村瀬良垣1108番地
房租：雙人房￥73,000/晚起
Map Code：206 314 795*17

電話：098-960-4321
網址：https://www.hyatt.com/

【超豪度假酒店】

Ala MAHAINA CONDO HOTEL

Map 5-2
C1

交：由那霸機場自駕約1.5小時

　　Ala MAHAINA CONDO HOTEL 在2019年4月開業，選址本部町，與海洋博公園、美麗海水族館及本部元氣村皆不到 15 分鐘路程。全酒店有100間房間，戶戶坐擁無敵海景，配備無邊際泳池、露天風呂溫泉及室內外泳池。酒店更把頂層設為露天浴池，讓住客一邊浸泡，一邊欣賞海岸壯麗澎湃景色，令身心都無比舒暢。

地址：国頭郡本部町山川1421-1　　**電話**：098-051-7800
房租：雙人房￥24,000/晚起　　**網址**：https://www.ala-mahaina.com
Map Code：553 046 363*56

U-MUI Forest Villa Okinawa YAMADA GUSUKU

Map 4-1
C1

交：由那霸機場自駕約1小時

　　來沖繩通常是與陽光海灘玩遊戲，U-MUI卻座落於恩納村山田的森林內。酒店走精品豪華的路線，由房間、佈置飾品都出自名家手筆，充滿傳統和風之餘又不失現代的簡約感。全酒店只有3種類型的共18棟私人別墅，但最細的都差不多1500平方呎，配備私家庭園和泳池，空間感十足。如果真的想參加水上活動，酒店距離恩納琉球村和潛水勝地青之洞窟亦非常近，實行動完再靜也是很好的安排。

地址：国頭郡恩納村山田2455-1　　**電話**：098-964-5555
房租：雙人房￥58,500/晚起　　**網址**：https://www.u-mui.jp
Map Code：206 033 171*11

沖繩手信攻略

　　沖繩沒有原宿，也沒有心齋橋，單單享受陽光海灘，應該不用擔心大失預算吧！其實沖繩特色美食處處，面對海鹽餅、黑糖蜜、紅芋批……你就會渾然忘我，失去理性的買個不亦樂乎！至於去日本必掃的精品手信，沖繩當然也有，尤其瑟縮在街角的小店，更是令人驚喜的尋寶勝地。

精品手信精選

鯨鯊毛公仔（b）
在香港看不到鯨鯊，去完水族館，就買一隻袖珍版的毛毛鯨鯊公仔紀念一下吧！

石獅子安全套（c）
一開始還以為是啤牌，細看才發現這盒賣相可愛的東西，竟然是沖繩限定版安全套。除了石獅子外，還有多款可愛包裝選擇。

菠蘿毛公仔（c）
頭戴一朵沖繩紅花的菠蘿公仔可愛到不得了，更有多款size選擇，平平地又可以氹人開心，送禮首選。

苦瓜 Monchhichi 電話繩（a）
全身包到冚扮苦瓜的Monchhichi超級kawaii，還有其他扮菠蘿、海葡萄、紅芋、鯨鯊的造型，有排你揀。

（a）おきなわ屋	Map 1-2

地：那霸市松尾1-1-1
電：098-860-0501
時：9:30am-10:00pm
交：乘單軌電車於「県庁前」站下車，過馬路即達。

B4(41)

（c）沖繩百貨店	Map 1-2

地：那霸市牧志3-1-15
電：098-860-8753
時：9:00am-9:00pm
交：乘單軌電車於「牧志」站下車，沿「国際通り」直行，轉入「平和通り」，約12分鐘。

C4(18)

（b）美ら海水族館	Map 5-2

地：国頭郡本部町字石川424番地
電：098-048-3748
時：8:30am-8:00pm（3月至9月）；8:30am-6:30pm（10月至2月）；12月第1個星期三及四休館
網：https://churaumi.okinawa/
交：名護市巴士總站搭乘65、66、70號巴士，於「紀念公園前」站下車。由機場駕車經許田IC前往約2小時20分鐘。

C1(01)

星砂 (每套16樽)（e）
星砂是竹富島星砂的浜的特產。就算你沒機會到竹富島一遊,沖繩許多售賣手信的地方,一樣有一樽樽的星砂售賣。

首里城龍頭電話繩（f）
昔日的琉球王朝深受中國文化影響,首里城似足中式皇宮之餘,同時亦用龍來代表皇帝;而這條電話繩可算是首里城內最可愛的手信。

沖繩方言學習 file（d）
沖繩人說的雖是日語,但卻有自己一套方言。而這個一套4款的文件夾,就圖文並茂地介紹了各種常用的沖繩句子及詞語。

鯨鯊 Kewpie 電話繩（g）
Kewpie 一向造型百變,以她做招牌的文化屋菓子店更有數十款沖繩限定的扮相供 fans 選擇,荷包必定血流成河。

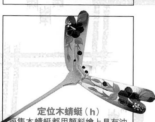

琉球美肌美白面膜（g）
日日同陽光玩遊戲,不想返到香港皮膚黑蚊蚊又乾爭爭,可以買塊有保濕及美白功效的面膜急救一下。

定位木蜻蜓（h）
每隻木蜻蜓都用顏料繪上具有沖繩特色的圖案,最特別之處是只要把蜻蜓嘴勾在指甲、竹籤等尖的物件上,蜻蜓就會懸浮半空搖搖欲墜,十分有趣。

（d）わしたショップ本店

Map 1-2
B4(60)

地：那霸市久茂地3-2-22
電：098-864-0555
時：10:00am-10:00pm
網：http://www.washita.co.jp/
交：乘單軌電車於「県庁前」站下車,沿「国際通り」直行約5分鐘。

（e）琉球ガラス村

Map 3-2
B5(10)

地：糸滿市福地169-1
電：098-997-4784
時：10:00am-5:30pm
網：https://www.ryukyu-glass.co.jp/
交：那霸市巴士總站搭乘89號,於「糸滿」巴士總站下車,再轉82號巴士於「波平入口」站下車。由機場駕車前往約25分鐘。

（f）福地商店

地：那霸機場國際線航廈2F 2-78
時：10:00am-8:00pm

（g）文化屋菓子店

Map 1-2
B4(36)

地：那霸市久茂地3-2-24
電：098-863-7559
時：9:00am-9:00pm
交：搭乘單軌電車於「県庁前」站下車,沿「国際通り」直行約3分鐘。

美 食 手 信 精 選

海葡萄（j）
在香港要品嘗新鮮海葡萄一點也不便宜，幸好現在有直航機往返沖繩，上機前買定幾盒餽贈親友，就可以用平價吃到沖繩特產了。

元祖紅芋菓子（6個）（j）
讀谷村總店在23年前研製的和菓子，亦是品牌最受歡迎的產品。08及09年分別獲得「金賞受賞」及「名譽總裁賞受賞」殊榮，紅番薯味道很香甜。

扶桑花茶（o）
扶桑花亦即是沖繩大大朵的大紅花，用島花沖出來的茶帶有淡淡酸味，開胃消滯。

Nihede 麥酒（h）
曾在《國際啤酒大賞》中連續6年獲獎，黑蓋的味道濃芳香，紅蓋則溫和清香。兩者皆用玉泉洞地底100米的天然泉水釀製，豐富的酵母成分對人體有益。

泡盛辣椒油（n）
將石垣特產小辣椒浸在泡盛內釀製成辣椒油，賣相與味道俱佳；吃麵時加兩滴零舍開胃。

雪塩餅（i）
不僅是塩屋最受歡迎的商品，也是沖繩人氣最盛的手信。用宮古島海鹽製造，口感鬆化，海鹽中和了糖的甜味，淡淡鹽香叫人一試愛上。

（h）おきなわワールド文化王国・玉泉洞　**Map 3-2 D3(13)**
地：南城市玉城前川1336
電：098-949-7421
時：9:00am-5:30pm（11月至3月）
網：www.gyokusendo.co.jp/okinawaworld/
費：成人￥2,000、小童￥1,000
交：那霸市巴士總站搭乘54、83號巴士，於「玉泉洞前」站下車。由機場駕車前往約30分鐘。

（i）塩屋 國際通店　**Map 1-2 G3**
地：那霸市牧志3-9-2
電：0120-408-385
時：10:00am-9:00pm
網：www.ma-suya.net
交：乘單軌電車於「牧志」站下車，沿「国際通り」步行約5分鐘。

（j）御菓子御殿　**Map 1-2 B4(56)**
地：那霸市松尾1-2-5
電：098-862-0334
時：9:00am-10:00pm
網：www.okashigoten.co.jp
交：乘單軌電車於「県庁前」站下車，沿「国際通り」直行約3分鐘。

（k）黑糖屋　**Map 1-2 F2**
地：那霸市牧志1-3-52
電：098-861-4411
時：9:00am-8:00pm
交：乘單軌電車於「牧志」站下車，沿「国際通り」直行約8分鐘。

童玉（l）
用古法放入火爐中提煉而成的無香料、無色素黑糖糖果。味道甘甜，比普通糖果有益，更曾在2006年的《那霸市長賞》中獲得「最優秀賞」。

沖繩拉麵（m）
想吃日本拉麵香港也有很多選擇，反而沖繩拉麵比較少見，買多幾盒返去自己煮，便可以回味一下那份滋味。

黑糖蜜糖（k）
食法與一般蜜糖無異，不過所含的礦物質與維他命更豐富，對健康有益。黑糖蜜甜中帶甘，用來搽麵包或沖水飲也不錯。

三枚肉（m）
用黑糖醃製的即食三枚肉，味道略帶甘香，炆得軟腍容易咀嚼；煮麵時加兩塊就成為一碗地道沖繩拉麵了。

（l）島涼みー
Map 2-1 B3(14)

- 地：那霸市首里金城町4-71-12
- 電：012-086-5646
- 時：10:00am-5:00pm；星期六、日及公眾假期休息
- 交：乘單軌電車於「首里站」下車，轉乘的士約10分鐘。或於「国際通り」三越門前乘15號巴士於「石疊前」站下車，步行約2分鐘。由機場駕車前往約35分鐘。

（m）沖繩黑糖
Map 4-1 B2(21)

- 地：読谷村座喜味2822-3
- 電：098-958-4005
- 時：8:30am-5:30pm
- 網：www.okinawa-kokuto.co.jp
- 交：由機場駕車經沖繩北IC前往約50分鐘。

（n）石垣市特產品販売センター
Map 6-2

- 地：石垣市大川208公設市場2F
- 電：098-088-8633
- 時：10:00am-7:00pm
- 交：（1）從那霸機場乘JTA或ANA內陸機約1小時；（2）從那霸Tomarin碼頭乘渡輪約8小時15分鐘；（3）從宮古機場乘JTA或RAC內陸機約35分鐘。

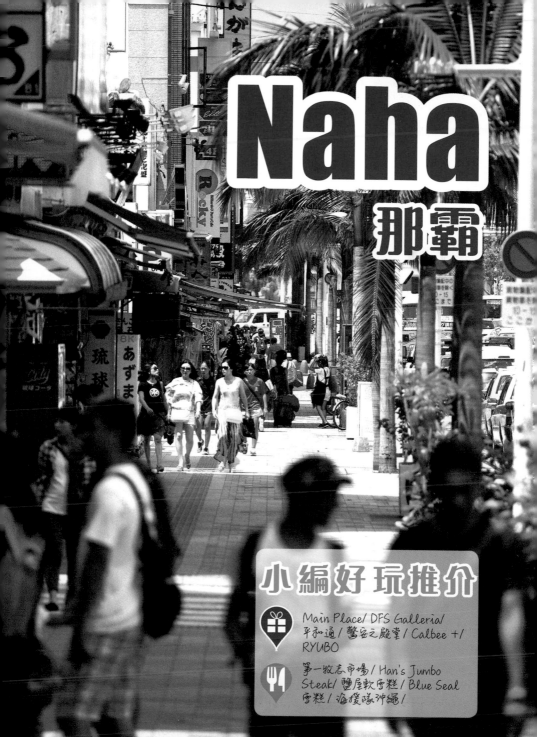

Naha
那霸

小編好玩推介

🎁 Main Place/ DFS Galleria/
平和通/ 驚安之殿堂/ Calbee +/
RYUBO

🍴 第一牧志市場/ Han's Jumbo
Steak/ 鹽屋軟雪糕/ Blue Seal
雪糕/ 海援隊沖繩

Naha 那霸廣域

泊いゆまち市場 F8-1

マリンスター 乗船待合所 F4-7

Green Rich Hotel Naha F11-0

美栄橋

波上宮

波之上兒童樂園 F3-0

那霸單軌列車

県庁前

國際

旭橋

那霸巴士總站

Map1-1 那霸

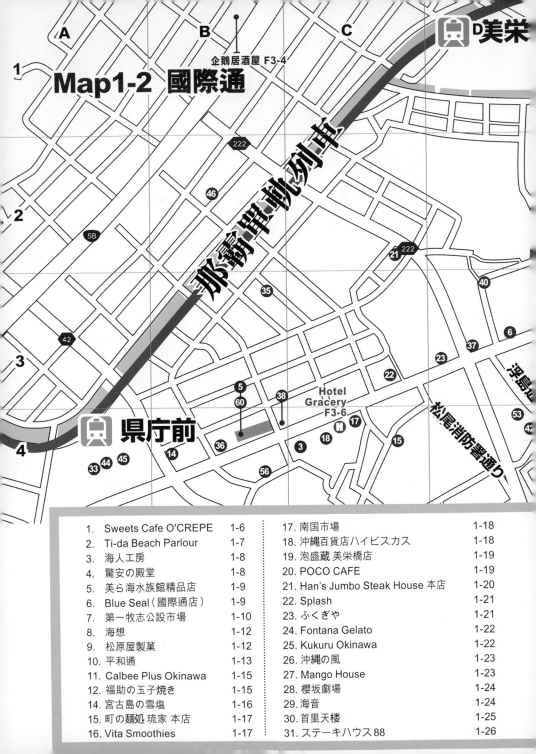

Map1-2 國際通

企鵝居酒屋 F3-4

222

46

5B

那覇單軌列車

35

42

222

21

40

6

37

23

22

5
60

38

Hotel
Gracery
F3-6

53

県庁前

36

14

3

18

17

15

33 44 45

56

松尾消防署通り

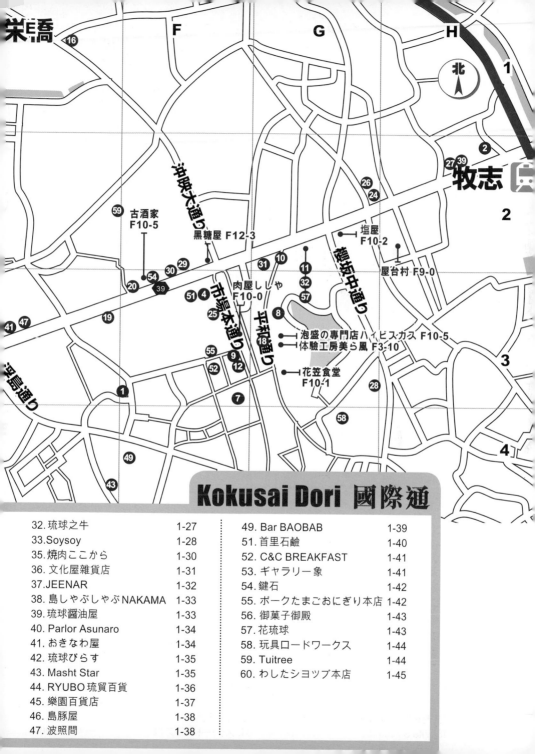

栄橋

F　G　H

北

116

1

2

牧志

2

27 39

26
24

59　古酒家
F10-5

黒糖屋 F12-3

塩屋
F10-2

屋台村 F9-0

沖映大通り

樋川中通り

59

30 29
54
20　39
51　4
市場本通り
25
肉屋しゃ
F10-0

31　10
11
32
57
8

泡盛の専門店ハイビスカス F10-5
体験工房美ら風 F3-10

平和通り
18

花笠食堂
F10-1

28

19

55
52　9
12

58

1

7

49

43

Kokusai Dori 國際通

熱 爆 沖 繩
食買玩一條街

那霸是沖繩的市中心,而國際通就是全沖繩最熱鬧的街道,兩旁開了數以百計的土產店、服飾店及餐廳等。首次踏足此處,絕對會有不知從哪兒開始走的困惑。

1. 國際通有幾長?
國際通其實是那 市縣廳北口十字路口至安里三叉路一條約1.6公里長的大道名稱;於單軌電車縣廳前、美栄橋或牧志站下車,一樣可以通往這兒。

2. 為什麼會有一條這麼長的購物大道?
美軍在二次大戰時進佔了市中心的範圍,百姓只好聚集在仍是郊外的國際通現址,並進行各類貿易。戰後商舖愈開愈多,形成了被稱為「奇蹟的一英里」的購物大道。

3. 店舖的開放時間有何特色?
不少店舖營業至晚上11時,部分食肆更開至凌晨兩三點,堪稱愈夜愈精彩。

那霸市
觀光案內所

單軌電車於「県庁前」站下車步行約 5 分鐘

INFO

🏠 那霸市牧志3-2-10那霸てんぶす1F | 📞098-868-4887 | 🕐 9:00am-8:00pm | 🌐www.naha-navi.or.jp/naha_tourist_info.html

旅遊貼士

星期日變行人專用區

逢星期日及假期,國際通由12:00nn至6:00pm都會封路,變身成為行人專用區,所有車輛均不可進入,自駕遊的朋友要留意了。行人專用區此時會有團體在路口表演,馬路上又有兒童玩樂專區,大量免費玩具任玩(但比較殘舊)。相比起車水馬龍的平日,星期日行國際通可以更安心寫意。

【 國際通掃街精選 】

雪鹽系列

國際通上有兩間賣雪鹽小吃的店鋪，包括宮古島的雪塩及塩屋。所謂雪鹽，就是抽取沖繩的深層海水，經過珊瑚石灰岩去除雜質及濃縮，打造成幼細如雪的雪鹽。沖繩最受歡迎的雪鹽小吃首推雪鹽雪糕，而雪鹽蛋糕及餅乾也是很受歡迎的伴手禮。

INFO

宮古島の雪塩 🏠 那霸市久茂地 3 丁目 1-1| 📞 098-860-8585 | 🕐 11:00am-7:00pm

塩屋 🏠 那霸市牧志 3-9-2 | 📞 0120-408-385 | 🕐 10:00am-9:00pm

超巨型10円

在國際通爆紅的小吃10円車輪餅，除了造型煞食，裡面是濃郁的卡士醬，加上香脆的表層，打完卡後進食仍保存脆香可口，行國際通一定不可錯過。

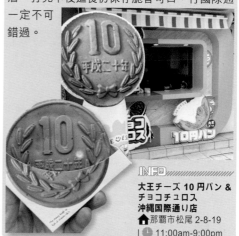

INFO

大王チーズ 10円パン & チョコチュロス 沖縄国際通り店
🏠 那霸市松尾 2-8-19 | 🕐 11:00am-9:00pm

漢堡飯糰

將傳統的日式飯糰，變成美式漢堡的吃法。除了煎蛋夾午餐肉外，還可以選擇炸蝦、苦瓜、島豆腐等，加上特調的味噌醬或蛋黃醬，很合大眾口味。

INFO

ポークたまごおにぎり本店
🏠 那霸市松尾 2-8-35|
📞 098-867-9550 |
🕐 7:00am-7:00pm

彩虹雪糕

店內的王牌產品是「Rainbow Milk」紅、橙、黃、綠、藍等五色雪糕，顏色繽紛浮跨，入口卻是濃郁的奶香味。全部使用縣產水果及農場直送的鮮奶炮製，真材實料。

INFO

Fontana Gelato
🏠 那霸市牧志 2-5-36 |
📞 098-866-7819 |
🕐 10:30am-9:30pm

那霸甜品新食力

國際通

五彩繽紛的甜品，與沖繩的陽光海灘成為絕配。除了傳統日式甜品，近年那霸出現了幾間超人氣的特色甜品店，定位更是瞄準女生們，由門面到出品，肯定能「秒殺」熱愛甜點的女士。

壺屋通

那霸廣域

花花世界
Sweets Cafe O'CREPE

Map 1-2/ **F3**
①

 單軌電車「牧志」站步行 10 分鐘

Cafe 老闆除了是甜品高手，也從事結婚蛋糕及甜點的製作，而太太則是婚禮策劃師，所以 Cafe 除了以花為主題，也充滿婚禮的浪漫。雖然店面綽頭十足，出品質素同樣一絲不苟。Cafe 以可麗餅 (Crepe) 為主打，最特別是以米粉而非傳統的麵粉為材料，出品不但比傳統的可麗餅煙韌，更帶有獨特的米香。

INFO

🏠 那霸市松尾 2-6-12 2 階 | 📞 098-868-3113 | 🕐 11:00am-5:00pm，星期二、三休息 | 🌐 http://ocrepe.ti-da.net/

要你戀上沖繩
Ti-da Beach Parlour 牧志店

Map 1-1/ **H2**

②

 單軌電車「牧志」站步行2分鐘

看上去不像咖啡廳的咖啡廳Ti-da Beach Parlour，他們最有名的冰品就是果昔。層層果昔上再鋪滿新鮮水果，再加上一朵南國花卉，好喝消暑之餘，還可以拍照美美的Po上網。除了有消暑飲品之外，店家還有販售充滿沖繩海洋風味飾品，還可以現場DIY，送朋友手信這個就最適合不過！

DIY班。

店前還有中文菜單，不懂日文也不要緊！

沙律也是份量十足，清新健康。

INFO

🏠 那霸市牧志 2-7-18 | 📞 098-894-8828 | 🕐 12:00noon-8:00pm | 🌐 https://okinawanikoiwoshita.com/

國際通

壺屋通

那霸廣域

沖繩象徵 **Map** 1-2/ **C4**
海人工房 ③

🚕 單軌電車「縣厅前」站步行 8 分鐘

BB的服裝也有不少。

「海人」是沖繩以採真珠維生的人，也是沖繩的象徵，沖繩人對這種職人非常尊敬。海人工房創業已有30年，在石垣島起家，以「海人」二字創作出許多不同款式的Printed Tee。他們的分店共有9間，國際通有4間，在台灣也有分店。海人的設計不斷添加新元素，也發展出Tee以外的產品，現已成為來沖繩不能不買的手信。

這裡還有賣並他手工藝品。

設計多元化，大人小朋友、男士女士都照顧到。

INFO

🏠 那霸市 松尾 1-3-1 | 📞 098-863-0015 | 🕐 10:00am-10:00pm | 🌐 www.uminchu-okinawa.com

B1F是食品及日用品的樓層，而且價錢也十分優惠。

Map 1-2/ **F3** 掃貨 Non-Stop
④
驚安の殿堂

🚕 單軌電車「牧志」站步行 8 分鐘

你意想不到的家庭用品，這裡一定會找到。

驚安之殿堂在日本無人不識，國際通分店全高7層，電器玩具藥妝零食日用品手信紀念品通通有售，全店營業至深夜，地面層有會説普通話的退税專櫃。凌晨時分甚少遊客，是慢慢掃貨的好時候！

這裡同樣有沖繩的土產發售，所以你一定會在這裡買到手信。

INFO

🏠 那霸市 松尾 2-8-19 | 📞 098-951-2311 | 🕐 9:00am-3:00am | 🌐 www.donki.com

魚樂無窮
美ら海水族館精品店 ⑤

Map 1-2/ **B4**

 單軌電車「県庁前」站步行 5 分鐘

去沖繩的朋友大多會去名護的美ら海水族館去一睹可愛鯨鯊的美姿，順道買些鯨鯊紀念品。但精品這東西，永遠沒有買完的一天。在那霸國際通上，館方就開設這家紀念品專門店，讓大家買個夠。除了紀念品外，還有幾個水族箱讓大家觀賞，好讓同行的小朋友一同「魚樂無窮」！

很多在水族館都有賣的紀念品，這裡也有發售。

這裡有個小型展館，可先作個熱身。

INFO
🏠 那霸市久茂地 3-2-22JA ドリーム館 | 📞 098-917-1500 | 🕐 10:00am-7:30pm | 🌐 http://umichurara.com

---

Map 1-2/ **D3**

⑥

沖繩熱賣
Blue Seal（國際通店）

 單軌電車「県庁前」站步行 13 分鐘

由南到北都會見到 Blue Seal 的踪影，雖說是美國品牌，但基本上已經溶入了沖繩人的血。雪糕香濃軟滑，最值得推介的是其招牌雪糕「Blue Wave」味道。雖說是 4 月限定的味道，但小記在 8 月遊沖繩時仍可吃到。

單是國際通已有兩家專營店，見到其 logo 就走入去必定無錯。

Blue Wave（左）及紫薯味

INFO
🏠 那霸市 牧志 1-2-32 | 📞 098-867-1450| 🕐 10:00am-11:00pm | 🌐 www.blueseal.co.jp

地道廚房 市場本通り

🚕 單軌電車「牧志」站步行 8 分鐘

在平和通旁邊，賣的東西以食材及小吃較多，當中必到的就是人氣平民大飯堂──第一牧志公設市場！

INFO

🏠 那霸市牧志 2 | 🕐 9:00am-9:00pm；各店不同

平吃海鮮 ⑦ Map 1-2/ F3
那霸市第一牧志公設市場

🚕 單軌電車「牧志」站步行 9 分鐘

因為設備老舊在2019年關閉的牧志公設市場於2023年3月重開了。公設市場一共有3層，1/F是販售新鮮海鮮、肉類以及沖繩調味料，遊客可以在1/F買好食材後，用提貨上樓服務到2/F的餐廳請店家代煮。2/F那邊一共有12間餐廳，除了餐廳之外，現在還有甜品店。而3/F則是辦公室及活動會場，有時候官方會舉行特別活動，如果剛好碰上的話不妨參加看看。

INFO

🏠 那霸市松尾 2 丁目 10-1 | 📞 098-867-6560 | 🕐 8:00am-10:00pm（各店不同）| 🌐 https://www.makishi-public-market.jp/

買海鮮Step by Step

1. 先找心儀海鮮店

日本人很少講價，也很少會騙遊客，所以大家可以放心在這裡買海鮮。有些店會有店員略懂一點英語，大家可以叫店員寫上漢字（kan ji）溝通。因此，只要看中哪家的海鮮，可以直接問價（i ku ra de su ka？いくらですか？）。

2. 食什麼海鮮？

大家別一看到蟹就馬上要，其實不是所有的海鮮都是從沖繩來的，帆立貝和蟹大部分都是從北海道運來。所以，最好問一下店員是否來自沖繩的海產。

3. 料理費

這裡的餐廳都會收料理費，但是全部均一，明碼實價，海鮮店也會告訴你是多少。最初的3種菜式是￥500/人，每加一款￥300/人，刺身不收料理費。

4. 選餐廳

選餐廳也不用頭痛，海鮮店會推薦給你。記者這天去的叫がんじゆう堂，聽説有中文店員，也很受歡迎，不過記者這天沒碰上中文店員。

5. 烹調方法

烹調方法不用太擔心，因為在海鮮店時店員會先跟你溝通好，吃海鮮的話，因為新鮮所以用最簡單的烹調方法即可。記者這天花了只是￥3,500，便吃了一隻最大的鹽燒海蝦（蝦的價錢會因應產地和不同大小而不同，由￥450起）、半條魚用作刺身、汁煮和魚湯。

6. 除了海鮮還有別的吃嗎？

除了在這裡吃海鮮，你還可以在這裡的肉店買石垣牛，而且比一般餐廳吃到的便宜，約120克只要￥2,600（另加料理費￥300），如果你還要吃海鮮，這是足夠一個人的分量。

海想在店內設立了工作室。

8

航海主題雜貨

Map 1-2/ **G3**

海想

單軌電車「牧志」站步行 5 分鐘

　　海想在市場本通上有兩間店，一間是以航海做主題的店舖，而另一間則是手作雜貨為主題的KAISOU。兩間店都是採用木材作主要裝潢，加上微黃的燈光，感覺像雜貨小店，所以很受年輕人的歡迎。 在海想的店內，主要以航海為主題，搜羅了沖繩的工藝家作品來販售，也有自家品牌產品，而且價錢適中，希望大家都可以買回去家中，想起美麗的海洋。至於KAISOU，則

搜羅了不同年輕工藝家的作品，以日常家品為主題，當然有沖繩著名的玻璃製品。

INFO
🏠 那霸市 牧志 3-2-56 | 📞 098-862-9750 | 🕙 10:00am-7:00pm | 🌐 www.kaisou.com

---

沖繩傳統菓子

松原屋製菓

Map 1-2/ **F3**

9

單軌電車「牧志」站步行 8 分鐘

さーたーあんだーぎー

雖然寫上有10日期限食用，但最好即買即食。

　　在沖繩除了苦瓜，松原屋的「さーたーあんだーぎー」便是第二種地道食物，跟沖繩人的生活息息相關。さーたーあんだーぎー是 一種用麵糰搓成球狀，再去油炸的食物，口感介乎於沙翁與曲奇之間，口感鬆化，用白糖、三溫糖和雞蛋製成，有不同的口味，是沖繩的小朋友很喜歡的食物之一。這小吃的口感有很多，包括黑糖、芝麻、焦糖、核桃、芒果、白糖等等，會因應季節而有所調整。

黑糖味最濃郁，但不嗆口不會很甜，只是￥60。

巨型さーたーあんだーぎー。

INFO
🏠 那霸市 牧志 2-9-9 | 📞 098-863-2744 | 🕙 9:00am-5:00pm ，星期三休息

⑩ Map 1-2/ G2
放血大本營 平和通

🚕 單軌電車「牧志」站步行約5分鐘。

國際通已經夠多東西買，誰不知原來街尾的平和通，有更多平靚正的東西買，簡直是「放血大本營」，由藥妝手信，以至平民餐廳一應俱全。

🏠 那霸市牧志 3 | 🕐 9:00am-9:00pm；各店不同

懷舊舊物尋寶地
日の出雜貨店

日出雜貨店顧名思義就是賣各種雜貨以及二手商品，商內雖然堆滿商品，走廊也只能讓一人通行，但整體來説還算整理得乾淨整齊。店主蒐集了很多古老雜貨，喜歡懷舊風的朋友可以在這裡尋尋寶。

🏠 那霸市牧志 3-5-7 | 📞 090-1940-3847 | 🕐 1:00pm-7:00pm | 🌐 https://hinode1.ti-da.net/

親子情侶Tee
JAM Market

國際通最常見的除了風獅爺公仔外，Tee就是另一熱賣東西。JAM Market在沖繩開了頗多分店，遠至名護的酒店內都有其專櫃。款式精美，多以情侶或親子為主題。小至嬰兒，大至大人都有尺碼。布料全棉又通爽，設計有趣，訂價亦非常親民。

🏠 那霸市牧志 3-1-17 | 📞 098-943-2194 | 🕐 10:00am-8:00pm | 🌐 www.jam-market.jp

街坊藥妝店
ココカラファイン 那霸平和通店

除了在驚安之殿堂地庫有藥妝部，平和通這家算是整條國際通上較齊全的藥妝店。買滿￥10,000同樣可以扣稅，某些化妝品的單價比起「驚安」平上十數Yen，如遇上心儀東西，不妨在這裡買下，免得走上走落。

INFO
🏠 那霸市牧志 3-2-56 | 📞 098-860-9992 | 🕐 10:00am-9:00pm

古老當時興
花笠食堂

潮流興復古，近年香港就湧現了一些以懷舊作主題的冰室。想不到日本人都喜歡懷舊，翻開當地的旅遊書，每本都見到花笠食堂的名字，令這家已有40年歷史的餐廳頓成遊客的寵兒。懷舊的日式布置的確引人入勝，加上侍應都是上了年紀的婆婆，感覺就像回到50、60年代。食物都是沖繩家常菜，全都做得十分出色，簡直是無可挑剔。

INFO
🏠 那霸市牧志 3-2-48 | 📞 098-866-6085 | 🕐 11:00am-9:00pm | 💲 ￥1,500 | 🌐 www.ritou.com/spot/view-naha-nn32.html

典型日式傳統食堂格局，在大城市已難得一見，難怪不少日本觀光客特意來幫襯。

沖繩定食
分量相當豐富，有飯、沖繩拉麵、天婦羅、漬物、魚生及紅豆湯。飯類可選紅米、白飯或玄米，兩個人食都夠飽。

旅遊貼士

🚕 單軌電車「牧志」站步行 10 分鐘。

INFO
🏠 那霸市牧志 3-6-41 | 📞 098-862-1682

到處都是貓咪

在平和通和市場本通一帶，還有櫻坂劇場和壺屋通附近，其實都有很多貓咪，有店家養的，也有流浪的貓咪。有些店家都會養貓咪，而且都很歡迎大家去跟貓咪玩耍，嘉數商会的老闆便是其中之一。

我要真薯條
Calbee Plus Okinawa

Map 1-2/ **G2**

⑪

 單軌電車「牧志」站步行5分鐘

Calbee Plus只在北海道、東京、大阪、神戶、福岡及沖繩開設，算是物以罕為貴。店內除了發售各款限定版卡樂B薯條給大家當手信外，最重要的就是去品嚐即叫即炸的紅芋薯條！味道跟超市買到預先包裝版的是完全天和地的分別，薯條鬆脆可口，熱呼呼的一口一條，哪怕會熱氣到生痱滋都要吃兩杯！

人氣NO.1:薯條沙律味
(左)及沖繩限定紅芋薯條

香辣芝士薯片

專門店獨家發售的限定薯條·口味特別。

Royce的石垣島限定·你一定要買

INFO

🏠 那霸市牧志 3-2-2 | 📞 098-867-6254 |
10:00am-9:00pm | 🌐 www.calbee.co.jp/calbeeplus

疫情過後店家開始派發試吃。

Map 1-2/ **F3** 超厚的玉子燒
⑫ 福助の玉子燒き
市場本通り店

 單軌電車「牧志」站步行8分鐘

福助玉子燒採用自家產的雞蛋，加上柴魚高湯，燒出3吋厚的超厚玉子燒，看到都覺得超震撼。甜甜軟嫩的玉子燒配上鹹香的午餐肉，簡直是絕配！除了飯糰之外，店家還玉子燒午餐肉三明治、炸半熟雞蛋及炸豬肉串等小食，超適合拿在手上邊逛邊食！

INFO

🏠 那霸市松尾 2-9-11 | 📞 098-869-6244 | 🕘 9:00am-
7:00pm | 🌐 https://www.fukusuke-tamago.com/

與卡通人物共枕 ⑬ Map 1-1/ F3
Hotel Okinawa witn Sanrio Characters

🚗 單軌列車「牧志站」下車步行約 10 分鐘

　　酒店匯聚 Sanrio 旗下 8 個角色，包括 Hello Kitty、My Melody、Little Twin Stars、蛋黃哥、布甸狗、玉桂狗、PC 狗和 XO，分佈於 10 層樓 66 個房間之中。訂房時可順道要求房型，酒店都會盡量滿足。除了客房，這裡當然設有手信店及甜品店，雖然地方不算大，不過都能滿足 fans 的慾望。

INFO

🏠 那霸市安里 1-2-25 | 📞 098-866-011 | 💲雙房 ¥13,000/ 晚 (可與兩名未滿 6 歲子女同住) | 🌐 hotel-okinawa.com

---

Map 1-2/ B4
粉末狀的鹽
⑭ 宮古島の雪塩

🚗 單軌列車「縣庁前」站步行約 5 分鐘

　　來到沖繩，買鹽都是大家會做的事，這間店賣的鹽來自宮古島。宮古島位於沖繩的南部，據說是由珊瑚隆起而成的島嶼，因而在島下有著琉球石灰岩地層。這種岩石層，有無數小孔，也成了海水天然的過濾器，同時也溶出珊瑚的鈣質，變成有鈣質的地下海水。雪鹽呈粉末狀，就是從這些海水提煉出來。除了當調味料，還可以做成護膚品，2000 年還獲得了健力士世界紀錄，確定了「含有 18 種成分的鹽」。

這種鹽因為特別，價錢也略較普通鹽高。

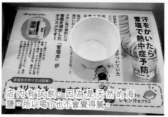

店內有試飲，因為是天然的海鹽，所以喝了也不會覺得膩。

INFO

🏠 那霸市久茂地 3 丁目 1-1 | 📞 098-860-8585 | 🕐 11:00am-7:00pm | 🌐 www.yukisio.com

黑色魅力
町の麺処 琉家 本店 ⑮

Map 1-2/ **C4**

 單軌電車「県庁前」站步行8分鐘

　琉家拉麵是沖繩人氣拉麵店，除了出品有水準，營業至夜深，收費也非常大眾化。這裡的招牌拉麵是焦蒜豬骨拉麵，有別於傳統拉麵白色的豬骨湯底，店家因為加入大量焦蒜，所以呈現黑色，比傳統湯底多了一份蒜香和焦香。至於麵條，店家也強調是自家製，吃時份外Q彈新鮮。除了拉麵這裡也提供沾麵，只要額外加￥550，更會送上一碟四件的餃子及泡盛。拉麵店營業至深夜11時，晚飯後行完街街臨回酒店前，這裡正好是宵夜的好地方。

INFO

🏠 那覇市松尾 1-6-8 | 📞 098-862-3480 | 🕐 11:30am-11:00pm，星期三休息

蔬菜造的 Smoothie
Vita Smoothies ⑯

Map 1-2/ **E1**

🚕 單軌電車「美栄橋」站步行3分鐘

　Vita Smoothies開業10年，在國際通附近是非常人氣。他們造的不是一般的Smoothie，而且利用分解蔬菜製作的健康Smoothies。店內有三款沖繩特飲，分別是紅蘿蔔Smoothies、苦瓜Smoothies和蕃茄Smoothies。此外，客人還可以自己從30種生果和蔬菜中，調配出合自己口味的Smoothies，是夏天的最佳飲品，比去某咖啡店喝沙冰，來得更健康及解渴。

蕃茄Smoothies是夏天最清署的款式。￥580。

INFO

🏠 那覇市 牧志 2-17-17 まきしビル 1F | 📞 098-863-3929 | 🕐 10:30am-8:00pm；星期二休息 | 🌐 http://vitasmoothies.ti-da.net

國際通

壺屋通

那霸廣域

Monchichi 粉絲必到 ⑰
南国市場　Map 1-2/ C4

🚕 單軌電車「県庁前」站步行 8 分鐘

這裡有不同款式的 Monchichi，有些更可能是外面難找到的。

　　南国市場的外觀看似一間普通的精品店，基本上沖繩的特產都有，不過最特別的還是這裡有很多 Monchichi 精品，很多都是沖繩限定，在外面比較不易買到，所以 Monchichi 的粉絲一定要到這裡一看。此外，這裡還有其他卡通精品，不少都是沖繩限定，在國際通上也是值得一逛的店。

當然少不了沖繩限定版。

INFO

🏠 那霸市 松尾 1-3-10 | 📞 098-860-7806 | 🕐 9:00am-10:30pm

Map 1-2/ C4　⑱　應有盡有
沖繩百貨店ハイビスカス

小杯的沖繩杯麵是遊客喜愛的手信。

🚕 單軌電車「県庁前」站步行 8 分鐘

　　來到國際通便是大買特買的時候，而此店可以為大家解決了買手信的需要。店內有各種沖繩特產，例如玻璃製品和風獅爺擺設，當然包括很多沖繩限定的商品，而且不同的沖繩零食也有，小杯的沖繩拉麵也很受遊客的歡迎，送禮自奉皆宜。

INFO

🏠 那霸市 牧志 3-1-22 | 📞 098-860-9008 | 🕐 9:00am-5:30pm（星期六日及假日休息）| 🌐 www.hibis-cus.com/

國際通

最齊沖繩泡盛酒 ⑲ Map 1-2/ E3
おきなわ屋泡盛蔵 国際通店

 單軌電車「県庁前」站步行 6 分鐘

很多人來到沖繩都會買酒，沒有頭緒的話可以走到泡盛藏，因為這裡的沖繩酒非常齊全，貨品種類達 1500 種之多，可算是集合了全沖繩的當地酒。特別是人氣商品，這裡一定買得到，不用四圍找你的心頭好。他們還有溫室儲存泡盛酒，讓酒慢慢成熟，這樣會更美味可口。

石川酒造的泡盛酒是人氣 No.1。買酒還送沖繩啤酒。

瑞泉シロ卷き ¥4,104

當然少不還有各種以酒埕盛載的古酒。沖繩限定版。

INFO

🏠 那霸市松尾 2-8-5| 📞 098-868-5252 | 🕐 10:00am-10:00pm | 🌐 www.okinawaya.co.jp/

壺屋通

那霸廣域

Map 1-2/ F3
⑳
雞蛋仔達人
POCO CAFE

 單軌電車「牧志」站步行 10 分鐘

論到雞蛋仔，香港人可算是專家級。不過看到 Poco Cafe 的出品，不禁要佩服日本人的創意。這裡出品的雞蛋仔，以七彩繽紛的顏色取勝。雞蛋仔夾著不同的配料，有新鮮水果、棉花糖、朱古力豆，總之單看外觀也感受到筒中的澎湃。據聞最受歡迎的雪糕雞蛋仔，採用的就是那霸著名的 Blue Seal 雪糕。一次過品嘗那霸兩款名物，你又怎能錯過。

INFO

🏠 那霸市牧志 1 丁目 3-62 1F | 📞 098-988-9980 | 🕐 11:00am-10:00pm，星期一、三 11:00am-7:00pm，星期一休息
| 🌐 https://www.facebook.com/PocoCafeOkinawa/

國際通

壺屋通

那霸廣域

平價吃美式牛排

㉑ **Map** 1-2/ **C2**

Han's Jumbo Steak House 本店

單軌電車「美栄橋」站步行
10 分鐘

因為沖繩於戰後曾受美國的管治，所以生活文化都受到美式文化影響，所以在沖繩很易便找到美式的餐廳，沖繩人也很喜歡吃牛排，所以街上都有很多steak house。Han's在沖繩有多間分店，牛肉來自美國、澳洲、新西蘭和石垣島，有重量級的足1公斤（1,000g）澳洲穀飼珍寶牛排，￥6,000有找，輕量級1磅（約453g）牛排也不用￥3,000。餐廳餐牌不時更新，不定時推出不同優惠。

餐廳布置也以美式設計為主。

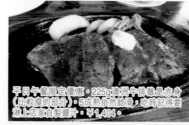
平日午餐限定優惠。225g澳洲牛排雞是赤身（比較瘦的部分）。5成熟依然膝滑，吃時記得要淋上店家自製醬汁。￥1,404。

檯上的粉紅鹽，灑一點在牛排上可提升鮮味。

漢堡排是較經濟的選擇。

牛排併龍蝦，味道一絕。

戰斧排最有霸氣。

INFO

🏠 那霸市久茂地 3-27-10 | ☎ 098-863-8890 |
11:00am-10:30pm | http://hans-steak.com/

手作貝殼雜貨
Splash

㉒

Map 1-2/ C3

 單軌電車「県庁前」站步行 10 分鐘

Splash 在國際通上有 3 間分店,他們並非一般土產店,因為他們以貝殼手作雜貨作主打,很多貨品都是用貝殼或星砂製成,而且都是由人手製作出來,款式很適合女生,所以店內經常堆滿女生在挑手信。這裡的產品只有在這店發售,不會在國際通上的其他店內買到,所以,是個買手信的好地方,起碼不「行貨」吧!

字母小袋,在店內也是人氣商品。

貝殼小錢包是人氣手信。

沖繩的玻璃工藝很有名,玻璃小擺設是人手製作。

INFO

🏠 那霸市久茂地 3-5-14 | 📞 098-868-2003 | 🕐 10:00am-9:00pm | 🌐 https://splashokinawa.com/

做好的蛋糕會放在旁邊待涼,然後才賣給客人。

開放式廚房,可以看到蛋糕的製作過程。

Map 1-2/ D3 年輪蛋糕
㉓ ふくぎや

 單軌電車「県庁前」站步行 10 分鐘

年輪蛋糕你可能會想起北海道和神戶,其實日本人視年輪蛋糕為一種祝福的食物,有喜慶時會買來送禮。ふくぎや (Fukugiya) 於2011年在沖繩開店,用上傳統的製作方法,蛋糕逐層逐層的捲起來,每個都有20層之多。這裡有個開放式廚房,在門外便可以看到帥傅製作蛋糕,足證店內的蛋糕非常新鮮。這裡有3種口味,包括蜂蜜、黑糖和紅芋。

INFO

🏠 那霸市久茂地 3-29-67 | 📞 098-863-8006 | 🕐 10:00am-8:00pm | 🌐 www.fukugiya.com/

國際通

壺屋通

那霸廣域

夢幻彩虹雪糕
Fontana Gelato ㉔

Map 1-2/ **G2**

🚕 單軌電車「牧志」站步行 3 分鐘

國際通的打卡名物，Fontana Gelato 的手工雪糕款式其實不算很多，大約只有18款口味，但全部使用縣產水果及農場直送的鮮奶炮製，真材實料加上顏色繽紛，吸引大排長龍的人潮。店內的王牌產品是「Rainbow Milk」紅、橙、黃、綠、藍等五色雪糕，顏色繽紛浮跨，入口卻是濃郁的奶香味。其他必點口味還有淡紅色的西瓜、淡黃香蕉、鮮黃色的芒果、紫色火龍果等，絕對是夏日消暑的補品。

香蕉及西瓜口味，簡單又消暑。

Rainbow Milk挑戰大家的視覺和味覺。

INFO

🏠 那霸市牧志 2-5-36 | 📞 098-866-7819 | 🕐 10:30am-9:30pm | 🌐 https://fontana-gelato.com/

Map 1-2/ **F3**
㉕
沖繩風布製品
Kukuru Okinawa

🚕 單軌電車「牧志」站步行 8 分鐘

風呂敷並不是京都的專利。這裡也有自家製作的風呂敷。

來到沖繩當然希望買到一些當地出產的手信，而 Kukuru Okinawa 就是利用已發展了幾十年印染技術，製作出不比傳統印染差的花織布。沖繩以印染聞名，所以 Kukuru 就利用印染的現代技術，製作出具沖繩風味的產品，而且色彩跟傳統製法一樣色彩鮮艷，布質亦通爽，而且全部由自家設計，在其他土產店不會買到他們的產品。這裡有手袋、頭飾、面巾等各種生活上的布製品，很受女生歡迎。

頭飾也是人氣的手信。

INFO

🏠 那那霸市松尾 2-8-27 | 📞 098-863-6655 | 🕐 10:00am-9:00pm | 🌐 churatown.com/detail/194/index.html

沖繩帆布袋
沖繩の風

Map 1-2/ **G2**
㉖

🚗 單軌電車「牧志」站步行 3 分鐘

　　京都有一澤信三郎帆布，鎌倉有鎌倉帆內，沖繩也不弱，同樣有琉球帆布。他們利用堅固的帆布，設計了色彩艷麗的圖案，這些圖案都是來自沖繩的傳統紋樣，令到兩種很傳統的東西加起來，變成一件很時尚的事。手袋的設計非常時尚，而且都是由他們年輕人手製作，有不同的傳媒廣泛報導，是近年在沖繩內甚具人氣的雜貨店。此外，他們還提供地方給手作人寄賣產品，就算不買帆布袋，也可以來這裡購買手作人的獨二無二的商品。

帆布袋不時都會推出新款式，每個的數量不多。

INFO
🏠 那霸市牧志 2-5-2 | 📞 098-943-0244 | 🕐 1:00pm-6:00pm | 🌐 www.okinawa-wind.com/

Map 1-2/ **H2**
㉗

沖繩原創
Mango House

🚗 單軌電車「牧志」站步行 12 分鐘

　　沖繩有許多原創產品，而 Mango House 也是其中之一，而且還能自成一家，在沖繩大受歡迎。Mango 出品的並不是 T Shirt，而且融合了美國風的夏威夷衫。他們單在國際通上已有 3 間分店，款式將夏威夷和沖繩的風格混合起來，再配以他們主張悠閒的概念，有時走在街上都看到不少沖繩人會穿上他們的衣服。

小朋友的款式最吸引人。

INFO
🏠 那霸市牧志 2-7-28 | 📞 098-862-4881 | 🕐 10:00am-10:00pm | 🌐 www.mangohouse.jp/

活化舊劇場 Map 1-2/ G3
櫻坂劇場 ㉘

🚗 單軌電車「牧志」站步行 6 分鐘

　　櫻坂劇場早在 50 年前建成，當時的名稱叫做「珊瑚座」，後來因為太舊，那霸政府想把劇場拆掉，最終得到這裡的人強烈反對，因此才得以保存下來，而且還成功活化。這裡現在還是一個電影院，專門播放來自世界各地的非主流電影，有時候還會舉辦分享活動，讓更多年輕人可以了解不同文化內容。這裡還有雜貨店，值得一試的是這裡的 Café さんご座，連那霸的人都非常推介，咖啡好喝之餘，又會有一些地道的沖繩小菜供應。而二樓則是陶器寄賣的地方，可以買到沖繩的陶器工藝師的手作作品，這裡是一個散播文化氣息的好地方。

這裡播放很多非主流電影，每年大概有 300 部上影。

用沖繩的地道食材造出來的食物，非常值得一試。

INFO

🏠 那霸市牧志 3-6-10 | 📞 098-860-9555 | 🕐 10:00am-11:00pm，さんご座 11:00am-9:00pm | 🌐 www.sakura-zaka.com/

㉙ 民謠居酒屋
Map 1-2/ F2 海音

🚗 單軌電車「牧志」站步行 7 分鐘

　　沖繩在地的民謠居酒屋—海音，來到這裡可以一邊聽著現場演奏的沖繩民謠，一邊吃沖繩家常料理。當然也少不了沖繩泡盛，泡盛酒精濃度在 25-40 度，可以根據個人口味再加水稀釋再喝。店家有每天有 3 場 live 表演，三味線演奏出濃濃沖繩風情民謠，讓人可以輕鬆愉快品嚐美食！

表演者經常和台下食客互動，一起同樂。

INFO

🏠 那霸市牧志 1-3-58 B1F | 📞 098-868-4388 | 🕐 5:00pm-11:00pm | 🌐 https://mion.owst.jp/

邊吃邊欣賞琉球舞 30
首里天楼 Map 1-2/ F3

🚗 單軌電車「牧志」站步行 8 分鐘

一踏進首里天樓，仿佛好像穿越回古代的琉球王朝。店內一共四層，如果想邊用晚膳邊欣賞表演，就要預約在 3 樓用餐。雖然需要付觀賞費，但很少機會能欣賞正宗琉球舞及三味線表演，如果預算許可的話務必觀賞看看！店內的餐點由沖繩家常菜到琉球宮廷料理都有提供，想體驗各種沖繩不同風格的料理，都可以在這裡嚐嚐看。

INFO

🏠 那霸市牧志 1-3-60 | 📞 098-852-3305 | 🕐 11:00am-12:00mn | 🌐 https://suitenrou.jcc okinawa.net/

琉球舞蹈沖繩特有的傳統表演藝術。表演非常受食客歡迎。

走道兩旁有小川流。盡頭是仿「識名園」風的六角亭，十分有詩意。

知多啲

留意 Show time

琉球舞每天都演出兩場，第一場是 7:00pm-7:30pm；第二場是8:00pm-8:30pm。門票方面中學生到成人門票是 ¥1320；小學生是 ¥660；幼兒免費。

台上表演三味線，台下食客一起跳舞，氣氛歡樂。

沖繩老字號牛扒店 Map 1-2/G2
ステーキハウス88 ㉛

國際通

壺屋通

那霸廣域

🚕 單軌電車「牧志」站步行約 6 分鐘

自1955年創業以來一直是沖繩的人氣 No.1 牛扒店，吸引不少美國人及日本其他城市的觀光客慕名而來。本店位於那霸市辻，2003年在國際通開設了分店，除了2樓牛扒館外，地下1樓更是同時供應牛扒及沖繩美食的居酒屋。50多年來一直保持良好口碑。該店提供沖繩縣產「石垣牛」和鹿兒島縣產黑毛和牛「森六和牛」，更不時供應不同的國外產牛肉，不愧為牛扒專家。除了牛扒，這裡的意粉和小食水準亦同樣一流。

撰食貼士 **森六和牛**

此種和牛在鹿兒島的森岡牧場內飼養，以牧場主人森岡夫婦長年的經驗和技術，配合餵飼混合黍米、大麥、米糠等的濃厚飼料，對每頭牛悉心照顧，培出纖細的大理石紋理霜降牛肉。

特上等牛腰部肉牛排

附餐湯、沙律、麵包或飯的牛扒餐，用的雖不是頂級牛扒，但肉質同樣軟腍、肉汁也很豐富，比香港那些連鎖牛扒店好食得多。

起司薯條

連薯皮炸的薯條十分香脆，面層鋪上芝士更加香口，不過小心吃得太飽沒胃口品嘗牛扒。

雖然是創業55年的老舖，但裝修並不老套過時，反而甚有美式牛扒館的風味。

INFO

🏠 那霸市牧志 3-1-6 勉強堂ビル 2/F | 📞 098-866-3760 | 🕐 11:00am-11:00pm | 🌐 www.s88.co.jp | 💲 ¥7,000 | 🍴 設中文餐牌，有懂普通話和英文的店員。

燒出好味道 **Map** 1-2/ **G2**
燒肉 琉球之牛 ㉜

單軌電車「牧志」站下車，步行約5分鐘

沖繩牛最出名的可能是石垣牛，其實沖繩本島出產的和牛肉，水準亦非常高。燒肉 琉球之牛標榜供應的，就是「頂級縣產和牛」，無論肉質與油花，與日本其他縣市的著名和牛絕對可以一較高下，雖然一客頂級縣產和牛套餐訂價接近￥10,000，不過肯定物有所值。不吃牛的朋友，也可以選擇Agu豬套餐。如果想慳慳地，則可以選午市套餐，只要￥2,000左右，已可以嚐頂級和牛，不過份量當然略減。

餐廳位於3樓，享用美食之餘可以欣賞熙來攘往的國際通。

遇上親友生日，可以訂這份別開生面的和牛蛋糕。

沖繩和牛的油花及紋理絕不比其他日本和牛遜色。

和牛壽司會輕輕炙烤入上枱，可以安心品嚐。

INFO

🏠 那霸市牧志 3-2-3 Hachimine Crystal 3樓 | 📞 098-987-6150 | 🕐 5:00pm—11:30pm | 🌐 https://www.u-shi.net/

健康食材

Soysoy

Map 1-2/ **A4**

㉝

 單軌電車「県庁前」站步行 1 分鐘

Soysoy是一間老牌健康豆製品店，他們的甜點使用國產麵粉及牛油、北海道甜菜糖等對身體溫和的食材，烘烤前將時令食材和沖繩美食融入其中。店內有10款標準和時令鬆餅，質感豐潤，口感鬆脆，很受客人歡迎。因為都是使用健康食材，卡路里亦比一般鬆餅還低，最適合怕胖但喜歡甜點的人吃了！除了甜點，店內還提供輕吃，在這裡慢慢度過一個悠閒下午也是不錯的選擇。

INFO

🏠 那霸市久茂地 1-1-1 デパート デパートリウボウ 4F | 📞 070-8310-7585 | 🕐 10:00am-8:00pm | 🌐 https://shop.soysoy.info/

滿滿都是蔬菜和豆腐，感覺對自己的身體棒棒的。

用豆漿和豆腐渣做成的鬆餅，健康又美味。

分為室內區及半戶外區。

異國風情 Map 1-1/ F3
EL FARO ㉞

 單軌電車「牧志」站下車，步行約1分鐘

　　來到沖霸多日，如果想轉口味不再吃日本菜，可以考慮這間EL FARO餐廳。EL FARO就在牧志站對面，非常易找。EL FARO原來是西班牙文「燈塔」的意思，與餐廳位處6樓，居高臨下鳥瞰那霸鬧市非常配合。EL FARO無論布置與菜式都非常有南歐的風格，室內以船的繡帷及復古燈具為裝飾。菜式以海鮮為主，海鮮炒飯及龍蝦麵都是這裡的招牌菜式。而且這裡本身是酒吧，無論各式啤酒、泡盛以至雞尾酒都有供應，是良朋淺酌的好地方。

餐廳菜式以海鮮為主。

國際通

壺屋通

那霸廣域

INFO

🏠 那霸市安里1-1-60 太永ビル 6F | 📞 098-868-4770 | 🕐 5:00pm-翌日 4:00am，星期六、日及假日由 12:00nn 開始 | 🌐 https://elfaro-okinawa.com/

勁厚牛舌
焼肉ここから

Map 1-2/ **B3**

㉟

🚗 單軌電車「県庁前」站步行 3 分鐘

到日本旅行，除了吃壽司刺生，食燒肉（烤肉）也是指定動作。燒肉ここから的牛肉雖然不是和牛級數，但由肉味到肉汁都令人齒頰留香。店家提供的牛舌，足有3cm的厚度，非常驚人。怕要燒這麼厚的肉類難以拿捏火候？店家可以遣派專員全程伺候，由燒烤、切割到上碟，全程假手於人。除了燒肉，這裡的牛握壽司、泡菜漬物都非常可口。一班朋友邊燒肉邊暢飲，絕對是人生樂事。

燒肉全程可以由店員代勞，客人實行繞埋手等食。

伝説盛り，¥5,478，匯集牛肉不同部位，包括足3cm厚的牛舌。

ここから盛り600g，¥4,158，包括牛肉及內臟，啱晒想試不同口味的牛魔王。

除了燒肉店家還有其他菜式選擇。

 INFO

🏠 那霸市那霸市久茂地 3-16-17 1F | 📞 050-5596-5186 | 🕐 6:00pm- 翌日 3:00am | 🌐 https://issei-kokokara.com/

齊集至 cute 手信
文化屋雜貨店

Map 1-2/ **B4**
㊱

 單軌電車「県庁前」站步行約 5 分鐘

　　國際通的手信精品店實在太多,密集程度幾乎是每隔三兩個舖位就有一間,賣的都是 cute 版特產菠蘿和苦瓜,近期 hit 爆的鬆弛熊、Monchhichi、Kewpie、Miffy、Hello Kitty 騎水牛、扮 Shisa、戴著大紅花、攬住苦瓜的 crossover 公仔等。以為貨品、價錢差不多,幫襯哪一間都沒所謂,卻發現位於縣廳前街口的文化屋菓子店特別受歡迎。外牆超巨型的 Kewpie 招牌固然是焦點所在,兩層商舖放滿超大隻的公仔 figure 也相當搶眼。難怪面對整條國際通的競爭對手都有有怕,經常塞滿來「上倉」的遊客。

鬆弛熊拖水牛電話繩
就連紅遍港日的鬆弛熊也要扮嘢一番。

INFO

🏠 那霸市久茂地 3-2-24 | 📞 008-863-3901 | 🕐 9:00am-10:30pm
| www.koosya.co.jp/store/bunkaya/zakka_kumoji.html

膜可供選擇。

沖繩不像東京、大阪般通街都有藥妝店,想買護膚品除了去便利店外,這家雜貨屋也有多款限定面琉球美肌面膜

琳瑯滿目的貨架上隔鄰,特意闢出空位擺放多個最小至呎高的 figure 公仔展品。

文化屋菓子店其實是一家大型雜貨舖,精品玩具款式層出不窮,同時又有沖繩和菓子、糖果零食、泡盛等售賣。

國際通

壺屋通

那霸廣域

螢火蟲玻璃飾品
JEENAR

Map 1-2/ **D3**

㊲

🚕 單軌電車「県庁前」站步行 6 分鐘

JENNAR 賣的都是女生飾品，飾品都是以沖繩的天空和大海為靈感，使用螢火蟲玻璃和天然石珊瑚手工製作的配飾。螢火蟲玻璃是由專業的琉璃工匠將玻璃塗上銀箔，然後一個一個用手工製作完成，所以就算是同一款式，但每一個螢火蟲玻璃都不會一樣，在陽光的照射下各自散發不一樣的光輝，這就是螢火蟲琉璃的魅力。此外店家還可以為沒耳洞的客人把耳針更換成耳夾，以及調整手鍊長度等改動，所以女生們不用怕看中了飾品但自己用不到，盡情地買吧！

INFO

🏠 那霸市牧志 1-1-1 島袋ビル 101 | 📞 098-863-1556
| 🕐 11:00am-9:00pm | 🌐 http://www.hoosel.com

店外的告示版會記錄當月的誕生石的資料。

陽光照耀下，螢火蟲玻璃就像在青之洞窟浮潛所看的景色一樣漂亮。

食肉獸天下 ㊳ Map 1-2/ B3

島しゃぶしゃぶNAKAMA

單軌電車「県庁前」站步行 6 分鐘

石垣牛涮涮鍋(120g)

香港人一年四季都愛打邊爐，這裡不但有港人最愛的Shabu Shabu，連肉類也是沖繩最出名的Agu豬與石垣牛，絕對是難以抗拒。NAKAMA不但肉類講究，蔬菜也是沖繩本土新鮮當造的出產。連湯底也是沖繩一帶捕獲的鰹魚所熬製，非常有心思。午市最平套餐已可食齊Agu豬與石垣牛，好肉一族請勿錯過！

INFO

那霸市久茂地 3 丁目 3-1 ニューサンパルコビル B1 | 098-917-1529 | 11:30am-3:00pm，5:00pm-12:00mn | https://shabushabu-nakama.com/

Map 1-2/ H2 ㊴ 醬油新口味

琉球醬油屋

單軌電車「牧志」站步行 3 分鐘

超有沖繩夏日風的禮品套裝。

近年香港人健康意識抬頭，不少人因為日本醬油比較健康而轉用日本醬油。琉球醬油屋除了提供沖繩有名的海鹽豉油外，還有不同口味的醬油、調味醬、味噌、佃煮、點心等等種類繁多且講究口味的原創沖繩特色產品。如果想送手信給媽媽和長輩，送這些調味料這些實用禮物就最適合不過！

INFO

那霸市牧志 2-7-27 | 098-863-5990 | 10:00am-8:00pm | https://ryukyushoyuya.co.jp/

國際通
壺屋通
那霸廣域

下班族消閒站
Parlor Asunaro (パーラー アスナロ)

Map 1-2/ D3 (40)

 單軌電車「美栄橋」站步行 7 分鐘

　　Parlor Asunaro是国際通り後街的一間小酒吧。客人大多數是放工後解開領帶的上班族，約同三五知己喝酒聯誼。店員非常友善，服務殷勤，晚上在這裡靜靜地喝一杯是不錯的選擇。

客人多是熟客。大部分都愛坐在吧枱前，跟店員聊天。

滿霸椰子雞尾酒

INFO

🏠 那霸市 牧志 1-2-8| 📞 098-867-7522| 🕐 6:00pm-4:00am，星期一休息 | 💲 ￥800-1,300

巴閉精品店
おきなわ屋

Map 1-2/ E3 (41)

 單軌電車「県庁前」站步行 5 分鐘

　　能夠雄踞國際通入口第一間舖的黃金位置，已知此店絕非一般貨色。再看看門外擺放著一疊疊自家印製的旅遊指南，才驚覺賣精品也可以這樣浮誇。貨品其實與國際通一系列手信店分別不大，都是食買玩樣樣有齊。此店與另一名店「泡盛藏」原來是姊妹舖，兩者連分店就佔據了國際通4個黃金位置。

連限定版的護膚品都加入了苦瓜成分。因為當地人都相信苦瓜有美容功效。

INFO

🏠 那霸市 牧志 1-2-31| 📞 098-860-7848 | 🕐 9:30am-10:00pm | 🌐 www.okinawaya.co.jp

⁴² 沖繩自家設計 Tee
Map 1-2/ D4 琉球ぴらす

🚕 單軌電車「牧志」站步行 12 分鐘

　　琉球ぴらす售賣本土設計師所設計的 Tee 和牛仔褲。全店共有10位設計師，風格各有不同，有的愛以沖繩豬仔圖案作題材，有的則以卡通畫風為主。此外，店內亦有售精品和明信片，全部都是自家設計。2樓是其中一位設計師YAS．X的展覽室，擺放著以不同物料作為畫紙的作品，喜愛藝術的客人可順道參觀一下。

沖繩著名的「紅型」設計Tee

INFO
🏠 那霸市松尾 2-2-14 | 📞 098-863-6050 | 🕐 11:00am-8:00pm（休息日不定）| 🌐 www.ryukyu-piras.com

RAGGAE 服飾精品
Masht Star Map 1-2/ E4 ⁴³

🚕 單軌電車「牧志」站步行 15 分鐘

　　Masht Star 的店主種情DIY，故此售賣的服飾大都是由她設計和製作，包括T-Shirt、帽子、手袋及鞋等，款式均獨一無二。由於店主很喜愛raggae音樂，所以設計風格帶有牙買加的味道。此外，店內亦有售少量從外國入口的首飾及皮具，均是由店主親自挑選，貫徹店內的牙買加風格。

店子雖然面積不大，但貨品種類繁多，大部分都是店主的作品。

INFO
🏠 那霸市松尾 2-12-25 | 📞 098-911-3863 |
🕐 11:00am-8:00pm| 🌐 www.masht-star.jp

必食超抵壽司刺身
RYUBO 琉貿百貨

Map 1-2/ A4
(44)

🚕 單軌電車「県庁前」站出站即達

　　Ryubo 地庫超市的壽司刺身既便宜又好味，往往到7:30pm 左右大部分壽司及刺身就開始打7折。小編出差2天，就連吃2晚做宵夜，壽司美味到不得了，有東京築地8成功力，但價錢平起碼一半！

　　除了超市要走一趟外，樓上2/F 有 Pokemon Store、7/F 也有 Disney 精品店及 Tower Records，8/F 更有港人熱愛的 Franc Franc，價錢是香港的6折左右，不買便走寶了！

國際通

壺屋通

那霸廣域

7/F Disney 精品部有許多『非大路』精品。Fans 值得去走一趟。

京都伏見稻荷大社名店的銅鑼燒。

8/F Franc Franc 的價錢是香港專門店的約6折，快快去掃貨吧！

瑞典襪子名牌「Happy Socks」。

INFO

🏠 那霸市 久茂地 1-1-1 | 📞 098-867-1711 | 🕐【B1/F 食品】10:00am-10:00pm，【1/F-2/F】10:00am-9:00pm，【3/F-8/F】10:00am-8:30pm；※B1/F 部分櫃檯營業至 9:00pm，※9/F 美食街各店營業時間不同 | 🌐 ryubo.jp

沖繩土產專門店
樂園百貨店 **Map** 1-2/ **A4** ㊺

 RYUBO 百貨二樓

　　樂園百貨店位於RYUBO百貨二樓，分為百貨店及cafe，致力推廣沖繩在地出產，包括農產品、手工藝品，甚至以沖繩出產提煉的護膚品。除了在地土產展銷，樂園也積極推動沖繩本土文化，定期舉行講座及DIY班。附設的樂園cafe同時提供各種鄉土料理，包括苦瓜炒蛋與及以沖繩特產カーブチー柑橘沖製的蘇打水等，讓客人以不同的感官了解沖繩的風土人情。

樂園百貨也非常支持沖繩本土設計師的創作。

自家品牌的護膚品系列。

🏠 那霸市久茂地1丁目1-1　RYUBO 百貨 2F | 📞 098-867-1171 | 🕐 10:00am-9:00pm | 🌐 www.resort-dept.okinawa

國際通

壺屋通

那霸廣域

阿古豬料理 ㊻ **Map** 1-2/ **B2**
島豚屋（沖縄とんかつ食堂 しまぶた屋 久茂地店）

🚖 單軌電車「県庁前」站步行 6 分鐘

門面及室內布置可愛之餘，又融入沖繩傳統。

食客在吃正餐前，可免費到自助吧選取小吃，包括沖繩傳統食品島豆腐和海葡萄。

阿古豬（Agu）是沖繩名物，島內有許多阿古豬料理專門店。島豚屋算是沖繩本島的大型連鎖食肆，同系全島共有 8 間分店，主要集中在思納村。位於那霸久茂地的兩間分店，在布置上都下過一番功夫，由門口到室內都充滿沖繩傳統風格，沖繩獨有的屋瓦、彩繪圖騰，都巧妙地融入裝飾之中。食物方面，由涮涮鍋，炸豬甚至東波肉，店家運用不同的烹調方法，務求讓阿古豬最美味的一面呈現給客人。

阿古豬有不同吃法，滿足食客喜好。

INFO

🏠 那霸市久茂地 2-10-20 白馬マンション 101 | 📞 098-988-3909 | 🕐 11:30am-3:00pm、5:00pm-11:00pm | 🌐 https://okinawa-sinka.jp/

Map 1-2/ **E3**
㊼
邊吃邊看
波照間

🚖 單軌電車「美栄橋」站步行約 10 分鐘

餐廳每晚均會有三場現場表演，跟食客打成一片。

食店的店名，是承存沖繩最南的波照間島的名字而改。這裡主打沖繩料理，基本上所有沖繩特產都可以在這裡找得到，熱食冷盤一應俱全。餐廳每晚都有民族歌舞表演（一晚三場），跟一眾食客打成一片，氣氛甚佳，想親身體驗沖繩的民俗氣息，可以來這裡試試。

沖縄ソース焼きそば（沖繩炒麵）

INFO

🏠 那霸市 牧志 1-2-30 | 📞 098-863-8859 | 🕐 11:00am-12:00mn | 🌐 http://hateruma.jcc-okinawa.net

鬧市浸溫泉　Map 1-1/ F4
逸之彩溫泉酒店 ㊽

單軌電車「牧志」站步行 3 分鐘

飲料及雪糕全日免費提供，宵夜時段更有拉麵任吃。

近年香港的東瀛遊旅行社除了舉辦旅行團外，也積極發展酒店業務，並以逸之彩這品牌，在大阪及那霸開辦酒店。沖繩逸之彩酒店在2020年底開業，雖然不算是豪華級數，勝在寬敞舒適，而且2樓早餐場地每天會免費為住客提供飲料(24小時)、雪糕(10:00am-10:00pm)及拉麵(9:00pm-10:00pm)等小吃，非常慷慨。酒店另一賣點，是2樓的露天泳池及溫泉。據說溫泉水是酒店自家掘出，經消毒處理才讓客人泡浸，保證客人浸得安心。

INFO

🏠 那霸市牧志 3-18-33 | 📞 098-863-8877 | 💲雙人房 HK$900 起 / 晚（會員價）| 🌐 https://www.ikyu.com/

Map 1-2/ F4 原始森林酒吧
㊾ Bar BAOBAB

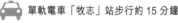
單軌電車「牧志」站步行約 15 分鐘

假如你比較重視個人空間，相隔幾個舖位的 Bar BAOBAB 應該更適合你。BAOBAB是非洲一種巨樹的名稱，來自大阪的店主就是因為喜歡大自然，才移住到沖繩，並開了一家洋溢著大自然風情的酒吧。踏入酒吧後，你會發現自己恍如走進了原始森林，因為餐桌和座椅都用木製，外牆亦刻意模仿成樹幹，特色房間更像挖空了的樹幹般極富特色。

沖繩傳統泡盛
酒吧提供多款特色雞尾酒，不過身在沖繩，當然是喝特產泡盛最合適。

只看室內設計，根本就像在森林中放置了桌椅和吊燈般，令人渾然忘卻自己身在城市。

INFO

🏠 那霸市 松尾 2-12-7 | 📞 098-862-5757 | 🕕 6:00pm-2:00am（星期三休息）| 💲 ¥ 1,500

國際通
壺屋通
那霸廣域

老字號家庭料理 **Map** 1-1/ **C3**
まんじゅまい
㊿

老舊的裝修看似毫無吸引力，卻因為保留著傳統日式食店風貌而大受遊客歡迎。

🚕 單軌電車「県庁前」站步行約 5 分鐘

　　日本人都喜歡到沖繩旅遊，所以經常會見到一些說日語卻對每樣事物都感到好奇的遊人，尤其那些被當地旅遊書介紹過的餐廳，就更常出現這種情況。好像這家開業逾30年的家庭式食店，不少日本人就興奮得拿著旅遊指南不停比劃。事實上，食店的傳統料理的確做得優秀，海葡萄、炒苦瓜、沖繩拉麵等均屬一流水準，受歡迎不無道理。

海葡萄
海葡萄是沖繩的傳統特色美食，這道菜做了逾30年，當然做得相當好吃了。

INFO
🏠 那霸市松山 2 丁目 7-6 | 📞 098-867-2771 | 🕐 11:00am-3:00pm，5:00pm-10:00pm，星期日休息 | 💲 ￥2,000

店內的商品非常多元，可以試用到喜歡的再買。

(51) 自然原料與精油結合
Map 1-2/ **F3** # 首里石鹼

🚕 單軌電車「牧志」站步行 8 分鐘

　　首里石鹼是最近很受到年輕人歡迎的品牌，他們以沖繩產的植物、海底泥等在地天然資源，加上具舒緩功效的精油，製作成各種手工皂及保養品。除了保養品外，店內香氛類的香玉也是人氣商品，掛在衣櫃或車內，令環境中充滿自然的香氣。不想老是送食物手信，送這些在地素材製作的手信也是很OK！

INFO
🏠 那霸市松尾 2 丁目 8-16 | 📞 0800-000-3777 | 🕐 10:00am-8:00pm | 🌐 https://suisavon.jp/

清新簡約早餐店 ㊾ Map 1-2/ F3
C&C BREAKFAST

🚗 單軌電車「牧志」站步行 10 分鐘

早餐店鄰近第一牧志公設市場，可以作為參觀前的充電站。由食物到裝潢，餐廳都走簡約路線。必試這裡的班尼迪蛋，蛋汁、煙肉與鬆餅底完美的配合。這裡早餐另一賣點就是加入大量蔬果，色彩繽紛、口味清新之餘，又充滿南國的特色。

INFO

🏠 那霸市松尾 2-9-6 タカミネビル | 📞 098-927-9295 | 🕐 平日 9:00am-3:00pm(星期三休息)、星期六、日 8:00am-3:00pm | 🌐 www.ccbokinawa.com/

店子開在浮島通橫街內，避開了國際通熙來攘往的人潮。在寧靜的環境下選購玻璃工藝品，藝術氣質即時提升。

Map 1-2/ D4　琉球藝術結晶
㊾ ギャラリー 象

🚗 單軌電車「牧志」站步行約 12 分鐘

磨砂玻璃杯
玻璃杯是老闆的拿手傑作。每一隻的花紋都有分別，既實用亦可用來裝飾家居。

遊國際通除了兩邊店舖外，更應走入橫街，因為不少特色小店就藏身於暗巷之中，好像玻璃製品店ギャラリー象就是其中一家。眾所周知玻璃製作是琉球的傳統工藝之一，而這家專賣玻璃精品的店子，每件產品都由店主及其友人設計，再送到南部系滿市的工場人手燒製而成，所有出品均獨一無二的心思之作，花紋和形狀也略有分別，值得珍藏。

INFO

🏠 那霸市松尾 2-2-11 | 📞 098-867-7936 | 🕐 10:00am-7:00pm，星期日及假日 12:00nn-7:00pm | 🌐 www.galleryshou.com

國際通

壺屋通

那霸廣域

傳統與現代的融合
鍵石

54

Map 1-2/ **F3**

🚗 單軌電車「美栄橋」站步行 5 分鐘

在國際通上很少看到的古色古香的紅瓦建築,所以一看到就會知道鍵石在哪裡。

這家店出售沖繩正宗民間工藝品,例如琉球玻璃、風獅爺、紅型、首里織等等。除了這些傳統的手工製品,還有販售年輕藝術家的配飾等可愛的雜貨。由傳統到現代,如果想入手不同類型的精緻手信,來鍵石參考看看也不錯哦!

還有很多飾品,女生們可以在這賣買買!

INFO

🏠 那霸市 牧志 1-3-61 | 📞 0800-000-3777 | 🕐 9:00am-10:30pm | 🌐 http://keystone.okinawa.jp/

Map 1-2/ **F3**

55

日式漢堡飯糰
ポークたまごおにぎり本店

🚗 單軌電車「牧志」站步行 10 分鐘

PTOBOX 紙盒裝 ¥1,380
可自選4-6款口味組合。

低調的門面,卻總是擠滿排隊人潮。店名直接取名為「豬肉蛋飯糰」,其實是將傳統的日式飯糰,變成美式漢堡的吃法。除了煎蛋夾午餐肉外,還可以選擇炸蝦、苦瓜、島豆腐等,加上特調的味噌醬或蛋黃醬,很合大眾口味,全部即叫即做,熱騰騰的送到客人手上。每一份價錢約 ¥250-¥400, 除了用牛油紙包著飯糰吃,還有紙盒裝的組合,帶走食相當方便。

INFO

🏠 那霸市松尾 2-8-35 | 📞 098-867-9550 | 🕐 7:00am-7:00pm | 🌐 http://porktamago.com

沖繩菓子大哥 **Map** 1-2/ **B4**
御菓子御殿 ㊗56㊗

 單軌電車「県庁前」站步行約 3 分鐘

御菓子御殿原本在國際通只得OPA對面一家不顯眼的小舖，直至2009年春天終於霸到靚位，開了面積可媲美讀谷及恩納店的松尾分店。地下一層賣和菓子、海葡萄及泡盛等土產，樓上則是供應沖繩傳統美食的餐廳。由於面積大，所以店內自設工場，可以清楚見到連續兩年獲得《全國菓子大博覽會》「金賞受賞」的紅番薯菓子的製作過程。

松尾店佔地甚廣，加上傳統宮殿的設計，遊客經過一定會被吸引進去。

巾著黑糖
包裝十分精美，黑糖則健康有益，只是略嫌太甜。

小貼士
最佳廁所位

牧志站那邊可以到三越、OPA、麥當勞借廁所，至於縣廳前站這邊的最佳「方便」位置，則是御菓子御殿。店舖盡頭就有洗手間，環境相當乾淨，可以放輕鬆再瘋狂購物。

INFO 🏠那霸市松尾 1-2-5 | 📞098-862-0334 | 🕐商店 9:00am-10:00pm，餐廳 11:30am-3:00pm、5:00pm-9:00pm | 🌐 www.okashigoten.co.jp

音樂主題餐廳 ㊗57㊗ **Map** 1-2/ **G2**
花琉球 てんぶす那霸店

 單軌電車「美栄橋」站步行 5 分鐘

這是一家沖繩料理餐廳，從地道的沖繩料理到家常菜，菜單種類繁多，可以根據自己的口味享用山羊湯、炒苦瓜、島豆腐等等，感受沖繩獨特的飲食文化。餐廳每晚都會提供表演，從沖繩民謠到沖繩POP，他們也可以在紀念日、生日等日子送上一首歌曲作為驚喜禮物，不過這個驚喜就要事先預訂了！

地道沖繩料理伴著傳統音樂，讓人完全融入當地的文化。

INFO 🏠那霸市牧志 3 丁目 2-3 鉢嶺クリスタルビル 1F | 📞098-943-2087 | 🕐5:00pm-12:00mn | 🌐 https://www.hanaryukyu.com/

58 Map 1-2/ G4

失傳琉球玩具

玩具ロードワークス Road Works

單軌電車「牧志」站步行約 10 分鐘

沖繩偃語卡
瞇眼看跟我們的「潮語
卡」有幾分相似，原來都
是教大家沖繩偃語的學
習卡。

香港有 Michael Lau 憑做 figure 打出名堂，沖繩也有一個豐永盛人靠做失傳玩具聞名全島。自太平洋戰爭後，紙糊製的琉球玩具已幾近失傳，就連老一輩的師傅也不再做這種玩具。難得三十出頭的豐永盛人一見立即愛上，更利用8年時間走訪各家博物館偷拍自學，終於成功研究出這種特色玩具的製作方法，並經常獲邀到日本各地的美術館舉行展覽。

烏彥
人頭鳥身的烏彥是豐永盛人自創的公仔，繽紛的色彩襯上古怪的表情，相當可愛。

 INFO

🏠 那霸市牧志 3-6-2 | 📞 098-988-1439 | 🕐 10:00am-4:00pm(星期日休息) | toy-roadworks.com

---

民族精品店

Tuitree

Map 1-2/ E2

59

單軌電車「美栄橋」站步行 8 分鐘

Tuitree 由具50年歷史的民居裝修而成，主要售賣民族精品。店面小小卻放滿了各式各樣的貨品，有民族服飾、擺設、藝術品及食物等，全都是店主親自泰國及其他東南亞國家搜購回來。此外，店內亦有出售店主親手製作的精品和食品，包括以空汽水瓶改裝而成的座枱燈和用沖繩水果醃製的果醬，全都是獨一無二，是送禮自用的佳品。

以不同沖繩水果醃製的果醬

店主非常喜愛泰國民族風，因此店內裝潢和貨品都充滿泰式風情

店主自製的汽水燈

INFO

🏠 那霸市牧志 1-3-21 | 📞 098-868-5882 | 🕐 1:00pm-6:00pm，星期三、四、日休息 | 🌐 www.tuitree.com/

店舖樓高兩層，地下主要售賣食品、調味料、沖繩手信，而2樓則是美ら海水族館精品店「umichurara」和水果cafe「草果菜 Cafe」。

冷藏櫃肉有各式蔬果，雖然無法帶回香港，也可買返酒店慢慢歎。

Map 1-2/ **B4**

⑥ わしたショップ本店

狂掃超市食品

🚕 單軌電車「県庁前」站步行 5 分鐘

わしたショップ本店在東京，大阪、北海道、名古屋等城市都有分店，而沖繩就有國際通及那霸空港兩家店舖。由於機場那家設在國內線大樓，香港人若想見識一下日本地道超市，最方便還是去國際通這一家。這兒有大量新鮮蔬果、調味料、零食、泡盛等售賣；遇著產品推廣，更可免費大吃大喝海葡萄、水雲、菠蘿汁等沖繩特產。

INFO

🏠 那霸市久茂地 3-2-22 | ☎ 098-864-0555
| 🕐 1/F 10:00am-10:00pm、2/F 精品店
10:00am-10:00pm、Cafe 11:00am-7:00pm
| 🌐 www.washita.co.jp/info/shop/honten

透心涼芒果冰

門前有一芒果冰小檔。話說沖繩另一必吃名物就是芒果，小檔就以芒果做了幾款透心涼的甜品。沙冰以勁多芒果肉取勝，至於芒果「甜筒」其實是芒果雪芭，總之全是透心涼的甜品，是國際通上的消暑佳品！

陶瓷工藝古街
壺屋通 ⑥₁ Map 1-1/ E4

🚕 單軌電車「牧志」站步行約 15 分鐘

潮流興保育，去過了香港的永利街，來到沖繩當然也要到這條擁有超過300年歷史的古街尋幽探勝一番。

　　染布、花織、玻璃、漆器、燒物是沖繩傳統5大工藝。然而前4種的生產工房都分散各地，唯獨燒物擁有專屬的壺屋通。壺屋通全名「壺屋やちむん通り」，由國際通穿過平和通即達這條長約400米的街道。這兒分布了20多間陶瓷店與陶藝工房，全都傳承了逾300年的製陶技術。

知多啲 | 時光倒流300年

大約300年前，當時的琉球王朝希望將分散各處的陶窯集中在一起，以方便生產更多陶瓷自用及進貢到其他國家，便將全國大部分陶瓷工房遷到壺屋通。因此這兒亦是沖繩最具歷史的街道之一，不少民房都已有過百年歷史。

INFO

🏠 那霸市壺屋やちむん通り | 📞 098-866-3284

【壺屋通遊覽熱點】
Map 1-1/ E4　上一堂陶瓷課
⑥₂ 壺屋燒物博物館

博物館連地庫共有5層，主要都是介紹琉球燒物的歷史，並展出一些數百年前的文物。

　　在壺屋通穿梭宛如上了一堂美術課，若然你是對陶瓷文化超級有興趣，壺屋通近入口處亦有一座壺屋燒物博物館，詳細介紹了琉球燒物數百年來的發展。博物館1樓和2樓是常設展覽廳，3樓圖書室則收集了許多有關陶瓷的書籍，地下兩層則是瓷窯收藏庫與寫真館。

INFO

🏠 那霸市壺屋 1-9-32 | 📞 098-862-3761 | 🕙 10:00am-6:00pm；星期一及 28/12 至 4/1 休息 | 🌐 www.edu.city.naha.okinawa.jp/tsuboya | 💲成人 ¥350

博物館旁邊的地圖，清楚列明壺屋通每間店舖的種類和位置。

可愛陶藝品店　Map 1-1/ **F5**
Yacchi & Moon ⑥③

　　壺屋通有許多陶藝品店，但多半以上均走古舊路線，年輕的旅客則可考慮前來專走可愛路線的Yacchi & Moon。在這裡可以挑選些可愛的陶藝品作為伴手禮，或者買一兩套碗碟點綴一下家居，感受一下沖繩的文青文藝氣息。

INFO
🏠 那霸市壺屋 1-21-9 | 📞 098-988-9639 | 🕙 10:00am-6:30pm | 🌐 www.yacchi-moon.jp/

Map 1-1/ **E4**　守護獅專門店
⑥④シーサー工房 不羈

　　來到壺屋通，不時都會見到店舖門外掛著「見學」或「体験」的海報，即代表你不但可以在那兒購買陶瓷，還有機會親自製作。在壺屋通有兩間分店的シーサー工房不羈，近平和通那家就提供體驗課程，有興趣可花大約30至120分鐘塑造一隻屬於你的獨一無二守護獅。沒時間的話，兩家店都一樣有大量不同款式的手作Shisa任你揀。

去到沖繩就知守護獅不一定凶神惡煞樣子可愛色彩繽紛的反而更受大眾歡迎

店舖堪稱守護獅專門店。手作Shisa過百款。隻隻表情動作也不一樣。

INFO
🏠 那霸市壺屋 1-17-3 ジヨトール壺屋 101 | 📞 098-861-7440 | 🕙 10:00am-7:00pm | 🌐 www.shisa-koubo.com | 📍 近「平和通り」的總店提供體驗課程。另一家分店的女店員能以流利普通話溝通。

陶藝教室
育陶園陶藝道場

Map 1-1/ **F5**

⑥⑤

沿路都是陶瓷店,如果問哪一家最值得參觀?在壺屋通有4間店的育陶園絕對會榜上有名。這家店的窯主高江洲忠已是第6代傳人,他不但帶領一班後輩在工房做陶瓷,更開設了地舖及體驗工房,方便遊客欣賞琉球的傳統燒物工藝,以及親身體驗做陶瓷的樂趣。

由第六代傳人合高江洲尚平製作。
獲迪士尼授權的陶瓷史迪仔形神俱似。

育陶園任何類型的陶瓷都做,不過為順應消費者的要求,九成產品都是Shisa守護獅,店員個個都是熟手技工。

INFO

🏠 那霸市壺屋 1-22-33| 📞 098-863-8611
| 🕐 10:00am-6:00pm | 🌐 www.ikutouen.
com | ❗ 部分店員能以簡單英語溝通。

知多啲

守護獅來歷

沖繩人叫獅子做Shisa。琉球王朝時獅子象徵至高無上的權力,當地人相信擺放Shisa在屋頂和家裡有鎮守辟邪之效。張開口是雄獅,閉口是母獅,擺放方法是獅子面向你時男左女右。

那霸廣域

超方便百貨　Map 1-1/ B5
那霸OPA ㊅⑥

 單軌電車「旭橋」站步行 3 分鐘

　　那霸 OPA 開業於2018年，位於單軌電車「旭橋」站旁巴士站的上蓋。商場地方不算大，只佔大樓的兩層，商戶亦只有50家左右，不過就引入了許多首次落戶沖繩的商店，所以新鮮感十足。2樓主要是流行服飾、化妝品、餐廳及雜貨，3樓則有大創及咖啡廳，比起國際通的人逼人，這裡寬敞好行得多。

INFO

🏠 那霸市泉崎 1 丁目 20-1 カフーナ旭橋 A 街區 | 📞 098-996-2108 | 🕐 10:00am-9:00pm | 🌐 www.opa-club.com

【 人氣商戶 】

茶バー CHA BAR
茶品專門店。必試以果肉攪拌而成的「水果阿波茶」。

星乃咖啡店
星乃的西多士及鬆餅，總會帶給人滿滿幸福的感覺。

Joy Jungle
剛於 OPA 二樓開業，立即成為大受小朋友歡迎的遊樂園。

大創
足足佔了3樓半層，空間寬闊，肯定比國際通的大創好行。

日本唯一市區免稅店
DFS Galleria Map 1-1/ G2

🚕 單軌電車「おもろまち」站步行約 2 分鐘

　　憑藉遊客身分，到 DFS 免稅店購買多個國際級知名品牌都有免稅優惠，部分更比正價便宜兩三成，但如你對這些香港都有的品牌提不起興趣，其實這間面積逾 10,000 平方呎的免稅店一樣有其他賣點。首先地點方便已叫遊客不由得順路進去逛逛，而你亦可以無視集中在 2 樓的名店，直接來到 3 樓的大型美食廣場 Food Colossuem 選購美食。講到尾，最緊要都係有得食！

免稅店貨品應有盡有，時裝、皮具、鐘錶、眼鏡、化妝品、香水無一或缺，總有一款合你心水。

部分品牌一覽

服飾及皮具：Bottega Veneta、Burberry、Bvlgari、Cartier、Celine、Fendi、Gucci、Louis Vuitton、Marc By Marc Jacobs、Prada、Salvatore Ferragamo、Tiffany & Co.

化妝品：Chanel、Dior、Estee Lauder、Lancôme、Shu Uemura、YSL

逛累了想休息一會，可到 Cartier Cafe 歎杯咖啡，還有蛋糕及香檳供應。

INFO

🏠 那霸市おもろまち 4-1 | 📞 098-078-2460 | 🕐 9:00am-9:00pm（星期五至日及公眾假期至 10pm）| 🌐 https://www.dfs.com/jp/okinawa | ❗ 免稅優惠只提供予乘飛機離開沖繩之人士，所以前往購物時謹記帶備機票或 e-ticket 以茲證明。

雖然購物區只得兩層，但個人覺得貨品比國際通的 OPA 更吸引。起碼有齊服飾、化妝品、電器用品、書店、超市等。

沖繩百貨大哥　**Map** 1-1/ **F2**
Naha Main Place ⑥⑧

🚕 單軌電車「おもろまち」站步行約 8 分鐘

　　究竟在沖繩擁有 5 家姊妹店的 Naha Main Place 有什麼稀奇？其實也不過是記者小見多怪，覺得 6 層高的商場竟有 4 層是免費停車場，換了在寸金尺土的香港實在是匪夷所思。說回那兩層購物區，規模當然無法跟 SOGO 匹敵，不過勝在超市、服飾、玩具、餐廳樣樣有齊，對缺乏大型商場的沖繩來說，推介指數也值 4 粒星。特別介紹大家去電器部走走，將會發現許多高科技產品，感覺終於似番少少日本。

鎖匙扣是用來繫上耳筒電線，有 10 多種顏色供選擇，賣相與功能兼備。

女生至愛品牌都設有分店，終於有機會買靚衫。

各層簡介
3/F-6/F	停車場
2/F	美食廣場、家品、文儀玩具、內衣、運動服
1/F	超級市場、電器、時裝、餐廳

INFO
🏠 那霸市おもろまち 4-4-9 | ☎ 098-951-3300 | 🕐 9:00am-11:00pm（部分店舖除外）🌐 http://www.san-a.co.jp/nahamainplace

1-51

旅遊界推介
沖繩の台所ぽいかじ

Map 1-1/ **G2**

(69)

 單軌電車「おもろまち」站下車，步行約 5 分鐘

餐廳主打沖繩料理，海葡萄、苦瓜炒蛋、炸紅番薯、沖繩豚串燒等都是這裡的名物。此外，食肆有60多款著名泡盛；淺嘗之際，穿上傳統服飾的表演者拿著三味線自彈自唱，全店氣氛即時高漲，所有客人都手舞足蹈地和唱起來。無論食物、環境與氣氛俱佳，難怪會被選為受歡迎的宴客之所了。

刺身拼盤（松）
食材都是從沖繩附近的海域所捕獲的鮮魚，所以肉質特別爽滑，鮮甜度是香港空運貨所比不上的。

紅番薯炸物
紅番薯是沖繩其中一種名物，將之切成薯條狀再落鑊炸，比普通薯條更有咬口，香甜的味道在口腔縈繞不散。

地下二層感覺較開揚，落地玻璃可以欣賞到街外的景致

穿上傳統琉球服飾的表演者，邊彈三味線邊唱民謠，見記者不懂跳民族舞就邀請我拿著特製夾子為他打拍子，誓要跟所有食客打成一片。

🏠 那霸市おもろまち 4-8-26 | ☎ 098-862-2397 | ⏰ 5:00pm-12:00nm | 🌐 www.paikaji.jp | 💲 ￥2,500 | ❗ 設英文餐牌。

爆場洋食屋 **Map** 1-1/ **E1**
びっくりドンキー ㊀

 單軌電車「おもろまち」站步行約 15 分鐘

這是一間連鎖式洋食屋,在全國有多間分店。餐廳主打漢堡扒及蛋包飯,菜式雖然普通,但味道與港式完全不同層次。漢堡扒口感厚重而肉味濃,蛋包飯據說用了祕製汁醬,加在濃滑的蛋上,平凡中卻顯出美味。該店裝潢亦很有心思,用了許多木板,營造出工業風格,感覺豪邁奔放 。

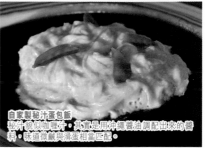
自家製秘汁蛋包飯
秘汁貌似咖喱汁,其實是用沖繩醬油調配出來的醬料,味道微鹹與滑蛋相當匹配。

INFO

🏠 那霸市天久 1-1-1 | ☎ 098-863-1029 | 🕐 10:00am-12:00mn | 🌐 www.bikkuri-donkey.com | 🍴 設中文餐牌

Map 1-1/ **F1**

文化體驗

㊁ 沖繩縣立博物館・美術館

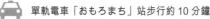 單軌電車「おもろまち」站步行約 10 分鐘

博物館及美術館集中在同一幢建築內,一次過就可以認識沖繩的歷史、藝術和文化。美術館主要展出本土藝術家雕刻、繪畫、攝影等作品。博物館則以「海洋性」和「島嶼性」為主題,展示了歷代王朝的出土文物。

中庭涼亭仿照琉球傳統高倉民家建造,把昔日有錢人家的風貌重現。

INFO

🏠 那霸市おもろまち 3-1-1 | ☎ 098-941-8200 | 🕐 9:00am-6:00pm(星期二至四及星期日),9:00am-8:00pm(星期五、六);星期一及年末(新年前)休息 | 🌐 www.museums.pref.okinawa.jp | 💲 博物館 ¥530、美術館 ¥400

繽紛色彩的冰室 (72) Map 1-1/ D1

Yes!!!Picnic Parlor

單軌電車「古島」站轉乘的士約 5-7 分鐘

店鋪坐落於寧靜的住宅區，藍色外牆及紅白條紋的帳蓬，很有美式小店的風格。門外鋪了一小塊草地，再放上兩張黃色枱櫈，影相一流。店內藍色梳化配搭全木裝潢，小小的空間還點綴許多可愛的布置，例如牆上的 Soft Cream 霓虹燈及枱上的紅鶴擺設。店鋪主打冰品甜點及三文治類輕食，招牌軟雪糕灑上彩色繽紛的脆圈，吸睛度爆燈，隨手一影都足夠呃 like。

軟雪糕配搭七彩繽紛的脆圈，很簡單的夢幻組合。

Soft Cream霓虹燈是大家的打卡寵兒。

Kawaii可以拯救世界嗎？此刻我只想填滿肚子空間！

日式草莓三文治，小心那層軟綿綿的cream會讓少女心噴發！

INFO

那霸市安謝 183 | 098-943-5806 | 11:00-8:00pm，星期五休息 | http://yespicnicparlor.tumblr.com

船艙是開放式廚房，師傅就在甲板上即場劏魚做刺身，新鮮程度可想而知。

漁船餐廳即釣即食 ⑦③
ぐるくん
Map 1-1/ **C2**

在單軌電車「県庁前」站搭乘松川線3號巴士，「泊港」站步行約3分鐘。由「國際通」駕車前往約8分鐘

　　刺身當然要新鮮才好吃，否則那些閒閒地成千蚊上落的日本料理店，又怎會標榜食材是即日由日本空運抵港？不過就算怎樣新鮮，都已經是冰鮮魚，想吃用生猛游水海鮮所做的刺身，還是去碼頭旁這家海鮮料理居酒屋吧。置身這家由漁船改建而成的食店當中，感覺就像去了游船河；顧客更可以走到外面的魚池釣魚，然後即釣即做刺身，新鮮程度無可匹敵，怪不得晚晚吸引大班街坊前來開餐。

有住鯖，又怎少得美酒的分兒，船艙一角的坐席上，就擺放了多樽泡盛供客人點叫。

刺身船
從魚池叫即劏，肉質嫩滑得入口即化。海水的味道好像仍在口腔裡縈繞不散。

知多啲
直擊釣魚過程
1. 每日會向漁民購買新鮮活魚，然後在魚池飼養。
2. 以甜蝦作餌，然後自己釣魚，或請師傅代勞。
3. 有魚上釣後，根據看板上列明漁獲的價錢收錢，再用漁獲做刺身。

INFO
🏠 那霸市若狹 3-20-8 | 📞 098-866-3667 | 🕕 6:00pm-11:00pm，星期三休息 | 💲 ￥6,000 | 🌐 https://fb4d900.gorp.jp/
1-55

國際通

壺屋通

那霸廣域

平價街坊食店
高良食堂

⑦⑷

Map 1-1/ A3

🚕 單軌電車「県庁前」站步行約 15 分鐘

　　地道的食店通常未必有華貴的裝修，但價錢通常都很公道，食物有水準得來又甚有家常菜風味。位於住宅區的高良食堂就是這類小店，由於價錢大眾化，所有飯餐￥500左右便有交易，而且分量十足，有湯有飯有茶，難怪多年來都是區內的人氣食堂。

店舖以自助形式經營，先在購票機點餐，再將食券交給店員，安坐一邊就會有人把食物送上。

牛肉御菜
牛肉嫩滑甘香，湯底是用牛肉煲成的濃湯，用來撈飯十分開胃，再加一隻半熟蛋與粉絲，更有錦上添花的作用。

INFO

🏠 那霸市 若狹 1-7-10 | 📞 098-868-6532 | 🕐 10:30am-8:00pm，星期三 10:30am-3:00pm

---

Map 1-1/ A4

宵夜鋸扒之選
Jack's Steak House

⑦⑸

🚕 單軌電車「旭橋」站步行約 5 分鐘

紐約牛扒餐
牛扒分量頗大，醬汁有多款選擇，但要另外加錢，約￥200。

　　話説訪問一家茶居時，跟健談的老闆娘傾開沖繩的牛扒屋，她給我遞上 Jack's Steak House 的卡片然後説：「這家牛扒屋很適合香港人，因為很晚才關門，而且好抵食。」這家餐廳供應的都是美式鐵板餐，一分牛扒餐大約￥1,800，附送餐湯、沙律和飯，在日本來説的確很便宜。除了豬扒、牛扒，也有炸雞、漢堡包等美式快餐，不失為一個宵夜勝地。

沖繩人推介的平民牛扒屋，室內光猛明淨，有別於一般扒房黑沉沉的風格。

INFO

🏠 那霸市西 1-7-3 | 📞 098-868-2408 | 🕐 11:00am-10:30m，每月第 2 及第 4 個星期三休息 | 🌐 www.steak.co.jp | ✒ 設英文餐牌，只能以日語溝通。

北京餃子之味
べんり屋 玉玲瓏 ㉖

Map 1-1/G3

🚕 單軌電車「安里」站步行約 3 分鐘

　　榮町市場是那霸其中一個最舊的市場，沒想到自從べんり屋兩年前在此落腳後，竟吸引了大批身光頭靚的人前來搵食。試過這家中華料理店的出品後，就會明白成功非僥倖；因為由北京來的店主所做的餃子，真的隻隻都皮薄餡靚。其他小菜同樣做得出色，連漬物前菜也講究地用皮蛋榨菜與西芹酸菜配黑魚子醬來做，果然名不虛傳。

燒餃子
外皮炸得金黃香脆，進食時最好整隻放進口中，讓沖繩黑豚肉餡料的香味滲透在每顆味蕾上之餘，也可避免弄得滿身都是肉汁。

合鴨咖喱
鴨肉用鹽及咖喱醃過後再燻香，肉質嫩滑鴨味濃郁，是一道上佳的佐酒菜。

INFO

🏠 那霸市字安里 379-2 栄町市場內 | ☎ 098-887-7754 | 🕐 6:00pm-11:00pm；星期日休息 | 💲 ￥3,000 | 📶 部分店員能以簡單普通話溝通。

通往沖繩離島
Tomarin 碼頭 ㉗

Map 1-1/D2

🚕 單軌電車「美栄橋」站步行 10 分鐘

　　由沖繩本島前往其他小島只有乘內陸機或海路兩種方法，而連接本島及離島的碼頭就設在那霸市前島。客輪航站大樓とまりん（Tomarin）樓高 16 層，售票處設於地下一層，遊客可在此購買船飛前往久米島、粟國島、渡名喜島、阿嘉島、座間味島、渡嘉敷島、北大東島或南大東島。船程雖比乘飛機慢得多，但價錢卻平上一截。

開往離島的船隻只屬小型船，航程通常都超過1小時，所以出發前宜食定量浪藥，免得暈船浪影響旅遊興致。

Tomarin 樓層簡介	
6-15/F	Okinawa Urban Resort Naha 酒店
4-5/F	銀行、航運公司
3/F	銀行
2/F	Café Harbor Point、航運公司
1/F	售票處、碼頭、酒店入口
B1/F	航運公司

碼頭門口的告示板清楚列明開往各島的船名、開船及回航時間、號碼及碼頭。

INFO

🏠 那霸市前島 3-25-1 | ☎ 098-861-3341 | 🌐 www.tomarin.com | 🕐 8:00am-5:00pm（船票售賣處）| ❗ 有關船期及票價等資料刊於本書「沖繩交通」部分

Shuri
首里

小編好玩推介

🍴 御嶽山 / 富久屋 / 嘉例山房

📷 金城町 の 石疊道 / 弁財天堂

Map 2-1 首里

🚃 儀保

ぎぼまんじゅう
F2-12

1

⑯

③

⑨

龍潭

玉陵
2-16

⑰

知念製菓
2-13

①

首里
🚃

⑱

⑩

首里城公園

⑫

武村松月堂
F2-13

⑧　⑭

2

火災後禁止進入區域
首里城 ④

⑥　⑬

Google Map
下載

②
⑪

⑤

⑮

⑦

3

金城ダム

Southern Hill　F3-0

北

識名霊園

Shuri 首里

傳承沖繩染織魅力 ①
首里染織館 **Map** 2-1/ **C2**

🚗 單軌電車「首里」站步行 7 分鐘

為了推廣傳統染織工藝技術，那霸傳統織物事業協同組合和琉球紅型事業協同組合於2022年4月合作建立新的展覽館—首里染織館。展覽館一共有3層，1/F展示出琉球紅型和首里織這兩種沖繩特色傳統工藝以及手信販賣；2/F是紅型體驗館；3/F是首里織體驗館。因為展覽館要提前安排導師，如果想要進行體驗活動，記得事前要去官網預約。

展品開放展示，記得眼看手勿動。

INFO

🏠 那霸市首里當藏町 2-16 | 📞 098-917-6030 | 🕐 11:00am-6:00pm，星期二休息 | 🌐 https://suikara.ryukyu/

餐廳資料館二合一 ②
首里殿內 Map 2-1/ B3

🚕 單軌電車「首里」站轉乘的士約 10 分鐘。或於「那霸巴士總站」乘 15 號巴士於「石疊前」站下車，步行約 2 分鐘

這間庭園式餐廳就在金城町の石疊道入口處，不過招牌並不算顯眼，很容易就忽略了它的存在。這兒由古宅改建，地方寬敞，非常有鄉土氣息，打卡呃 like 一流。供應的傳統沖繩菜味道清淡，頗適合香港人口味。另外，就算不打算幫襯，一樣可以免費到這兒的民俗資料館與泡盛資料館參觀。

由古民家改建而成，分餐廳、泡盛資料館、民俗資料館及別館羽文亭幾部分。

苦瓜定食
沖繩的苦瓜略帶甘甜，用日本雞蛋炒香後味道更容易接受。

分上下兩層的泡盛資料館。上層陳列了不同年代的沖繩泡盛與盛酒器，下層則擺放了大型釀酒工具。

餐廳也有多款醬料售賣。

民俗資料館地方不算大，但也收藏了過百件文物，多數都是昔日的油燈、碗碟與煮食用的爐具。

ℹ️ INFO

🏠 那霸市首里金城町 2-81 | 📞 098-885-6161 | ⏰ 11:00am-2:00pm、星期一 11:00am-12:00mn| 🌐 http://omorokikaku.com/sui/

2-3

誠意推介
富久屋　③ Map 2-1/ C2

🚕 單軌電車「儀保」站步行約 10 分鐘

位於民居小巷中的富久屋並不就腳，但人客卻絡繹不絕，周末或假期不訂位基本上是無法入座，難怪日本雜誌也說這兒人氣超強。這間民家餐館受歡迎不無道理，食物水準無得彈，定食分量豐富，有齊湯、飯、麵、漬物、小食等，全部都是自家製作的精緻料理，質素更是記者在沖繩吃過最好的其中一間。服務方面也無可挑剔，老闆細心照顧每位客人需要，終於明白什麼叫賓至如歸。

枱上有多款調味料供客人使用。記者試過將泡盛辣油加入拉麵裡，果然更惹味可口。

むしじぬ付定食
定食本身有紅米飯、沖繩豚肉、豆腐、秘製醬汁青瓜、芋餅、漬物，然後再跟餐配拉麵、豬腳等。特別推介那碟超滑溜豆腐。

沖繩拉麵定食
定食的內容已很豐富，只是自家製的拉麵實在太彈牙，最後忍不住全部清掉，誓要填飽肚裡的所有空間。

INFO

🏠 那霸市首里当蔵町 1-14 | 📞 098-884-4201 | 🕐 11:30am-3:00pm，星期二休息

首里城每年盛事 ④
首里城祭 **Map** 2-1/ **C2**

 首里城公園及國際通舉行

　　每年10月底，首里都會舉行那霸最大的節慶——首里城祭，包括在國際通舉行的「琉球王朝繪卷行列」，與及在首里城公園舉行的「古式行列」及「萬國津梁燈火」晚會。話說首里城祭原來是紀念琉球國（沖繩前身）受中國冊封的歷史，所以會重現當年琉球國王、王妃及中國使節出巡的盛況。整個祭典會持續一個多星期，除了巡遊和晚會，還會有許多傳統民俗藝術表演，喜愛傳統文化的朋友記得不要錯過。

因為重現琉球國受中國冊封的歷史，所以遊行會有中國大官的出現。

「萬國津梁燈火」在首里城公園舉行，6000多盞燈飾把公園照得燈火通明。

INFO

🏠 首里城公園、國際通 | 🕐 10月底 | 🌐 https://oki-park.jp/shurijo/tc/event/182

民家料理 **Map** 2-1/ **B3**

首里いろは庭 ⑤

🚕 單軌電車「首里」站轉乘的士約 10 分鐘或於「那霸巴士總站」乘 15 號巴士於「石疊前」站下車,步行約 2 分鐘

假如你對鋪滿榻榻米的日本民家有説不出的好感,那就一定要去金城町の石疊道附近的首里いろは庭開餐。這家由民家改建而成的餐廳就在一條住宅小路上,不是門口掛著餐牌,都不知道這兒是料理店。小店就只得一張長餐枱,與日本人齊齊坐在榻榻米上品嘗住家風味的傳統沖繩菜,別具滋味。

知多啲

小鉢是什麼?

只要翻開日本餐廳的餐牌,很多時都會見到「小鉢」這個字眼。「小鉢」日語是こばち (kobachi),意思是小碗,泛指細細碟的食物。

石疊定食
共有 10 道小食,包括水雲、豆腐、豆腐湯、苦瓜炒蛋、漬物、味噌湯、紅米飯等,最好食首推豆腐湯,滑不溜口味濃如豆漿。

INFO

🏠 那霸市首里金城町 3-34-5 | 📞 098-885-3666 | 🕐 11:30am-3:00pm、6:00pm-10:00pm,星期三休息 | 💲 ￥2,000 | 🌐 www.irohatei.com

---

Map 2-1/ **C3**　　黑糖咖喱

⑥ AJITOYA Curry

🚕 單軌電車「首里」站步行 10 分鐘

日本人熱愛咖喱,但對咖喱的要求也特別高。AJITOYA Curry 雖然位於首里,遠不及車水馬龍的那霸熱鬧,但 AJITOYA Curry 卻被沖繩人熱愛,甚至有雜誌介紹。這裡的咖喱濃香撲鼻,除了因為祕製配方,亦加入沖繩產正宗的黑糖。「豬軟骨咖喱」是人氣之選,店家以真空料理令軟骨既稔且滑,配上精煮的黃薑飯,充滿南國風情。辣度方面,店家由 1 至 100 供客人任選,一定能找到合適的口味。

INFO

🏠 那霸市首里崎山町 1-37-3 1F | 📞 098-955-5706 | 🕐 星期一至四 11:00am-2:30pm,星期五至日 11:00am-2:30pm、5:30pm-10:00pm | 🌐 https://ajitoya.net/

無法抗拒的蛋糕店 ⑦   Map 2-1/ C3
Dessert Labo Chocolat

 單軌電車於「首里」站轉乘的士約 10 分鐘

來到 Dessert Labo Chocolat 時，因為已吃過兩頓午餐，所以原本只打算外賣朱古力。但看到那琳瑯滿目的蛋糕櫃後，還是忍不住點了此店最人氣的「莓タルト」蛋糕下午茶餐。原來客人落柯打後，廚師還會把賣相已值100分的蛋糕「修飾」得更完美。就算明知暴飲暴食會肥10磅，也無法拒絕這分心意吧！

除了蛋糕和朱古力外，小店也有曲奇餅及派對用品售賣，全都是叫女孩子無法抗拒的可愛款式。

士多啤梨蛋糕茶餐
小店共供應約50款蛋糕、燒菓子和朱古力，士多啤梨蛋糕採用日本新鮮士多啤梨製作，甜中帶酸，感覺沒那麼滯。

INFO
🏠 那霸市首里金城町 4-70-4 1F | 📞 098-885-4531 | 🕐 11:00am-7:00pm | 💲 ￥700 | 🌐 www.chocolat2007.jp

---

⑧   沖繩傳統手打麵
Map 2-1/ D2 **首里そば**

 單軌電車「首里」站步行約 4 分鐘

坐落在日本民宅中，感覺像到了日本人家裡吃飯一樣，由於是許多本地傳媒推薦的食店，所以店內經常座無虛席。沖繩そば據講曾是琉球王國的宮廷料理，它與一般的蕎麥麵不同，是以小麥粉取代蕎麥粉製成。首里そば的招牌手打麵，便保留了這種傳統口味，由於麵身有一定厚度，所以入口偏硬，帶點嚼勁。鋪在麵上的豬腩肉滷得入味，那豐富的脂肪在口腔內溶化，油潤香口，濃郁的鰹魚湯底加入薑絲調味，意外地滋味。

手打麵口感偏硬，有點似烏冬。

首里そば的麵條，每口自家手工製作。

INFO
🏠 那霸市首里赤田町 1-7 | 📞 098-884-0556 | 🕐 11:30am-2:00pm，星期四、日休息

自製泡泡茶
嘉例山房 **Map** 2-1/ **B2** ⑨

單軌電車「儀保」站步行約 10 分鐘。或於「那霸巴士總站」乘 1 號巴士於「首里城公園入口」站下車，步行約 2 分鐘

　　用 ¥1,550 飲茶的確好貴，説的不是去酒樓歎一盅兩件，而是喝成泡泡茶＋多兩件和菓子。不過貴還貴，嘉例山房卻是所有日本旅遊書的推介，全因客人可以自己親手做充滿琉球特色的ぶくぶく茶。望著寫滿烏龍茶、檸檬草、月桃茶的餐牌禁不住疑惑，我們不是來喝泡泡茶嗎？這時老闆娘端來一個盛滿水的木盆和一隻刷子。原來那是用來打泡的白米水，只要用刷子不停攪拌就可以製造泡泡，再連同自選茶一起喝，好玩又有特色。

檸檬草茶
自選口味茶其實只得小小一杯，但客人可以不停加泡。一杯已經有排飲。另外，老闆娘自製的和菓子味道不錯，那碟苦瓜漬物卻苦得被迫放棄。

其實撇開泡泡茶不談，嘉例山房的環境也甚有特色。顧客可一邊歎茶，一邊睇漫畫或者玩日式傳統玩具。

收銀處旁邊放滿一排排白色罐子，還以為可以買回去自製泡泡茶，原來都是產自東京銀座的健康食品。

每張枱上都放有一本簿，翻開看看才知道是顧客留言冊。來自日本不同城市的客人都圖文並茂地分享沖繩遊的心聲，相當有心思。

知多啲　點打到起白泡？
1. 大盆子盛載著用白米烘焙而成的白米水溝水，只要用刷子不停攪拌就會起泡。
2. 將泡泡放到茶上，再灑上花生粉。
3. 把泡泡喝掉後，再重複步驟一，直至把茶喝完或手軟為止。

INFO
🏠 那霸市首里池端町 9 | 📞 098-885-5017 | 🕐 10:00am-6:00pm 星期二、三休息 | 設中文餐牌及説明

傳統染布工藝
首里琉染

(10)

Map 2-1/ **B2**

🚗 單軌電車「儀保」站轉乘的士約 5 分鐘

首里琉染是其中一個值得參觀的傳統工藝店，由琉染發明家山岡古都於昭和四十八年（1951年）創立，樓高3層的店舖仍保留著琉球時代的裝潢與氣派。地下一層專門售賣服飾、絲巾、布袋等琉染製品。2樓則是展覽廳；想欣賞精湛的染布技術就要來到3樓染布工場。女工拿著染色的珊瑚和貝殼在布上磨，不消一會便完成一件件精湛的琉染藝術品。

店舖保留著古色古香的琉球風韻，參觀琉染技術的同時，也好像走進一所琉球文化博物館。

琉染T-Shirt
每件琉染T-Shirt的花紋都不一樣，那種紋理與漸變的效果，絕非機器生產得來。

染布技術是沖繩的天工藝之一。把天然染料塗在切開了的珊瑚上，然後拓印在布料上面，即成別具特色的琉染藝術品。

見到阿姐拿著貝殼珊瑚在布上磨，即成漂亮的圖案，你也心癢癢想試的話，大可參加體驗課程，那才發現一點也不簡單。

INFO

🏠 那覇市首里山川町 1-54 n | 📞 098-886-1131 | 🕐 9:00am-6:00pm | 🌐
www.shuri-ryusen.com | 💲 店舖設有 DIY 琉染體驗班，收費 ￥3,000

Map 2-1/ B3

道路百選

⑪ **金城町の石疊道**

🚗 單軌電車於「首里」站轉乘的士約 10 分鐘。或於「那霸巴士總站」乘 15 號巴士於「石疊前」站下車，步行約 2 分鐘

假如這是一條「日本道路百選」之一，16世紀尚真王時代琉球國王也走過的道路，可會勾起你前來參觀的興趣？你在這條小路上會看到有200至300年樹齡的大紅木、古井和木造瓦頂建築物，一切依然保留著那個時代的面貌，是沖繩其中一條最著名的道路。

INFO

🏠 那霸市首里金城町 | 📞 098-891-3501（那霸市教育委員會文化財課） | **MAPCODE** 33 161 246*82

國家級建築

⑫

弁財天堂 Map 2-1/ C2

🚗 單軌電車「首里」站約 15 分鐘。或於「那霸巴士總站」乘 1 號巴士於「首里公園前」站下車，步行約 2 分鐘

回溯至1502年，琉球王國因收到朝鮮李珠王所送贈的《方冊藏經》，而特意興建了這個藏經閣。後來在太平洋戰爭中遭受戰火波及，經書更因而被燒毀，到了1968年才復修重建成現時的模樣。

弁財天堂建於水池上，堂外架設的「天女橋」更被列為日本國家重要文化遺產。

INFO

🏠 那霸市首里当藏町 1-2（首里城公園內） | 📞 098-886-2020（首里城公園管理中心） | **MAPCODE** 33 161 673

百年泡盛老舖
瑞泉酒造 Map 2-1/ **C3** ⑬

 單軌電車「首里」站步行約 10 分鐘

在沖繩除了可參觀有名的啤酒廠或黑糖廠外，又怎少得泡盛造酒廠的分兒？擁有600年歷史的泡盛在琉球王國時代已盛極一時，直至今時今日仍然是沖繩其中一項最引以為傲的特產。既然創於1887年的瑞泉酒造不介意讓遊客參觀他們的造酒工場，我們當然卻之不恭，直踩這個逾百年歷史的釀酒基地。

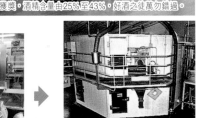

造 酒 過 程 逐 格 睇

① 泡盛的原材料是黑麴菌與泰國白米。

參觀完造酒過程可到銷售處免費品嘗泡盛，這4瓶古酒都曾在不同選舉中獲獎。酒精含量由25%至43%，好酒之徒萬勿錯過。

② 將白米洗淨浸水，然後放在蒸米機上蒸製1小時。

③ 將黑麴菌均勻地撒在蒸煮過的白米上，在攝氏40度下發酵最少兩日。

⑤ 發酵完成後，放入蒸餾機釀製馥郁香醇的泡盛。

⑥ 把泡盛貯存在酒桶中最少1年才可出售，古酒則最少要存放3年。

④ 加入水和酵母，在攝氏17至18度的環境下發酵兩星期。

⑦ 當地人相信在藏酒的地方演奏音樂，適量的震動會令泡盛加倍香醇。

INFO

🏠 那霸市首里崎山町 1-35 | 📞 098-884-1968 | 🕐 9:00am-5:30pm； 星期六、星期日及公眾假期休息 | 🌐 www.zuisen.co.jp | ❗ 毋須特別預約，只要在營業時間來到，跟職員表示有興趣參觀造酒過程，他們便會代為安排。

琉球菓子集中地

知多啲 琉球銘菓源自中國

琉球在14世紀開始成為中國藩屬國，要定期向中國進貢，當時的琉球人便從中國冊封使那兒學會製作傳統銘菓點心。而琉球銘菓就是融合了中式點心與日式和菓子的精髓而演化出來的菓子，款式數以百計。

首里老舖嘗名物

紅豆饅頭（b）

所有日本旅遊書都有介紹這款首里名物，創立50多年的店家會用月桃葉包裹著饅頭，令饅頭滲透著一股淡淡的葉香。撕開後發現裡頭是滿滿的紅豆餡，紅豆大粒又香甜，可跟北海道十勝紅豆媲美。

好味指數：	★★★★☆
精緻指數：	★★☆☆☆
記者短評：	拳頭般大的包面上有個「の」字嘜頭，充滿古早風味。紅豆甜而不油膩，但饅頭實在太大，不想食滯還是與人分甘同味較好。

紅豆白果糕（a）

混合了綠茶粉和紅豆來做的和菓子，白果糕用砂糖製成，簡直可以用甜到漏來形容。白果糕有小朋友拳頭般大，食完都不用再吃下一餐。

好味指數：	★★☆☆☆
精緻指數：	★★★☆☆
記者短評：	口味有點似曾相識，想了一會終於記起有點像缽仔糕的味道，只是略嫌太甜，香港人未必接受得來。

光餅（a）

老舖出品一向都是信心保證，更何況這個光餅是中村製菓的招牌貨？賣相及質感都有點像中國的棋子餅，餡料用芝麻和花生磨成，味道香濃得來又不會太甜。

好味指數：	★★★☆☆
精緻指數：	★★☆☆☆
記者短評：	與中式糕點放在一起的話，根本不會有人相信這是日本出品，因為無論味道和外形都充滿中國色彩。

金楚糕（c）

菓子店已有近百年歷史，雖然由第7代傳人接棒經營，卻仍堅持製作最正宗的琉球銘菓，就連沖繩島上最悠久的和菓子金楚糕也有售賣。由於用豬油來烤，所以較香口，質感也甚為鬆化。

好味指數：	★★★★☆
精緻指數：	★★★☆☆
記者短評：	雖然叫做金楚糕，但其實更像曲奇餅。其貌不揚的金楚糕味道比想像中好得多，而且店家標榜即製即賣，感覺也較新鮮健康。

Map 2-1 D2(14)

（a）中村製菓

INFO

🏠 那霸市首里鳥堀町 1-24-1 | ☎ 098-884-5901 | 🕐 9:00am-8:00pm，星期日休息 | 🚃 乘軌電車於「首里」站下車，步行約 5 分鐘。由機場駕車前往約 35 分鐘

Map 2-1 D1

（b）ぎぼまんじゅう

INFO

🏠 那霸市首里久場川町 2-109-1 | ☎ 098-884-1764 | 🕐 9:00am-5:00pm（售罄休息）；星期日休息 | 🚃 乘軌電車於「首里」站下車，步行約 10 分鐘。由機場駕車前往約 35 分鐘

Map 2-1 C1(16)

（c）本家新垣菓子店

INFO

🏠 那霸市首里赤平町 1-3 | ☎ 098-884-3413 | 🕐 10:00am-6:00pm（一至五）；10:00am-5:00pm（星期日）；星期六休息 | 🚃 乘單軌電車於「儀保」站下車，向首里城方向步行約 5 分鐘

食得多會滯，但留在沖繩只得短短幾天，不拼盡全力大吃大喝怎對得住自己？既然你的意志如此堅定，記者惟有問問IQ題好讓你活動一下腦筋：「日本甜品究竟有什麼特色？」

在鬆化的蛋糕上鋪滿鮮果？別緻得有如不能吃下去的藝術品？

告訴你，以上的答案，僅適用於現今流行的日式甜品；昔日的琉球銘菓，可不是這個模樣呢！

上品銘菓落雁（d）

與著名老店中村製菓僅相隔數個舖位，卻絕不怕比下去，因為這兒的銘菓在沖繩同樣備受推崇。好像月桃落雁、抹茶落雁、黑糖落雁等口味就曾在「全國菓子大博覽會」中獲得金賞受賞。

好味指數：★★★★☆
精緻指數：★★★☆☆
記者短評：落雁（もしこ）是相當有名的琉球銘菓，常見的有紅糖、砂糖、黑糖、綠茶及小豆5款口味。表面看似乾爭爭，其實卻甚易咀嚼，當中又以綠茶味甜度最適中。

かるかん饅頭（c）

粉紅色的饅頭賣相頗精緻，口感有點像海綿蛋糕，鬆軟得來又不失咬口。饅頭雖然沒有餡料，味道卻一點也不寡，而且甜度也相對降低。

好味指數：★★★☆☆
精緻指數：★★★★☆
記者短評：單是粉紅色的外形已很吸引，與其他琉球銘菓相比，口味也較清淡，頗適合香港人的飲食喜好。

和菓子（e）

此店賣的雖然都是舊式銘菓，但卻運用了現代做法，所以味道亦較為熟口熟面。憑著精緻的手工，比其他傳統琉球銘菓更容易得到大眾歡心。

好味指數：★★★☆☆
精緻指數：★★★★★
記者短評：粉紅、粉綠配粉黃的賣相就像藝術品般精緻，裡面是紅豆味餡料，跟平常吃到的和菓子口味相似，不過稍嫌太甜。

彩色菓子（e）

有10多款形狀的和菓子糖果，而且全都是粉色系列，女孩子和小朋友見到都一定會喜歡。不過坦白說味道相當一般，屬眼看口勿動之作。

好味指數：★★★★★
精緻指數：★★★★★
記者短評：見到它五顏六色的賣相，已知道一定是超甜的和菓子製品，只是沒想到感覺竟然跟直接食砂糖沒有分別。再一次證明漂亮的東西不一定好吃。

Map 2-1
D2

（d）武村松月堂

Map 2-1
C2

（e）知念菓子店

INFO

🏠 那霸市首里鳥堀町 1-16-3 | 📞 098-884-4793 | ⏰ 9:00am-6:00pm | 🚃 乘單軌電車於「首里」站下車，步行約 3 分鐘。由機場駕車前往約 35 分鐘

INFO

🏠 那霸市首里当蔵町 1-11-6 | 📞 098-886-8270 | ⏰ 10:00am-5:00pm；星期日休息 | 🚃 乘單軌電車於「首里」站下車，向首里城方向步行約 10 分鐘。由機場駕車前往約 35 分鐘

傳統和式小食
中村製菓　　Map 2-1/ D2　⑭

🚕 搭單軌電車「首里」站步行 3 分鐘

光餅（小）

　　中村製菓主打的和菓子是傳統的日式「光餅」。外形及表皮有點像中式棋子餅，餡料由芝麻和花生磨成，因此不會太甜，若然經過此店不妨買來一試。另外店內亦有出售其他蛋糕和甜品，款式也不少。

店面看來像一般蛋糕店，但細看掛在牆上發覺許多著名的全是嘉許狀。

INFO

🏠 那霸市首里鳥堀町 1-24-1 | 📞 098-884 5901 | 🕐 9:00am-8:00pm（星期日休息）

指定佐酒花生
⑮　　Map 2-1/ B3　# 島涼み

🚕 單軌電車於「首里」站下車，轉乘的士約 10 分鐘。或於「沖那霸巴士總站」乘 15 號巴士於「石疊前」站下車，步行約 4 分鐘

除了花生，也有這款叫「童玉」的糖果，但略嫌太甜。

島涼み花生，建議作為啤酒小食。

這裡的花生都可試食，當中有專門為沖繩泡盛、啤酒及紅酒而設的種類。

　　島涼み是沖繩品牌 OKINESIA 旗下的一條生產線，專門出售花生小食，島上大部分賣手信的店舖都會有售。這些花生小食最特別之處，是其包裝上會註明是哪一款酒的佐酒小食，非常專業及貼心。

INFO

🏠 那霸市首里金城町 4-71-12 | 📞 098-884-2444| 🕐 10:00am-4:00pm（星期六、日及假期休息）| 🌐 www.okinesia.com

---

百年菓子老店
本家新垣菓子店　Map 2-1/ C1　⑯

🚕 單軌電車「儀保」站步行 5 分鐘

沖繩傳統菓子套裝

　　本家新垣菓子店已有近百年歷史，至今已由第7代傳人接棒經營。店內出售的金楚糕是沖繩島上最傳統的和菓子，其豬油成分經烤焗後非常香口，這裡更標榜即製即賣，保證新鮮。

INFO

🏠 那霸市首里赤平町 1-3 | 📞 098-884 3413 | 🕐 10:00am-6:00pm（星期六休息，星期日5pm關門）

店內的和菓子都是新鮮製造，食用日期只有一個星期。

蕎麥麵專家
ほりかわ **Map** 2-1/ **B2** ⑰

🚗 單軌電車「首里」站步行 15 分鐘

　　首里的食肆雖然不似國際通那麼多種類而集中，但日式傳統氣氛卻更濃。其中以蕎麥麵主打的食肆，除了首里そば外，還有ほりかわ。ほりかわ自家製的蕎麥麵軟糯有嚼勁，湯頭以豬和雞熬煮，再加入柴魚，令味道鮮美無比。除了蕎麥麵，也不可錯過這裡的燉豬肉。店家採用 Agu 豬加上秘製味噌，非常入味。餐廳就在首里的龍潭旁，有「琉球第一名勝」之稱，欣賞完湖光山色，這裡正是充電的好地方。

INFO

🏠 那霸市首里真和志町 1-27 | 📞 098-886-3032 | ⏰ 11:00am-3:45pm，星期四休息

Map 2-1/ **D2** 車站廉價美食
そば処 くんち ⑱

🚗 單軌電車「首里」站出站即達

　　餐廳就在首里站對面，出站即見，趕時間最啱。內裡布置比較家庭式，以自助為主。不過出品的蕎麥麵卻在水準之上，湯頭、麵質都令人滿意，而最吸引的，是一碗豚肉蕎麥麵竟然不用￥400已有交易。就算是豪華版的蕎麥麵，結集不同部位的豬肉與內臟，也只是￥700有找，非常抵食。一碗麵不夠，追加一碟咖喱飯也只是￥250，簡直是窮人恩物。

INFO

🏠 那霸市首里鳥堀町 4-19 1 樓 | 📞 098-886-9284 | ⏰ 11:30am-7:30pm

咖喱飯 (カレーライス) ￥250。

沖繩蕎麥麵 (沖縄そば)
￥380。

特別版蕎麥麵 (まるそばスペシャル) ￥650。

沖繩深度行
[暢遊9大世界遺產]

日本擁有13項世界遺產,當中既有建築文物,也有自然景色,而保留著濃厚傳統文化色彩的沖繩本島遺跡就是其中一項。沖繩本島遺跡包括9個被列入世界文化遺產的地方,而其中3個就位於昔日琉球王國的居城——首里。

Map 2-1 C2
琉球王國城池
首里城跡

9大世界遺產當中,以首里城跡最富麗堂皇。

　　首里城據説創建於14世紀,1406年開始成為琉球王國的居城,直至1879年呈交給日本明治政府,歷經500年繁華歲月的琉球王朝才告結束。然而,首里城在二次世界大戰時毀於一旦,直至1992年,這座以朱紅色為基調的木造建築物才重新復修並公開讓人參觀。**2019年10月31日,首里城因火災損毀而再次封閉,暫未定出開放日期。**

Map 2-1 B2
王族最大陵墓
玉陵

　　位於首里城西側的石造建築,據説是公元1501年尚真王為改葬其父尚圓王而修建。墓地在二次大戰時遭破壞,經過3年多時間的修復工程才恢復原狀。

🏠 那霸市首里金城町 1-3(首里城公園內)| 📞 098-885-2861 | 🕐 9:00am-6:00pm | 💲 成人 ￥300、小童 ￥150 | MAPCODE 33 160 716*18

Map 2-1 B2
許願聖地
園比屋武御嶽石門

　　石門建於1915年,後面的樹林才是園比屋武御嶽。御嶽為向神祈禱許願的聖地,平民不得擅闖,古時琉球國王出巡前都會來此祈求旅途平安。

因首里城火災暫停開放

Map 3-2 C1 — 接待使節之所 識名園

琉球王室最大的別邸及庭園，呈環迴狀，可繞著池岸而行。除了是當時王室的休養勝地外，也會用來招待中國皇帝派來的使者。

INFO

🏠 那霸市真地 421-7 | 📞 098-855-5936 | 🕐 9:00am-6:00pm（4月至9月）9:00am-5:30pm（10月至3月）；星期三休息 | 💲 成人 ¥400、小童 ¥200 | 🚌 那霸巴士總站搭乘 5 號巴士，「識名園前」站步行約 5 分鐘 | **MAPCODE** 33 131 090*25

Map 3-2 G2 — 琉球第一聖地 齋場御嶽

沖繩最高聖地，亦被視為琉球建國女神アマミキヨ的降臨之所。歷代國王與最高神職

人員「聞得大君」皆曾在此地舉行上任儀式。國王在農曆2月和4月亦會親自到此參拜。

INFO

🏠 南城市知念字久手堅サヤハ原 | 📞 098-949-1899 | 🕐 3月-10月：9:00am-6:00pm，11月-2月：9:00am-5:30pm | 💲 成人 ¥300、小童 ¥150 | 🌐 https://okinawa-nanjo.jp/sefa/ | 🚌 那霸巴士總站搭乘 38 號巴士，「久手堅」站步行約 10 分鐘 | **MAPCODE** 232 594 734*44

Map 4-1 C6 — 精湛建築藝術 中城城跡

據說是公元1400年左右，由琉球王國一位叫護佐丸的築城名家所修建，城牆至今仍得到完

好保存。1853年美國艦隊調查團到訪此地時，亦曾讚歎其高超的築城技術。

INFO

🏠 北中城村大城 503 | 📞 098-935-5719 | 🕐 8:30am-5:00pm（10月至4月）；8:00am-6:00pm（5月至9月）| 💲 成人 ¥400、小童 ¥200 | 🌐 https://www.nakagusuku-jo.jp/ | 🚌 那霸巴士總站搭乘 23 號巴士，「普天間」總站轉乘的士約 10 分鐘 | **MAPCODE** 33 411 551*34

Map 4-1 F4 — 最悠久古蹟 勝連城跡

位於與勝半島斷崖上，據說建於公元1100年，第10代城主阿麻和利曾在此與琉球

王朝奮戰到底。從城牆可俯瞰到中城灣與金武灣，景色絕佳。城跡入口處設有資料館。

INFO

🏠 うるま市勝連南風原 3908 | 📞 098-978-7373 | 🕐 9:00am-6:00pm | 💲 免費 | 🌐 https://www.katsuren-jo.jp/ | 🚌 那霸巴士總站搭乘 52 號巴士，「勝連城跡前」站步行約 5 分鐘 | **MAPCODE** 499 570 238*06

Map 4-1 B2 — 最古老石拱門 座喜味城跡

與中城城跡同樣是由護佐丸所修建，保留了沖繩最古老的石拱門，及以珊瑚與石灰岩砌成的城牆。城跡建在可以遙望東海的高台上，毗鄰為読谷村歷史民俗資料館。

INFO

🏠 読谷村座喜味 708-6 | 📞 098-958-3141 | 💲 免費 | 🚌 那霸巴士總站搭乘 29 號巴士，於「座喜味」站下車，步行約 20 分鐘 | **MAPCODE** 33 854 486*41

Map 5-2 D1 — 北部巨城 今帰仁城跡

建於琉球王國成立以前的三山時代，是當時的國王城堡，到了1416年被中山軍攻陷。城壁全場約1,500米，遠看就像微型版萬里長城，是沖繩數一數二的名城。

INFO

🏠 今帰仁村今泊 5101 | 📞 098-056-4400 | 🕐 8:00am-6:00pm | 💲 成人 ¥400、小童 ¥300（包括今帰仁城跡及今帰仁村歷史文化中心）| 🌐 http://nakijinjoseki.jp/ | 🚌 名護巴士總站搭乘 65、66 號巴士，「今帰仁城址入口」站步行約 20 分鐘。| **MAPCODE** 553 081 414*17

Southern
(Tomigusuku/ Itoman/ Nanjo)
南部 (豐見城市 / 系滿市 / 南城市)

小編好玩推介

Ashibinaa Outlet/ Umikaji Terrace/ Tomiton

舊海軍司令部壕 (道具廣場) / 喜屋武岬 / 奧武山公園 / 豐崎にじ公園

道の駅いとまん / 真壁さなー / Kame Andagi @ Umikaji Terrace

Outlet參照古希臘的建築物來設計，令人渾然忘記正身身日本。

> **知多啲**
>
> **ASHIBINAA 點解？**
>
> Outlet的全名非常拗口，原來Ashibinaa是沖繩方言，意思是指神廟前男女老幼聚集交流的地方。Outlet以此命名，就是想建設一個讓大眾聚首一堂的購物勝地。

匯聚70名店
Outlet Mall Ashibinaa

Map 3-2/ A3

①

 那霸空港國內線大樓 1F 搭乘接駁巴士直達

邊個話沖繩冇嘢好買？一條國際通已夠你買到行李超重，還未計其他特色小店的出品呢！仲嫌唔夠喉，臨上機也可以去機場附近的Outlet作最後衝刺，70個國際品牌匯聚於此，雖然不是最新款式，但以低至3折的價錢就可以買到Gucci、MARC JACOBS、Vivienne Westwood等名牌出品，點計都有著數。經過一輪血拼，當然要飲飲食食補番下。Outlet 2樓就有Ashibinaa's Court美食廣場，中華料理、西餐、日本菜、甜品應有盡有，不補充一下怎夠氣力搬行李？

美食廣場共有12間店舖，集合了中、西、日、韓、東南亞等美食，環境亦裝修得相當雅緻。

Gucci是港女最愛品牌之一，貨品也以低至2至3折發售。

除了服飾、首飾和家品，就連沖繩特產黑糖手信都有得賣。

> **Check Point**
> ### 精選名牌一覽
>
> adidas、Armani、Brooks Brother、Coach、Gucci、LeSportsac、Levi's、MARC JACOBS、Salvatore Ferragamo、Ralph Lauren、swatch、TRIUMPH、tsumori chisato walk、Vivienne Westwood

INFO

🏠 那霸市豐見城市豐崎 1-188 | 📞 0120-151-427
🕙 10:00am-8:00pm | 🖥 www.ashibinaa.com
MAPCODE 232 544 512*20

A
B
C
D

1

那霸市

國際通

とらや
F10-1

奧武山公園
F3-18

識名園
2-17

那霸空港

海軍壕公園
F3-14

2

3

瀨長島飯店
F3-6

豐見城市

豐崎にじ公園
F3-18

12

6 11

18 13

20

4

系滿市

7

北名城沙灘
F4-12

10

8

5

9

E F G

北

1

東濱恐龍公園
F3-16

2

南城市

斎場禦嶽
2-17

知念海洋度假中心 F4-2

3

百名沙灘 F4-12

新原沙灘 F4-13

Google Map
下載

4

Map3-2
豐見城市、
糸滿市及南城市

5

南部

拉麵橫町
沖繩そば博　**Map** 3-2/ **A3** ②

🚕 那霸空港國內線大樓 1F 搭乘接駁巴士往 Ashibinaa Outlet Mall，過馬路即達。由機場駕車前往約 12 分鐘

牛肉卵めしこばヤット
或者是因為競爭激烈，各款定食的分量都相當大，好像這個在はごろも家買的牛肉拼雞蛋拉麵，就額外送多碟炒飯。

想一次過試勻不同口味的沖繩拉麵，最方便快捷的方法就是去沖繩唯一的拉麵美食廣場——沖繩そば博開餐。這兒集合了はごろも家、うるくそば、川すば家、はやぶ食堂、我部祖河食堂、東洋飯店、おこげや本鋪及札幌スープカレー共8家人氣店。雖然賣的都是拉麵，但各店均有不同特色，無論是中式、日式或咖喱拉麵都可吃得到。

INFO
🏠 豊見城市豊崎 1-411 豊崎ライフスタイルセンター TOMITON 1F | 📞 098-995-8595（商場）| 🕐 11:00am-8:30pm | 💲 ￥600

ぬーやるバーガー
（套餐包薯條及汽水）
曾獲金獎的冠軍漢堡，餡料包括苦瓜炒蛋、午餐肉和芝士。豐富程度超越巨無霸。奇妙醬雖然相當開胃，但食一個已相當飽滯。

火腿芝士三文治
用料和製法都相當簡單，其秘製醬汁卻有畫龍點睛之效，令三文治好味百倍。

③ 苦瓜漢堡店
Map 3-2/ **A2**　**Jef**

🚕 由宜野湾出張所巴士總站乘坐 55、56、88 及 98 號往「豊崎道の駅」的巴士至「我那霸」下車，轉乘的士即達

Jef是沖繩的地道漢堡店，每天由清晨營業至深宵。其熱賣招牌漢堡ぬーやるバーガー與ごーやーばーがー都用苦瓜作餡料。平時連酸瓜都要「走」的你，又會否挑戰這個得獎漢堡呢？

INFO
🏠 豊見城村字田頭 66-1 | 📞 050-5447-4809 | 🕐 6:30am-11:00pm | 💲 ￥1,000 | 🌐 https://jefokinawa.co.jp

商場不算大，但勝在食買玩樣樣有齊，而且過條馬路就有其他類型的 shopping mall，非常方便。

購物中心集中地　**Map** 3-2/ **A3**
TOMITON　④

🚕 那霸國內線大樓 1F 搭乘接駁巴士往 Ashibinaa Outlet Mall，
過馬路即達。由機場駕車前往約 12 分鐘

那霸機場就是位於豐見城市，為了方便遊客上機前作最後衝刺，這個新發展區亦開了幾家只有一兩層高的大型購物中心，加上商場前面是個大型露天停車場，與外國的 shopping mall 十分相似，可說比北浜更具美國 feel。當中以兩層高的 TOMITON 規模最大，服裝店、精品店、藥房、美食廣場、遊戲中心一應俱全，比對面的 OUTLET 更多元化。

Joy Jungle 是類似冒險樂園的遊戲中心，有遊戲機、夾公仔、貼紙相機等玩意。

商店介紹

豐崎食品館 1/F、Daiso 2/F	位於同一座建築，1樓是食品超市，2樓是￥100雜貨店。
Yamada 電機 ⌐	大型連鎖家電店
Sports Depo	運動用品店
Golfs	高爾夫球用品店
Right-On	類似 UNIQLO 的地道服飾品牌
Shoe Plaza	大型鞋店
Blue Seal	美式雪糕連鎖店

各層簡介

2/F	Joy Jungle 遊戲中心、飛行體驗館
1/F	美食廣場、藥房、服裝店、精品店

INFO

🏠 豐見城市豐崎 1-411 | 📞 098-995-8595
| 🕙 10:00am-10:00pm | 💲 www.tomiton.
jp| MAPCODE 232 544 553*60

豊見城市

糸満市

南城市

希臘風複合式商場
瀨長島 Umikaji Terrace

⑤

Map 3-2/ **A2**

🚕 那霸機場乘的士約15分鐘，或於單軌列車「赤嶺」站乘免費穿梭巴士前往，每30-60分鐘一班

INFO

🏠 豐見城市瀨長174番地6 | 📞 098-851-7446 | 🕐 10:00am-9:00pm | 🌐 www.umikajiterrace.com | **MAPCODE** 33 002 602*06

在2015年8月開幕的商場，位置坐落於那霸機場旁的一個外島上，由機場前往只需約15分鐘，相當就腳。其最大賣點是超靚風景，由於商場島面向西面，一邊吃些小吃，一邊觀賞日落正是最佳選擇。島上店舖不多，但設計開揚，充滿度假風情。館方更會每晚黃昏安排戶外Live表演娛賓助興，相當具心思，切合治癒系的主題！

海景加上治癒系的白色建築群，相當怡人。

每晚都有Live表演，氣氛熱鬧。

坐在《極少車》馬路旁，一邊吃小食，一邊看海景，一樂也！

免費小巴穿梭商場至單軌列車赤嶺，30-60分鐘一班

推介小店

真正巨無霸
Flooding Burger Chimfugas

　　叫得做氾濫漢堡，原因是老闆出手重，經典的BBQ口味漢堡餐混合漢堡排、煙肉、番茄、生菜，高度超過10cm，上桌時照燒醬汁和美乃滋傾瀉下來，仿如水壩崩塌，場面非常震撼。如果是女孩子，可能要合二人以力才可把大餐KO！

INFO

🏠 4 號店 | 📞 098-851-8782 | 🕐 11:00am-9:00pm | 🌐
https://www.umikajiterrace.com/profile/chimuhugasu/

　　墨西哥飯早在1960年代傳入沖繩，不知何故慢慢跟日本的蛋包飯來個crossover，成為了今天的TacoRice「蛋包飯」。變奏版的「蛋包飯」實情是將飯及配料鋪底，然後放上一層7成熟的厚厚蛋奄列。雞蛋及配料全採用沖繩的農產品，絕對新鮮。

經典Taco蛋包飯，配上煙肉及芝士，是店方的No.1人氣之選。

變奏版「蛋包飯」
TacoRice Cafe

店舖在第二層的高坡上，景觀開揚，又是另一番風味。

INFO

🏠 28 號店 | 📞 098-851-3023 | 🕐 10:00am-9:00pm | 🌐 www.omutaco.com

---

穿越50年的麵食
沖繩そば　もとぶ熟成麵

作為配料的香蔥，比烏冬還要多，還是第一次見！

　　店主擁有超過30年的煮烏冬的經驗，在一次偶然機會下，找到一款50年前的懷舊麵食食譜——選用大量的「もとぶ香ネギ」（即香蔥）做配菜，其特別之處是其香味清淡，質地柔軟，口感相當特別。其後店主更憑這款麵食獲得「海洋博公園」美食比賽的優異獎。

INFO

🏠 9 號店 | 🕐 10:00am-9:00pm

見到「遊食来」這個門口，就是「道の駅いとまん」的所在地了。

知多啲 | **全國道の駅**

道の駅的英文是 Road Station，遍布北海道、東北、關東、中部、北陸、近畿、中國、四國、九州、沖繩等地。沖繩共有6個道の駅，包括最北的ゆいゆい国頭、許田、喜名番所、おおぎみ、かでな，以及位於日本最南端的いとまん。道の駅的成立目的就是為道路使用者提供一個兼備「休憩」、「獲發旅遊情報」及「連接不同地域」3種功能的地方。

日本最南端市場
道の駅いとまん

⑥

Map 3-2/ **A3**

由機場駕車前往約 20 分鐘，或由那霸巴士總站乘坐 89 號往「糸満バスターミナル行」的巴士至「糸満市場入口」站下車即達，車程約 55 分鐘

香港地方細，由柴灣開車去屯門也不過1小時車程。但日本可不同，就以沖繩為例，從南到北最快也要2小時。做乘客可以影相、瞓覺，時間話咁快就過，難為司機要聚精會神駕駛，都咪話唔辛苦。因此，沖繩每個公路出口附近都設有「道の駅」，裡面有洗手間、餐廳、商店，甚至菜市場和魚市場，提供一站式服務幫司機打氣。而這個位於糸滿市的道の駅いとまん，不但是長途車司機和乘客的竭腳點，也是全日本最南端的「加油站」。

解構道の駅いとまん

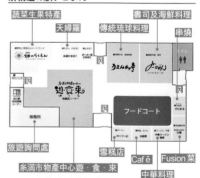

蔬菜生果特產
天婦羅
傳統琉球料理
壽司及海鮮料理
串燒
フードコート
旅遊詢問處
糸満市物產中心遊・食・來
雪糕店
Café
Fusion 菜
中華料理

手 信 總 匯
糸満市物産センター 遊食来

販賣場貨品包羅萬有，沖繩特色和菓子、醬油、果汁、衣飾、玩具等都可以在此找到。美食廣場共有10家食店，分別供應中式、西式與日式美食，當然亦少不了沖繩人最喜歡的雪糕甜品。

買定幾包零食在車上繼續開餐，就不用擔心駕駛長途車時睡著啦！

美食廣場的餐廳雖然不能稱得上高質素，但總算有齊中西日菜給選擇。

歇腳咖啡室
惣菜とお肉のお店イノー

日文名水蛇春般長,其實是由兩間咖啡店組成的建築物。出發前飲杯咖啡提神就最啱,這兒還供應輕怡小食及甜品,總之就是要幫你填飽肚子。

娓美築地
お魚センター

採訪當日就親眼目睹一班香港遊客是如何興奮。「呢度啲魚生平過香港好多呀!」、「嘩!仲新鮮過築地啲魚喎!」、「呢條魚又紅又綠,食唔食得㗎?」只見一班香港人圍著魚檔指手劃腳,個個攞定銀包狂買魚生,就知道這個道の駅的吸引力所在了。

平時行過街市,大家經過濕漉漉的魚檔都會格外小心。難得這個魚市場清潔乾爽,自然夠膽行埋去慢慢揀。

漁民每日都會把漁獲送到市場,其中一部分會用來做刺身,約¥600就有一分,超級鮮甜好味。

搶購新鮮蔬果
うまんちゅ市場

雖然不能帶回香港,統統都是有得睇冇得食,不過見到那些巨型蘿蔔、生菜、苦瓜、粟米,還是忍不住讚歎日本出品賣相總像特別漂亮。

大部分都產自糸滿市,當地農夫大清早收割完即運來賣,新鮮指數爆燈。

就連菜市場都如此光猛開揚,如果香港的街市也是這個模樣,相信女生就沒有藉口不去買菜了。

🏠 糸満市西崎町4-19-1 | 📞098-987-1277 | 🕐10:00am-6:00pm | 🌐http://michinoeki.ti-da.net/ |
MAPCODE 232484107＊03

文化財產食店 Map 3-2/ B4
真壁ちなー ⑦

🚗 那霸巴士總站搭乘89號巴士，於糸滿市下車再轉乘的士。由機場駕車前往約35分鐘

　　出發往真壁ちなー之前，你必須要有心理準備，就是這家店的位置相當隔涉，為了來吃一頓飯，即使自駕遊來回也得花上1小時。不過來過這裡以後，你就會知道時間是花得物有所值的。餐廳坐落的古民家建於明治24年（1891年），已登錄為「有形文化財產」，直至1998年才正式改建並對外開放，古樸風味猶在。店員雖然只能以日語溝通，但全都親切得像朋友一樣；用餐後不妨請他們帶你到庭園走走，感受那分早已在城市喪失了的安逸閒適感覺。

フーちゃんぷる定食
用苦瓜、雞蛋、沖繩豚及麵筋製作的小菜。賣相普通如家常菜，但味道卻出奇地好吃。定食另包味噌湯、沖繩拉麵及白飯。

紅豆湯
紅豆甜而大粒，一點苦味也沒有，加了3粒無餡湯丸，稍稍中和了甜味。

知多啲
古民家風水間格

沖繩夏天經常打風，昔日建造的房子許多都已蕩然無存，保存完好的就只剩下有錢人的居所。只要細心留意，就會發現當時富有人家的居所間隔都很相似，這間屋則沿用古時的設計。

⚫井		
裏座	裏座	裏座
• 土間	床 仏壇	床間
• 廚房	間 二番座	一番座
	緣側	

耕地

家畜小屋

大門

INFO

🏠 糸滿市真壁223番地 | ☎ 098-997-3207 | 🕐 11:00am-4:00pm； 星期日及一休息 | 🌐 makabechina.ti-da.net | 💲 ¥1,000

豊見城市

Map 3-2/ **C5**　戰爭與和平
⑧
平和祈念公園

🚕 那霸巴士總站搭乘 33、46 或 89 號巴士前往「系滿」總站，再轉乘 82 號往「玉泉洞」巴士，於「平和祈念堂入口」站下車。由機場駕車前往約 25 分鐘

坐落於入口的鐘樓是公園的地標。

戰爭令無數人失去至親及家園，摩文仁的丘更是南太平洋戰爭中琉球戰役最激烈的戰場。為憑弔20多萬名死難者，當地人興建了這個佔地約31平方公里的公園，裡面包括平和祈念堂、平和祈念資料館及平和鐘等。每年6月23日更定為「慰靈の日」，屆時將會舉行祭典活動，藉以祈求永久的和平。

『平和の礎』紀念碑上刻了20多萬名死難者的名字，可以想像得到戰爭的殘酷和可怕。

INFO

🏠 糸満市字摩文仁 444 番地 | ☎ 098-997-2765 | 🕐（公園）8:30am-10:00pm，（平和祈念資料館）9:00am-5:00pm；12 月 29 日至 1 月 3 日休息 | 💲（平和祈念資料館）成人 ¥300、小童 ¥150 | 🌐 kouen.heiwa-irei-okinawa.jp/| MAPCODE 232 341 416*37

最南海角
喜屋武岬

Map 3-2/ **A5**
⑨

🚕 由機場駕車約 25 分鐘；糸満口ータリー圓環駕車約 20 分鐘

喜屋武岬是沖繩本島最南端的海角，從懸崖向遠處眺望，巍峨峭壁與壯闊大海的氣勢的確相當懾人。當你讚嘆大自然景色之美的同時，其實這兒卻記載了一段悲慘的歷史。原來在第二次世界大戰時，不少士兵及百姓都被美軍迫至這個海角，最後因無處可逃而跳崖葬身大海。這兒遂建造了一座「平和之塔」，以紀念戰爭的死難者。

『平和之塔』後方的懸崖，是二次大戰時走投無路的日本士兵及百姓跳崖的地方。

INFO

🏠 糸満市喜屋武 | ☎ 098-840-8135（糸満市觀光協會）| 🕐 24 小時 | MAPCODE 232 275 016

豊見城市

糸満市

南城市

沖繩傳統工藝學堂
琉球ガラス村

⑩

Map 3-2/ **B5**

🚕 那霸巴士總站乘搭 89 號巴士前往糸滿總站，再轉乘 82 號往玉泉洞巴士，於「波平入口」下車，步行 1 分鐘

「ガラス」即玻璃，是琉球手工藝文化重要的一環。琉球ガラス村位於糸滿市，是島上最大的玻璃製品生產工場之一，村內正中央有一座巨型的熔爐，用來燒玻璃製品，遊客可觀看整個過程。這裡亦有兩間大型精品店，出售玻璃和陶瓷精品。此外，村內設有一間陶瓷製作室，遊客可在這裡親身體驗陶瓷製作之樂。

這裡的建築全都滲入玻璃元素，連商店的天花板也是七彩的玻璃。

工作人員在巨大熔爐前燒製玻璃，遊客可在外圍參觀。

INFO

🏠 糸滿市字福地 169 番地 | 📞 098-997-4784 | 🕐 10:00am-5:30pm（年中無休）| 🌐 www.ryukyu-glass.co.jp | 💲 免費 | **MAPCODE** 232 336 227

氧氣由船上供應，小朋友不用再背下氧氣筒。

INFO

ICHIMARIN

🏠 糸滿市西崎 1 丁目 37 番 2 號 | 📞 098-994-1419 | 💲 成人 ￥8,100，小童 ￥7,020 | 🌐 http://ichimarine.com/water-bird1_zh-hans.html

Map 3-2/ **A3**　　水底新體驗
⑪　　**Waterbird**

🚕 那霸機場乘的士車程約半小時

沖繩的水底世界充滿魅力，但對於水性不佳或小朋友而言，要穿起沉重的潛水裝備，又要雙腳離地墜進海底，實在是膽量的挑戰。不過 Waterbird 活動的參加者，不但毋須再背下沉重的氧氣筒，印印腳坐在長櫈上欣賞海底美態，甚至餵魚拍照。Waterbird 最多只會下沉至 1.5 至 2 米，絕對是有驚無險的活動。

典藏500瓶百年佳釀
まさひろ酒造 **Map** 3-2/ **A3** ⑫

 由機場駕車前往約15分鐘

創立於1883年的まさひろ酒造同樣是沖繩首屈一指的泡盛釀酒廠，不過造酒過程看一次便夠，來這裡的目的除了免費試飲通過ISO9001認證的得獎泡盛酒與琉球泡盛健康醋外，主要是到2樓展覽廳欣賞曾在二次大戰前後用過的釀酒工具，以及超過500瓶由自家酒廠及其他泡盛廠家出產的古酒。採訪當日就見到有台灣人專程來欣賞這些難得一見的陳年美酒。

参 觀 過 程 逐 格 睇

酒廠出產的泡盛獲獎無數，只要年滿20歲便可免費試飲多款口味的名酒。

營業員比嘉智子英文流利，由她介紹造酒過程，就不用擔心會有溝通障礙了。

① 1樓是銷售處，客人可在此品嘗陳酒和健康醋；另外，就算無預約參觀工場，遊客也可在此透過玻璃窗看到裝瓶的情況。

② 位於2樓的「座間味名酒珍藏」展示了舊式的釀酒工具和500瓶陳年名酒。

INFO

🏠 糸満市西崎町 5-8-7 | 📞 098-994-8080 | 🕐 9:30am-5:30pm（30/12-3/1 休息） | 🌐 www.masahiro.co.jp
| 📝如想參觀造酒工場，於星期一至五事先預約。

文化王國・玉泉洞共有10個主題區，玩勻全個樂園起碼花上半天時間。

沖繩最大主題樂園
おきなわワールド文化王国・玉泉洞

Map 3-2/ **D3** ⑬

🚕 那霸市外巴士總站搭乘 54、83 號巴士，於「玉泉洞前」站下車。由機場駕車前往約 30 分鐘

　　沖繩的水上活動固然多不勝數，就連主題公園亦多過人，不過講到全沖繩最大又最多元化的主題樂園，就一定首推文化王國・玉泉洞。這兒共設有10個主題區，將琉球獨有文化共冶一爐，遊客不但可以欣賞到日本第2大鐘乳洞，也有機會跟毒蛇來個近距離接觸，當然亦不少得製作玻璃、陶器等傳統工藝的體驗工房。

玉泉洞鐘乳石形狀千奇百怪，因而被取名為槍天井、初戀廣場、地煙的竜、黃金盅、青的泉等。

Nihede啤酒
用玉泉洞地底100米的天然泉水釀製，其酵母成分對女性尤其有利。在《國際啤酒大賞》中連續6年獲金獎，褐色的「芳醇」獲金賞，淺色的「爽快」則獲銀賞。

鎖鏈蛇博物公園內也有巨型陸龜這些較可愛的動物供人參觀。

園區簡介

玉泉洞	全長5公里，其中890米對外開放，是日本第2大鐘乳洞，經過30萬年積累成90萬支鐘乳石。
熱帶水果園	園內共有450棵熱帶果樹，分別種植了芒果、木瓜、榴槤共百多種熱帶生果，遊客更可在小賣部隨意試食。
琉球玻璃王國工房及陶器工房	在琉球玻璃工房可欣賞到高溫燒玻璃的過程。另設有體驗教室，讓參觀者製作獨一無二的玻璃或陶器。
琉球王國城邑	城邑內全是由民間遷移過來的百年歷史古民房，裡面設有織布體驗教室。「海外交流歷史博物館」則展示了琉球貿易概況與賣品。
蛇酒藥酒工廠	在這兒可免費試飲多款由蛇精及草藥釀製的蛇酒。
Eisa廣場	每日10:30am、12:30pm、2:30pm、4:00pm都會有傳統祭魂群舞表演。
餐廳王國	供應各式沖繩傳統菜，以接待旅行團為主。
禮品專賣店	售賣玻璃、染布、藥草等手信與工藝品。
琉球王國交易船	展示了當年曾往中國、日本及東南亞一帶展開貿易的進貢船隻南都丸的原貌。
鎖鏈蛇博物公園	飼養了烏龜、蝙蝠、大蟒蛇等以往經常在琉球出沒的動物。每日11:00am、12:00nn、2:00pm、3:30pm、4:30pm有蛇與貓鼬表演。

INFO

🏠 南城市玉城前川 1336 | 📞 098-949-7421 | 🕐 9:00am-5:00pm | 🌐 www.gyokusendo.co.jp/okinawaworld/ | 💲大人 ￥2000，小童 ￥1000 | ❗若不參觀鎖鏈蛇博物公園，可購買「玉泉洞＆王國村」門票，成人入場費減至 ￥1,300，小童則收 ￥650 | **MAPCODE** 232 495 330*28

無敵海景咖啡店
Cafe やぶさち

Map 3-2/ **F3**

⑭

🚕 那霸市內乘搭 39 號巴士，於「新原ビーチ」站下車，步行約 8 分鐘

Cafe やぶさち沿海而建，以無敵大海景作賣點，一望無際的太平洋叫人心曠神怡。店內向海位置全部採用落地玻璃，盡量採納窗外自然光，配合室內全白設計和醉人海景，客人在歡茶時分外舒適。食物方面，店內提供西式午餐和下午茶，也有咖啡和自家製甜品，味道不過不失，但在如此美景當前享用，已不再介懷。此外，地下是拉麵店，雖然沒有海景座位，但想一嘗日式料理者不妨一試。

自家製 Banana Tart

奄列包飯午餐（連沙律及飲品）

選擇坐在室外的話，可一邊吹著海風，一邊喝咖啡。

INFO

🏠 南城市玉城字百名 646-1 | 📞 098-949 1410 | 🕐 11:00am- 日落（星期三休息）| 🌐 www.yabusachi.com | 💲 ￥1,000

室內採用特大落地玻璃，無敵海景一覽無遺。

豐見城市　糸滿市　南城市

背山面海茶居　Map 3-2/ E3

山の茶屋樂水 ⑮

二樓座位全向海，可邊吹海風邊喝咖啡。

🚗 那霸市搭乘 39 號巴士，於「新原ビーチ」總站下車，步行約 10 分鐘。由機場駕車前往約 35 分鐘

與日本其他城市相比，沖繩人的個性一般都比較樸實，這點從當地人氣食店的布置已可見一斑。不過，想在環境一流的餐廳開飯，也不是沒有選擇，好像這家經常被當地傳媒介紹的兩層高茶室，就坐擁背山面海的絕佳景觀。為了讓客人可以一邊歎茶，一邊享受清涼海風，餐廳還刻意將所有特大的門窗打開，涼風送爽自然分外舒適。

衣著貼士
別著穿窿襪
沖繩很多餐廳都要求客人進店脫鞋，著對靚襪來開飯，就不怕出醜於人前啦！

炸紅芋餅
以沖繩特產紅番薯跟糯米搓成，炸過後外層香脆，內裡煙韌，是一道十分可口的開胃菜。

INFO
🏠 南城市玉城村字王城 19-1 ｜ 📞 098-948-1227 ｜ 🕐 11:00am-3:00pm 星期三、四休息 ｜ 💲 ￥1,000 ｜ 🌐 https://sachibaru.jp/yamacha/

三色咖喱雞排飯
日賣 300 分的招牌飯。咖喱採用自家種植的香草炮製，辣味稍經改良後更易入口。

Map 3-2/ F3　人氣泰菜館

⑯ Cafe くるくま

🚗 那霸巴士總站搭乘 38 號巴士，於「知念」站下車，步行 10 分鐘。由機場駕車前往約 35 分鐘

來沖繩吃泰菜未免太浪費吧？那假如我告訴你，這家由泰籍廚師主理的泰菜館，幾乎是當地旅遊書的必食推介時，你又會否覺得一場來到沖繩，不去試試才是走寶呢？菜式是原汁原味的泰式口味，當然是吸引顧客的主要原因；但最引人入勝之處，卻是面向太平洋的絕美景致。即使去過多次泰國的你，相信也未嘗過吹著太平洋海風吃泰菜的滋味吧！

INFO
🏠 南城市知念字知念 1190 ｜ 🕐 星期一至五 11:00am-5:00pm，星期六、日 10:00am-6:00pm ｜ 🌐 http://curcuma.cafe/ ｜ 💲 ￥2,500

非一般海景
浜辺の茶屋
Map 3-2/ **F3**

🚗 那霸巴士總站搭乘 39 號巴士，於「新原ビーチ」站下車，步行約 5 分鐘。由機場駕車前往約 35 分鐘

　　抵達這家位於新原海灘附近的人氣 café 時，只見全店都是人，惟有先去私人沙灘走一會，心想：「裡面靚得過海灘？」15 分鐘後終獲安排入座，才發現從高角度欣賞一望無際的海灘竟漂亮得多。趁著 magic hour 不停拍照，面前香噴噴的薄餅也只好任它放涼了。

豐重芝士薄餅
這兒不止景靚，食物一樣好味，好像共有芝士、香草番茄、沖繩野菜 3 款口味的薄餅，就做得鬆脆可口。

窗口位只有 10 個左右，卻是南部最著名的海景餐廳之一。

攝食貼士
午餐最抵食
逢星期二至日午飯時段提供 Brunch Set，包括有三文治或薄餅加沙律、飲品及甜品，靚景加美食只售￥1,000。

INFO
🏠 南城市玉城字玉城 2-1 | 📞 098-948-2073 | 🕐 星期一至四 10:00am-6:00pm，星期五至日 8:00am-6:00pm|
🌐 https://sachibaru.jp/hamacha | 💲￥800 | ❗ 設英文餐牌，部分店員能以簡單英語溝通。

Map 3-2/ **D3** 勇闖萬年鐘乳石洞
Gangala 之谷

🚗 從那霸機場出發車程約 30 分鐘，在「文化王國」入口對面

　　Gangala 之谷是位於沖繩本島南部的原始叢林，佔地 4 萬 8000 平方公尺。在這裡既能近距離接觸參天古林，亦能深入鐘乳石洞，甚受遊客歡迎。谷中其中一株成長至天際的細葉榕被稱為「森之賢者」，是山谷的看守人。鐘乳石洞內不同形態的鐘乳石據說在十萬年前誕生，壯觀得令人嘆為觀止，而洞口設有的洞穴咖啡廳，必試由玉泉洞地下水製成的獨創咖啡。這裡地方遼闊且地形複雜，一定要跟隨專業導遊參觀。整個行程約 80 分鐘，只有日語解說，但提供翻譯機。

INFO
🏠 南城市玉城前川 202 | 📞 098-948-4192 | 🕐 9:00am-5:30pm，導覽團出發時間 10:00、12:00、14:00 及 16:00 | 💲 導覽團成人￥2,500（12 歲以下免費，惟需家長同行）| 🌐 http://www.gangala.com/| **MAPCODE** 232 494 387*14 | ❗ 1. 導覽團可即場（出發前 10 分鐘）報名，亦可網上預約；2. 除參加導覽團之外，不可進入山谷，但可使用洞穴咖啡廳

南城市
豐見城市 糸滿市

最佳自然之旅 ⑲
海坐 **Map** 3-2/ **F3**

🚗 由機場駕車前往約 50 分鐘

海坐4個房間都不設電視、電話、上網等服務，在「百無」的環境下，反而可以更專心欣賞週遭景致，享受真正的旅遊樂趣。

　　香港人甚少選擇住宿在南城市，其實這兒環境清幽、景點又多，實在是體驗沖繩自然之美的理想場地。好像由中野夫婦開設的海坐，就建在面對太平洋的玉城山岳，附近不但有著名沙灘與海邊茶屋，還可以到牧場騎馬，與那霸熙來攘往的城市景象截然不同。雖然房間連電視電話也沒有，但那分簡約的鄉土情懷反而更堪回味。

INFO

🏠 南城市玉城字玉城字當山 56-1 | 📞 098-949-7755 | 🌐 kaiza-okinawa.com | 💲 每人 ￥9,400/ 晚

⑳
Map 3-2/ **C3**
沖繩南部賞櫻勝地
八重瀨公園

🚗 名護市巴士總站乘 76 號巴士於八重岳入口下車，再步行 20 分鐘。由機場駕車前往約 30 分鐘

　　位於沖繩本島南部八重瀨町的八重瀨公園，是沖繩本島其中一個賞櫻勝地。這裡種植了大約500株「緋寒櫻」（山櫻花），每年的花季，更會在公園舉行盛大的八重瀨櫻花祭。屆時將有沖繩民謠比賽及各種藝能表演。比較特別時除了白天賞櫻，這裡每年都有點燈儀式，招待遊人賞夜櫻，領略與別不同的南國賞櫻風情。

INFO

🏠 八重瀨町富盛 1637 | **MAPCODE** 232 461 260*66

Mid Okinawa
(Chatan / Ginowan / Kitanakagusuku / Uruma / Okinawa / Yomitan)

中部（北谷町 / 宜野灣市 / 北中城村 / うるま市 / 沖繩市 / 讀谷村）

小編好玩推介

San A Hamby Town/
AEON Mall/ AEON Style

琉球村 / 殘波岬 / 中城公園

AEON Mall
● 牛たん仙台「なとり」
● 世界で2番目においしい焼き立てメロンパンアイス
● 五穀

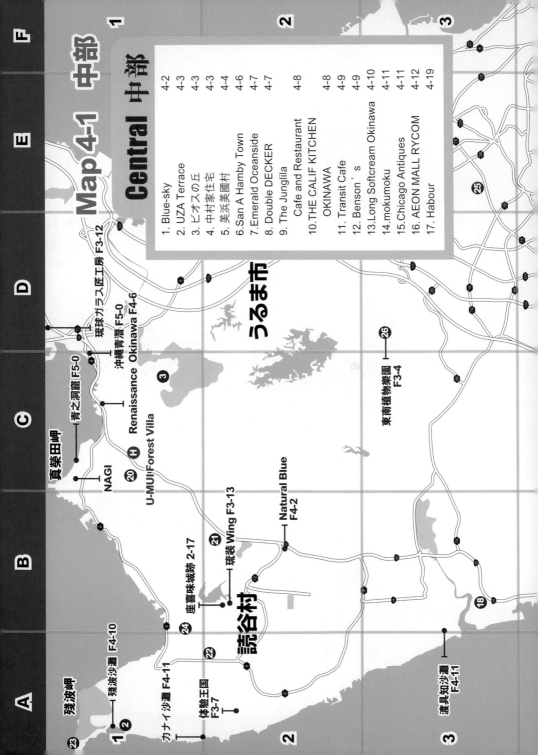

Map4-1 中部

Central 中部

1. Blue-sky	4-2	
2. UZA Terrace	4-3	
3. ビオスの丘	4-3	
4. 中村家住宅	4-3	
5. 美浜美國村	4-4	
6. San A Hamby Town	4-6	
7. Emerald Oceanside	4-7	
8. Double DECKER	4-7	
9. The Junglila		
Cafe and Restaurant	4-8	
10. THE CALIF KITCHEN		
OKINAWA	4-8	
11. Transit Cafe	4-9	
12. Benson's	4-9	
13. Long Softcream Okinawa	4-10	
14. mokumoku	4-11	
15. Chicago Antiques	4-11	
16. AEON MALL RYCOM	4-12	
17. Habour	4-19	

うるま市

読谷村

残波岬

残波岬

カナイ沙灘 F4-10

1. 残波沙灘 F4-11

体験王国 F3-7

渡具知沙灘 F4-11

座喜味城跡 2-17

琉装 Wing F3-13

Natural Blue F4-2

真榮田岬

NAGI

U-MUIl Forest Villa

Renaissance Okinawa F4-6

沖縄青潜 F5-0

琉球ガラス匠工房 F3-12

青之洞窟 F5-0

東南植物樂園 F3-4

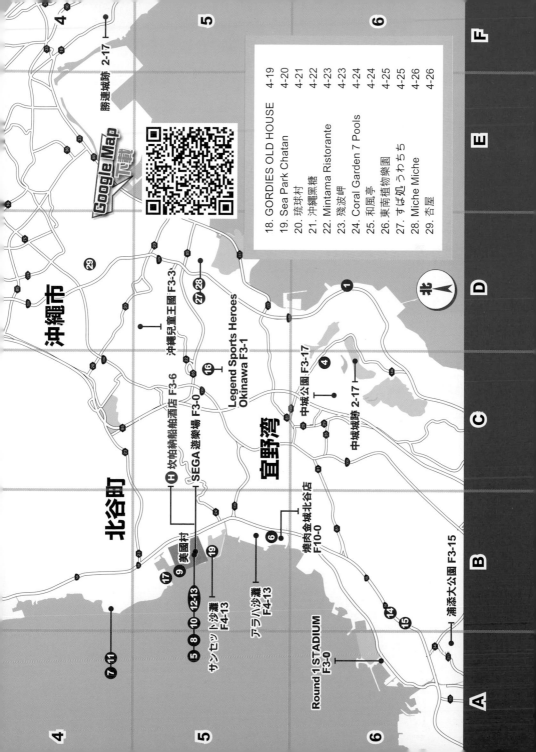

北谷町

沖縄市

勝連城跡 2-17

Google Map 下載

18. GORDIES OLD HOUSE　　　4-19
19. Sea Park Chatan　　　4-20
20. 琉球村　　　4-21
21. 沖縄黒糖　　　4-22
22. Mintama Ristorante　　　4-23
23. 残波岬　　　4-23
24. Coral Garden 7 Pools　　　4-24
25. 和風亭　　　4-24
26. 東南植物楽園　　　4-25
27. すば処 うわちち　　　4-25
28. Miche Miche　　　4-26
29. 杏屋　　　4-26

Ｈ 坎帕納船舶酒店 F3-6
沖縄兒童王國 F3-3
SEGA 遊樂場 F3-0
Legend Sports Heroes Okinawa F3-1

宜野湾

美國村

中城公園 F3-17
中城城跡 2-17
焼肉金城北谷店 F10-0

サンセット沙灘 F4-13
アラハ沙灘 F4-13
Round 1 STADIUM F3-0
浦添大公園 F3-15

北

有教練在後面「墊底」，其實感覺已安全得多。而且教練懂說英語，輕輕鬆鬆有說有笑。10分鐘航程轉眼就過。

玩到飛天　**Map** 4-1/ **D6**
Blue-sky ①

🚗 由那霸機場駕車經北中城 IC 前往約 1 小時

人在沖繩，你會有無數個方法去親近湛藍的海洋。至於想貼身感受那片廣闊無邊的晴朗天空，其實也不是沒有辦法。在當地人的推介下，我們來到中城村久場試玩 Blue-sky 飛行。最初還以為只是一般降落傘，直至教練揹著個大風扇出來，才知道要飛往天上，靠的就是這把風扇和滑翔傘。仍在猶豫之際，教練已急不及待要起飛；還來不及驚慌，已被那海天一色的景色深深吸引。降落時竟覺得10分鐘的飛行旅程不夠喉呢！

Blue-sky 靠風速飛行，同樣亦受風速及風向限制。只要每秒風速超過7.5米就不能起飛，所以出發前最好致電查詢當日情況。

Blue-sky 飛行的主要工具就是這把半個人高的鴻運扇，開著它就可以隨風向在空中滑翔。

Step1

起飛前教練會先揹起風扇，玩家只需安坐布兜中等待教練的指示。

Step2

教練調校好滑翔傘的位置，只要大風一吹，就可以一飛沖天。

Step3

起飛一瞬不覺離心力，四肢懸浮在200米高空，卻出奇地平穩，可放心俯瞰眼底下的珊瑚礁與沖繩市的景色。

INFO

🏠 中城村久場 1943 番地 | 📞 098-942-3600 | ⏰ 10:00am-12:00nn、1:00pm-5:00pm，（11-4 月營業至 4:00pm） | 🌐 www.bluesky-okinawa.com | 💲 ¥ 11,000 / 10 分鐘

一人有一間別墅　Map 4-1/ A1
UZA Terrace ②

🚕 那霸機場乘機場巴士至「波岬ロイヤルホテル」
下車，再轉乘免費接駁專車

　　以陽光海灘馳名的沖繩，度假酒店由平至貴多如繁星。於2016年開業的UZA Terrace坐落於靚海灘如云的本島中部読谷村一帶，全間酒店共有48間Villa，最細的88平方米，最大的竟有256方米。所有大細別墅都設有獨立迷你泳池、客廳和睡房。嫌二人世界悶又可以走到無邊際大泳池暢泳，或在全海景的餐廳享用美食。此外，酒店亦會組織一些旅行團，參觀読谷一帶名勝如殘波岬及真榮田岬等，無論好動或好靜的喜好都照顧周到。

ℹ️ 🏠 沖繩縣中頭郡谷村宇座 630-1 | 📞 098-921-6111 | 💲 88 平方米 Club Pool Villa （包早晚餐）¥ 45,480/ 人起 | 🌐 www.terrace.co.jp/uza/

亞熱帶樂園　Map 4-1/ C1
ビオスの丘 (BIOS 之丘) ③

🚕 由機場駕車經石川 IC 前往約 1 小時

　　ビオスの丘是一個很適合一家大細前來的地方。亞熱帶風情的公園既種植了不同種類的花卉樹木，也有騎牛車、湖上觀光船、獨木舟及站立式獨木舟等活動；更有機會與小豬、山羊作近距離接觸。

ℹ️ 🏠 うるま市 石川嘉手苅 961-30 | 📞 098-965-3400 | ⏰ 9:00am-6:00pm | 🌐 www.bios-hill.co.jp | 💲 成人¥1800 、小童 ¥900

重要文化遺產
中村家住宅
Map 4-1/ C6 ④

🚕 由機場駕車經北中城 IC 前往約 1 小時

　　中村家住宅是一棟建於18世紀的傳統平房，在第二次世界大戰時竟僥倖地沒被焚燬破壞，在1972年開始被列入國家指定重要文化遺產，與鄰近的中城城跡同屬琉球著名的歷史景點。

ℹ️ 🏠 北中城村字大城 106 | 📞 098-935-3500 | ⏰ 9:00am-5:00pm，星期三、四休息 | 💲 成人 ¥500；小童 ¥200 | 🌐 https://www.nakamurahouse.jp/

北谷町及宜野灣

街道上充斥著美式風格的商店。

充滿異國風情的depot Island。

建築外觀特殊的Habu Box。

倒模美式旅遊區
美浜美國村　Map 4-1/ B5　⑤

那霸市巴士總站搭乘 20、28、29 號巴士，或在那霸空港搭乘 120 號巴士，於「軍陸病院前」站下車，步行約 5 分鐘。由機場駕車經沖繩南 IC 前往約 1 小時

沖繩過去被美軍佔領長達27年，原為美軍基地的美國村，利用美軍歸還的土地再往外填海開發而成。如同其名，美國村是一個充滿異國情調的消費娛樂區，也是沖繩年輕潮人的聚腳地。其中 Depot Island 與 depot A、B、C 共12棟建築物，組成北谷最大型的購物中心，設有戲院、餐廳、大型商場、巨型摩天輪等。地標之一的沖繩 T shirt 老店 Habu Box，其不規則波浪形的紅瓦屋簷，猶如童話世界般的建築風格，相當吸睛。數分鐘之遙更有日落海灘 Sunset Beach，防波堤上有著色彩鮮艷的塗鴉，是熱門的打卡地點。

小貼士
假日停車場必FULL

美浜是沖繩最大的購物區之一，每逢假日當地人、美軍或遊客都喜歡來這兒消遣；即使停車場設有超過 1,500個車位，愈近購物中心的位置通常都一早泊滿車。自駕遊又不想行餐死，記住早少少來霸位。

INFO

🏠 北谷町美浜 | 📞 098-926-5678（北谷町觀光協會）
| 🌐 www.depot-island.co.jp

A. Sunset Beach

沖繩雖然已有無數靚景沙灘，不過為了讓美軍可以在自己地頭享受日光浴，因而在沿海位置建造了一個人造沙灘。

INFO
🏠 北谷町美浜 2 | 📞 098-936-8273 | 🕐 4 月 10 日至 11 月 3 日 9:00am-6:00pm（結束時間按月分不同）

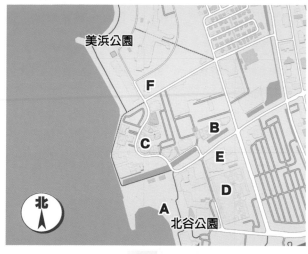

B. American Depot

格局跟洛杉磯的美式雜貨店一模一樣，樓下賣時尚服飾與精品玩具，上層則是古著區，全部衫褲都從歐美入貨，剪裁極靚的牛仔褲更是推介之選。

INFO
🏠 北谷町美浜 9-2 | 📞 098-926-0888 | 🕐 10:00am-9:00pm | 🌐 www.depot-abc.com

D. AEON

不用多作介紹，香港人對這家大型連鎖百貨公司都相當熟悉，服飾、電器、餐廳一應俱全，想買日本小食就要到超市走一趟。

INFO
🏠 北谷町美浜 8-3 | 📞 098-982-7575 | 🕐 10:00am-12:00mn，9:00am-12:00mn（星期六、日）

美浜的 Carnival Park 曾擁有沖繩最大的摩天輪，但已在 2022 年拆卸。

C. Depot Island

美國村裡最大、建築物最多及最色彩繽紛的購物中心，有超過130間商舖及勁多打卡位，一天都未必夠行。

INFO
🏠 北谷町美浜 9-1 | 📞 098-926-3322 | 🕐 10:00am-9:00pm

E. Mihama 7 Plex

沖繩數一數二的大型戲院，跟足美式影院設計，8條院線同時播放不同電影。採訪期間正上映《多啦A夢》，門口就放了一隻大公仔來吸引觀眾。

INFO
🏠 北谷町美浜 8-7 | 📞 098-936-7600 | 🕐 視乎電影播放時間而定

F. Depot Central

美國村最新商場，一共8層，整幢大樓用色都十分鮮艷，令遊客 進入就好像進入主題公園一樣。

INFO
🏠 北谷町字美浜 34-3 | 🕐 10:00am-8:00pm

複合型商場 ⑥ **Map** 4-1/ **B5**

San A Hamby Town 亨比城

那霸市巴士總站搭乘 20、28、29 號巴士，或在那霸空港搭乘 120 號巴士，於「軍陸病院前」站下車，步行約 10 分鐘

比起美國村，亨比城更貼近生活日常，是個集結大型超市、雜貨、藥妝及生活日常用品的複合型商場。商場一共有2層，1/F是食品館及專門店街；2/ 為服裝館。1/F除了有遊客喜歡的 muji 和松本清以外，不得不提超大間食品館，無論是新鮮還是熟食，這邊都有應有盡有，而且價錢便宜，所以很受當地人和遊客歡迎。另外每逢週末亨比城還會舉行沖繩唯一的夜市，主要販售服飾、古著等復古個性服飾，喜歡個性服飾的朋友可以去那尋寶。

INFO

🏠 中頭郡北谷町字北前 1-2-3 | 📞 098-936-9100 | 🕐 9:00am-10:00pm(各店不同) | 🌐 https://www.san-a.co.jp/hambytown/

夜市以賣古著服飾為主，當然也有美食販售。

沖繩老字號牛排店　Map 4-1/ B4 ⑦
Emerald Oceanside

 搭乘 62 號巴士，於「北谷宮城郵便局前」站下車，步行 2 分鐘

這家牛排店位於大樓5/F，可以欣賞到所有海景，所以推薦在日落時分一邊欣賞夕陽一邊用餐。餐廳的招牌菜是丁骨牛排，是一道可以享用到菲力和里脊肉的人氣菜單。牛排先用煎鍋將表面煎得酥脆，再用木炭烤爐慢慢烤熟，不用醬汁也能感受到肉的香甜和木炭的香氣，超級美味！另外店內服務員都會英語，服務也十分親切體貼，所以十分推薦到這裡用餐。

INFO

🏠 北谷町宮城 2-208 アイランドメッセージビル 5F | 📞 098-936-8788 | 🕐 5:00pm-10:00pm | 🌐 https://emeraldoceanside.okinawa/

Map 4-1/ B5　雙層巴士開餐
⑧ Double DECKER

 那霸市巴士總站搭乘 20、28、29 號巴士，或在那霸空港搭乘 120 號巴士，於「軍陸病院前」站下車步行約 10 分鐘。由機場駕車經沖繩南 IC 前往約 1 小時

日本沒有雙層巴士，所以當 Double Decker 店旁停泊了一輛由英國運來的雙層巴士時，當地人個個都想試搭一下。不過對迫慣巴士的香港人來說，由雙層巴士改建而成的餐廳其實不算特別，仍然向大家介紹只因這兒的食物水準相當不錯。餐廳營業時間頗長，每個時段都有不同套餐供應，特別推介這兒的蛋包飯，連當地雜誌都大讚 ichiban。

終於可以在巴士上開懷地大吃大喝。嫌環境侷促的話，巴士外就是兩層高的餐廳兼酒吧。

忌廉雞肉蛋包飯
有咖喱、牛肉及忌廉雞肉3種口味，雞蛋香滑得幾乎可以滑進喉嚨，忌廉雞肉也很鮮嫩，午餐或下午茶有法包、餐湯及飲品贈送，超滿足的一餐。

INFO

🏠 北谷町美浜 9-8 | 📞 098-926-1991 | 🕐 5:00pm-12:00mn，星期一休息 | 💲 ￥1,400

中部廣域

北谷町／宜野灣
北中城村

讀谷

沖繩市

沙漠風海景餐廳 ⑨　Map 4-1/ **B5**

The Junglila Cafe and Restaurant

軍病院前巴士站步行 10 分鐘

坐落於美國村的海邊，一大片海景美不勝收。餐廳三面落地玻璃窗，引進自然光，日落時分點亮枱上的蠟燭，又是另一番情調。室內座位不多但空間感充足。整間店有好幾款不同風格的座位區，有榻榻米、白紗簾藤椅、帳篷區，吧台和窗邊也有韆鞦，姊妹淘來一張「影后」合照，一定呃like度爆錶。一杯飲品由¥600起，不算便宜但坐得舒服，值回票價。

店內招牌帳篷座位。

三面全是落地窗，能看透海邊景色。

沙灘和韆鞦全搬進室內。

INFO

🏠 北谷町美浜 54-1 Makai Resort Chatan 1F | ☎ 098-936-2118 | 🕐 11:00am-9:00pm(關門時間不定)

Map 4-1/ **B5** ⑩ 無敵海景的親子餐廳

THE CALIF KITCHEN OKINAWA

軍病院前巴士站步行 7 分鐘

這家餐廳位於美國村 Seaside 商場第一排位置，所以他們最引以為豪的就是海景露台望出去的景色，他們佈置露台吧台的植物和擺設，營造出溫馨的氣氛。另外他們還是一間親子有善的餐廳，店內規劃了一區小小的兒童遊戲區。餐點方面，餐廳提供了早餐及午餐套餐，還有輕食甜點，種類豐富，加上聽著海浪嘆用美食，遊客可以在這慢慢度過悠閒時光。

INFO

🏠 中頭郡北谷町美浜 9-21 デポアイランドシーサイドビル 3F | ☎ 098-926-1010 | 🕐 8:00am-10:00pm | 🌐 https://thecalifkitchen.okinawa/

絕美海景餐廳 Map 4-1/ **B4**
Transit Cafe ⑪

 由那霸巴士總站乘坐 20、28、29 號，或在那霸空港乘 120 號巴士，至「軍病院前」站下，轉乘的士約 5 分鐘即達

採訪期間盡量都不走回頭路，唯獨去了兩次 Transit Cafe，第一晚 6pm 左右抵達，兩層 cafe 都坐滿外國人，店員抱歉地叫我們明天請早；第二朝甫開店就來到，沒想到已有兩三枱客人在吃早餐，爆場指數在沖繩堪稱數一數二。非拍不可無非是因為餐廳的無敵海景實在靚到嘩嘩聲，加上旅遊局的人大力推介，表示這兒是當地最受美軍歡迎的食店，那當然要去看看有幾巴閉。餐廳平時供應用沖繩縣產食材製作的西餐，晚上則會變身成酒吧，呈現兩種截然不同的風貌。

餐廳樓高兩層，1 樓到晚上則變身成酒吧；9 成都是美國客，同聲同氣十分熱鬧。

 🏠北谷町宮城 2-220 2F | ☎ 098-936-5076 | ⏰ 11:00am-10:00pm | 💲¥1,800 | ❗必須訂位。
設英文餐牌，店員能以英語溝通。

墨西哥沙沙醬芝士薯條

⑫ 著名美式熱狗店
Map 4-1/ **B5** Benson's

ICE DOG

🚕 軍病院前巴士站步行 7 分鐘

已有近百年歷史的熱狗店 Benson's 很受美國人歡迎，每年更會舉辦大胃王比賽。位於 american depot A 大樓下的分店十分搶眼，鮮黃色的小攤檔內售賣多款熱狗和薯條，而芝士、墨西哥沙沙及煙肉味的薯條都非常美味。除了一般的熱狗外，這裡的 Ice Dog 很有特色，熱烘烘的麵包加入冰凍的軟雪糕，吃慢點都會溶掉。

 🏠北谷町美浜 9-12 depot B | ☎ 098-894 3333 | ⏰ 11:00am-10:00pm

日本第一長雪糕 ⑬　　Map 4-1/ B5
Long Softcream Okinawa

🚗 軍病院前巴士站步行 7 分鐘

　　以「￥700的價格提供微笑和回憶」為口號的雪糕店，店內提供不同長度的雪糕和限量限定沖繩特飲。因為沖繩天氣炎熱以及要製作長型雪糕，店內特地調整雪糕的硬度及緊密度的成份比例，才能製作出超長的、口味清爽的低卡雪糕。除了雪糕和特飲，店內還提供雪糕麵包，鹹味的法式麵包包裹著香甜的雪糕，外脆內軟滑，吃得很過癮！

選擇困難的人選混合口味吧！

由普通長度到日本第一長的雪糕，任君選擇。

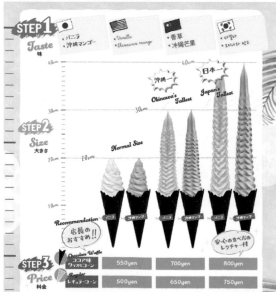

	日本一	沖縄一	普通
STEP1 Taste 味	バニラ／沖縄マンゴー ·Vanilla ·Okinawan mango	香草／沖縄芒果	바닐라／오키나와 망고
STEP2 Size 大きさ	Japan's Tallest 40cm	Okinawa's Tallest 30cm	Normal Size 20cm

	Chocolate Waffle 店長のおすすめ!! ココア味 ワッフルコーン		550yen	700yen	800yen
STEP3 Price 料金	Regular レギュラーコーン 安心の食べ方の レクチャー付		500yen	650yen	750yen

ℹ️ INFO

🏠 頭郡北谷町美浜 9-1 デポアイランドビル D 1 階 | 📞 090-2198-5958 | 🕐 12:00nm-9:30pm | 🌐 https://longsoftcream.business.site/

中部廣域

北谷町/宜野灣
北中城村

讀谷

沖繩市

木製家品　Map 4-1/ B6
mokumoku ⑭

🚕 那霸市巴士總站搭乘 20 號於「大山 (沖繩縣)」站下車，步行 2 分鐘

　　沿著宜野灣市的58號國道上，到處都是美國的中古家具店，而其中就有一家專營木製家具的店—mokumoku。一踏入店內就能嗅到木頭的香氣，店內擺放了桌椅、餐具和時鐘等等，從大型家具到小東西，款式多多。其中以時鐘最受歡迎，每款時鐘都各具特色，由於是手工製的，就算款式相同也不會一模一樣。此外mokumoku接受訂製家具，有想要訂製的可以諮詢店家看看。

整家店都被木製品包圍，十分溫馨。

INFO
🏠 宜野灣市大山 5-17-5　|📞 098-897-5755　|🕐 11:00am-7:00pm
|🌐 https://mokumoku.ti-da.net/

Map 4-1/ B6
⑮ 大型二手雜貨店
Chicago Antiques

🚕 那霸市巴士總站搭乘 20 號於「大山 (沖繩縣)」站下車，步行 10 分鐘

　　Chicago Antiques 最初是一家二手服裝和配飾店，但店主不斷往店內塞她在美國跳蚤市場蒐集來的東西，慢慢變成二手雜貨店。這家店算是沖繩最大間的二手店，店內一共有兩層，從美國入口的商品總共超過1萬樣，從玩具到衣服到家具都應有盡有。如果你是喜歡懷舊復古的東西，這裡絕對會是你的尋寶天堂！

超有歷史感的收銀機！

INFO
🏠 宜野灣市真志喜 1-1-1　|📞 098-898-8100　|🕐 11:00am-6:00pm，
星期日公休　|🌐 https://chicagoantquesonroute58.jp/

全日本最大

AEON MALL RYCOM
永旺夢樂城沖繩來客夢

Map 4-1/ **C5**　⑯

 那霸空港出發 - 高速巴士 152、111、113、123；那霸巴士總站出發 -21、92。 上述巴士可於イオンモール沖繩ライカム下車

　沖繩來客夢曾經是全日本最大的 AEON MALL，佔地超過17萬平方公尺，前身為美軍高爾夫球場。這裡包含了60間店舖、有可容納5,500席的美食區，還有16家嬰幼兒商店的兒童區，樓高5層便集合了超過220家商店。喜歡購物的朋友，這裡可以讓你逛上大半天，無論是日本品牌或者是外國品牌都應有盡有。

 巴士可直達 AEON MALL 門前，回程於同一站上車。

INFO

🏠沖繩縣中頭郡北中城村アワセ土地區画整理事業区域內 4 街區 ¦ 🕙 10:00am-10:00pm（一般商店），9:00am-11:00pm (AEON STYLE)，10:00am-11:00pm（餐廳）| 🌐 http://okinawarycom-aeonmall.com/

限量供應無料巴士車票

旅遊貼士

　假如你入住的酒店在沖繩中部，不妨考慮在回程前先到這裡掃貨，再坐車去那霸空港或那霸市。因為只要在 Aeon Mall 購物滿￥5,000，就有機會獲贈高速巴士152號車票一張（限 Aeon Mall 往那霸方向），而且可以累積1個月內的收據去兌換，但換領車票後必須即日使用，車票限量供應，送完即止。

換取地點：1樓旅客中心

場內設施

商場擁有十多間兒童用品店，加上男女裝、電器、雜貨差不多過百間商店，絕對需要花多點時間血拼！可惜同行的小朋友耐性有限，一旦哭鬧起來分分鐘什麼也行不到。其實商場4樓有個適合六歲以下的室內兒童遊樂區，而5樓亦設有一個戶外兒童樂園。兩個休憩區雖然不大，而且設備簡單，但都可免費使用，讓孩子們放放電。

1/F

沖繩「超人氣」手信店
Washita

那霸國際通有一半商店都是「賣手信」，在AEON RYCOM都不甘示弱，在地面層開設一個「超人氣」手信店，賣的都是有名及熱賣的手信，由精品、零食，以至Jam Market熱賣的可愛沖繩Tee都有發售，真正是一站式手信店！

INFO

🌐 www.washita.co.jp/info/shop/aeonmall-rycom/

運動控必到
Sports Authority

1/F

單聽店名已經知道是運動用品的總匯！鞋款超多，幼童跑鞋以至專業行山跑鞋通通有售。而且以運動類別分區，相當專業。減價鞋款亦相當多，價錢更是劈得狠，PUMA跑鞋￥2,000已有交易。除了運動用品，夏季時大門更有許多水上吹氣玩意發售！

沖繩百貨班霸
AEON STYLE

沖繩地方不大，百貨公司不算多，惟AEON出盡全力，在沖繩各市各區插旗。諾大的 AEON Mall，當然不能錯過她們的自家店。2/F 有超市，3/F有電器家品服裝，4/F有童裝玩具部。雖不算超豪，但勝在價錢大眾化，總會在這裡找到一兩件意外收穫！

2/F
3/F
4/F

Gourment World

3/F   4/F

行得累，想找些少吃，坐下來小休一下，就該來3/F的 Gourment World FoodCourt。這裡由小吃，主食，以至甜品通通包羅。甚至連飲水機都免費提供，真正慳家！讓你在其他店舖繼續血拼！！

FoodCourt最貼心的是提供免費飲用的清水，連紙杯都有提供。用膳後更可在旁邊的洗手盆洗手，無得頂！

3/F   Gourment World

沖繩特色料理
タコライスcafeきじむなぁ

奄列塔可飯是店內no.1的菜品。

沖繩特產塔可飯是根據墨西哥塔可餅演變出來的，塔可飯就是在白飯鋪上辣肉醬、菜絲、番茄、芝士、粟米片等配料。而這家cafe更邪惡地加上奄列，令塔可飯香氣更上一層樓，深受當地人歡迎。在肉醬選擇方面，cafe提供素食肉醬Chili Beans，所以素食者也可以放心吃唷！

INFO
📞 098-923-5880 | 🕙 10:00am-10:00pm |
🌐 https://www.omutaco.com/

章魚燒老字號
築地銀だこ

4/F

在東京起家的築地銀だこ已有20年歷史，以章魚燒賣到街知巷聞，分店不單分布全國，連香港也找到影蹤。雖然是簡單街頭小吃，築地銀だこ卻提供不同口味，如玉子、蔥燒及明太子等，加上秘製醬汁，好吃得令人難以抗拒。

INFO
🕐 10:00am-10:00pm | 🌐 www.gindaco.com/

原味章魚燒￥550，8大粒最啱分甘同味。

3/F

香甜冬甩 **Malasada Garage**

雜誌多推介此店的Pancake套餐，小記卻偏喜愛夏威夷冬甩。雖說冬甩本身不夠香港泰昌中環總店的鬆軟，但topping卻是出奇的好味！今次推介椰子味topping，不太甜，香味四溢，男仕吃一個剛剛好！

INFO
🕐 10:00am-10:00pm (9:30pm last order)

琳瑯滿目的粗點心，是小孩子的天堂。

4/F

便宜粗點心
だがし夢や

粗點心是日本對廉價零食的統稱，由於近年二次元界吹起懷舊風，這些日漸式微的粗點心店又重新回到大眾視線。だがし夢や店內販賣以前舊式零食，像是粟米棒、戒指糖、波子汽水等等，在這裡就算大肆購物也不會花很多錢，想要一嚐日本懷舊零食，來だがし夢や就對了。

INFO
📞 098-931-9195 | 🕐 10:00am-10:00pm | 🌐 https://yumeya-dagashi.net/

等位很難 五穀 *Gourment World* 4/F

飯是每天新鮮獨立烹調。

五穀可以吃到日本最有名的新潟米，最重要是價錢很便宜，款式又非常之多，所以也成為這裡的人龍店。小記這趟足足等了45分鐘才可以入座，坐下來已經餓到要死了！

INFO
🕐 11:00am-11:00pm

加¥200便可以吃到五穀同樣拿手的蕨餅做甜品。

食材來自日本各地，而且分量也相當多，味噌湯更是大大碗，這分定食只是¥1,280。

送上餐時，要用沙漏計時，夠鐘才可以打開飯蓋。

吃個便餐 鎌倉パスタ

Gourment World 4/F

明太子意粉，稍覺意粉較硬身，但配料味道不俗。

煙三文魚Caesar沙律，生菜新鮮，合格有餘。

店名跟內部裝修完全是風馬牛不相及，意粉亦不見得極之出色，何解仍要向大家推介呢？乾淨、快入位、多選擇、坐得舒服。與其要呆等一小時等位，倒不如爽快在這裡吃個「OK啦！」的便餐，爭取時間去血拼！

INFO
📞 098-931-9309 | 🕐 11:00am-11:00pm | 🌐 www.saint-marc-hd.com/kamakura

永遠愛龍貓 どんぐり共和國

宮崎駿的卡通人物專賣店，遍布全日本，但肯定人人見到都想走進去，所以無論有幾多分店，店內都一定會人頭湧湧，如果是宮崎駿的FANS肯定不要錯過。

INFO
🕐 10:00am-10:00pm

4/F

一齊去反斗 ToysRus BABIESRuS

4/F

很多媽咪來到沖繩，都會找玩具反斗城，香港的玩具反斗城跟BABIESRuS是分開的，而來到沖繩這裡的AEON MALL，可以一次過滿足兩個慾望。這裡店面很大，貨品都很齊全，喜歡買小朋友物品的媽咪，不可錯過。

INFO
🕐 10:00am-10:00pm

搞怪雜貨書店
Village Vanguard

Village Vanguard是日本文創品牌，以「好玩的書店」為理念，讓人在逛的時候就像是在尋寶一樣充滿期待。除了書以外，但凡獵奇搞怪、可愛浪漫的東西，或是文具雜貨，甚至服飾配件通通都有。另外書店不定期也會推出限定商品，商品funny又獨一無二，是間深受年輕人受歡迎的書店。

星之卡比的周邊，超可愛的！

INFO
📞 098-931-9361 | 🕐 10:00am-10:00pm | 🌐 https://www.village-v.co.jp/

美日動漫小可愛
Parsley House

可愛的動漫產品，除了Hello Kitty外，還有許多許多。Parsley House就主打迪士尼可愛精品，與及一系列日系任天堂瑪利奧的相關精品。在這裡可以找到一些不太常見的文具精品，OL們不妨來逛一下，為自己沉悶的枱頭增添一些生趣！

INFO
🕐 10:00am-10:00pm

20分鐘配眼鏡
Owndays

Owndays可以用20分鐘就幫你配好眼鏡。快速之外，另一個賣點就是無論任何度數，都是均一價錢，換句話說即是只需負擔鏡框的價錢，絕對是喜歡買眼鏡襯衫潮人的must go shop！

INFO
📞 098-923-2980 | 🕐 10:00am-10:00pm |
🌐 www.owndays.com/jp

￥390雜貨店
THANK YOU MART  **4/F**

日本雜貨店千百款，從主打￥100到￥500的雜貨店都有，而這家 THANK YOU MART 的主打就是￥390以及其他地方沒有的限定商品為主的雜貨店。店內有很多實用的商品，種類繁多，包括衣服、配飾、精品等等，大部份都是￥390。除了衣服雜貨，還有一些古着，都是￥390發售，十分划算。

有時店家會推出特別主題，例如初代PS。

INFO
🕙 10:00am-10:00pm | 🌐 https://www.390yen.jp/

4/F

全場￥300
illusie300

這裡以「增添日常色彩」為概念，所有商品都只是￥300 (未連稅)，從生活雜貨、廚房用具、飾品到貼身衣物都一應俱全，推薦給喜歡時尚簡約及可愛風格的女士們。

INFO
📞 098-923-3437|
🕙 10:00am-10:00pm

反斗書店 未來屋書店

書店坐落在商場大樓旁邊，不算起眼，但內裡卻充滿玩樂色彩。文具雜誌文庫本等一應俱全，最值得一看的卻是童書部，既有大量繪本外，還有玩具角，任小朋友試玩，玩得稱心的又可以即場購買，各位父母要留意荷包大出血呢！

童書部的大樹下有玩具試玩。

INFO
📞 098-931-9370 | 🕙 10:00am-10:00pm | 🌐
www.miraiyashoten.co.jp

強強聯手
Harbor

 由美國村駕車約 5 分鐘

Map 4-1/ B5 ⑰

位於美國村內的朱古力專門店 TIME-LESS CHOCOLATE，與鬆餅專家 Trip Café，聯手打造的新店 Harbor 已於2022年底正式開業。除了原來以馬達加斯加及古巴進口的可可豆來自，結合沖繩的特產黑糖炮製的朱古力飲品外，更有 Trip Café 馳名，每一啖都令人感到幸福的烤布蕾風鬆餅及果汁特飲；一定要試當然包括兩強聯合的朱古力鬆餅。

INFO
🏠 北谷町港 14-14 | 📞 07083421602 | 🕐 10:00am-6:00pm
| 🌐 https://www.tripcafeokinawa.com/

---

⑱ **Map** 4-1/ **B3** 　美國大兵心水之選
GORDIES OLD HOUSE

🚕 軍病院前巴士站步行 15 分鐘

GORDIES OLD HOUSE 坐落於沖繩美軍基地附近，是當地駐守美軍最喜愛的食堂。店家主打美式正宗的漢堡包，大大塊牛肉經過炭火燒烘後熱辣辣上枱，非常有美式豪邁的風格，加上餐廳由裡至外的裝飾布置都大走美國風，令大兵們都有回家的感覺，所以大受歡迎。漢堡包以外，三文治及熱狗水準也極高，幾個人點不同套餐再「些牙」就最開心！

INFO
🏠 中頭郡嘉手納町水釜 189-1 | 📞 098-956-7570|
🕐 11:00am-8:00pm | 📘 Gordies Old House

全年開放的海中公園
Sea Park Chatan

Map 4-1/ **B5**

🚗 那霸市巴士總站搭乘 20、28、29 號巴士，或在那霸空港搭乘 120 號巴士，於「軍病院前」站下車，步行約 5 分鐘

坐落於美國村旁的北谷町漁港漁協碼頭外，由漁業協同組合旅遊資訊中心經營，提供全年開放的海上活動，即使冬天都有防寒衣提供，活動也照樣進行。Sea Park 的設施包括以浮泡搭建的海中公園，還有透明獨木舟、站立式滑板、潛水及賞鯨等活動，最特別是有沖繩獨家的腳踏式水上滑板，可以用雙腳踩踏板前進，更有把手控制方向，較易掌握平衡、一玩就上手。

INFO

🏠 北谷町美浜 54 番地北谷町漁業協同組合旅遊資訊中心 | 📞 098-923-5771 | 🕘 9:00am-10:00pm | 📷
http://www.chatan-information-center.co.jp

	時間	收費(日圓)
1.水遊樂園	60分鐘	2,000 / 1,500(成人/小童)
2.腳踏式水上滑板	60分鐘	3,500 / 5,000(單人/雙人)
3.透明獨木舟＋水遊樂園	60分鐘	2,500 / 4,500(單人/雙人)
4.SUP 站立式划船	90分鐘	9,800 / 8,800(單人/二人每位)
5.遊艇出航	30分鐘	2,000 / 1,800(成人/小童)

沖繩集古村 **Map** 4-1/ **C1**
琉球村 ⑳

那霸市巴士總站搭乘 20 號巴士，或在那霸空港搭乘 120 號巴士，於「琉球村」站下車步行約 1 分鐘。
由機場駕車經石川 IC 前往約 1 小時 20 分鐘

　上次去香港那個集古村已是中學時代，可能因為隔籬飯香，去到琉球村這個巨型集古村，竟然玩足幾個鐘都不覺厭。踏入琉球村就仿如回到200多年前的琉球時代，工作人員固然以古裝扮相示人，就連建築物也屬於那個年代的出品；在這種環境下欣賞傳統的琉染、紡織、陶藝、三味線等文化表演，甚至親身體驗箇中趣味，印象自然特別難忘。

琉球村每小時都有不同表演。演出者會穿上傳統服飾載歌載舞，讓觀眾感受沖繩昔日的獨特文化。

未有機器之前，琉球人製作黑糖就得利用水牛拉動木頭車來轆碎休蔗。

琉球村內共有7座被列入「有形文化財」的舊民家，全部都有逾百年歷史，別具意義。

表演時間	內容	位置
9:20am	艾塞舞表演	中央廣場
10:00am	巡遊	中央廣場
11:00am	島歌演唱	樹精劇場
12:00nn	艾塞舞表演	樹精劇場
1:00pm	島歌演唱	樹精劇場
2:00pm	艾塞舞表演	樹精劇場
3:00pm	島歌演唱	樹精劇場
4:00am	巡遊	中央廣場
5:00pm	島歌演唱	舊西石垣家

*截至2023年5月

昔日的琉球經常有毒蛇出沒，毒蛇園不但有3D短片介紹蛇與搏鬥的情景，更有專人表演捉蛇，臨走記住試食據講美容功效顯著的蛇粉。

INFO

🏠 恩納村字山田 1130　｜ 📞 098-965-1234　｜ 🕐 10:00am-4:00pm
｜ 🌐 www.ryukyumura.co.jp　｜ 💲 成人 ￥1,200；小童 ￥600

揭開養生之謎
沖繩黑糖 ㉑ Map 4-1/ B2

由機場駕車經沖繩北 IC 前往約 50 分鐘

沖繩人長命百歲，其中一個説法跟他們常吃黑糖有關。究竟黑糖有什麼神秘力量，竟能延年益壽，令沖繩人個個老當益壯？「沖繩黑糖」是當地其中一家著名的黑糖生產工場，由種植竹蔗到煉製成黑糖，整個過程都鉅細無遺地開放給遊客參觀。一蚊都唔使就可以揭開黑糖的神秘面紗，而且位置就在旅遊熱點琉球村附近，還有不前來的理由嗎？

除了黑糖食品外，市場也有大量豬肉食品及沖繩手信售賣，就連用來做伴酒菜的豬頭皮都有得賣。豬頭已用醬油醃過，切片即食，¥2,138。

一年時間等收成

沖繩黑糖成立於1987年，工場隔鄰專做火腿製品的オキハム才是母公司，雖然只屬副線產品，員工一樣用心製作。黑糖製作過程不算複雜，只是種植甘蔗需時，每年僅在春夏兩季播種，等1年至1年半才可收成，其餘月分則要好好照顧甘蔗的生長情況，以確保日後提煉出來的黑糖質素。據職員所説，產自12月至3月的黑糖純度最高，品質亦屬上乘之選。

知多啲　黑糖有幾巴閉？

黑糖由甘蔗熬煮而成，甘蔗原產地是印度，製糖方式在380年前經中國傳入沖繩。黑糖純度低而雜質多，蘊含甘蔗中豐富的鈣質、鐵質、維他命 B1 和 B2，有舒緩頭痛、經痛、預防骨質疏鬆、降低膽固醇等作用，且不易致肥和引起蛀牙，比蔗糖和砂糖更具營養價值。

參觀完黑糖製作過程，可到隔鄰購買各式黑糖製品，如黑糖漿、糖果、餅乾、蛋糕等水食。

溫馨提示　黑糖必須寄艙

流質東西不能帶上機，原來杰如麥芽糖的黑糖蜜也只能寄艙。因為黑糖蜜日文叫「水飴」，同樣被視為流質的東西，所以不能放入手提行李。

甘蔗分春天種及夏天種兩種，幼苗生至20至25毫米時會轉用平均培土或高培土兩種種植方法，到12月長出白穗種子則開始成熟，大約半年後便可收割。

読谷村座喜味 2822-3 | 098-958-4005 | 8:30am-5:30pm | www.okinawa-kokuto.co.jp | 毋須預約，工場設於售賣場毗鄰，歡迎自由參觀。

中部廣域

北谷町·宜野灣
北中城村

読谷

沖繩市

木屋裡嘗意菜
Mintama Ristorante

Map 4-1/ **A2**

🚕 那霸市巴士總站搭乘 28 號巴士,於「宇座公民館前」站下車,轉乘的士約 5 分鐘。由機場駕車經石川 IC 前往約 1 小時 20 分鐘

躲在冷氣開放的餐廳裡,又怎能真真正正享受到沖繩的和煦陽光與清爽海風?因此沖繩許多開在海邊的食店都不設空調,Mintama Ristorante 就是其中一家。餐廳本身的建築物是幢有近百年歷史的赤瓦木屋,供應的雖是意大利菜,香料和烹調方法也源自正宗意大利風格,但食材全都來自沖繩,因此菜式集合了兩地特色,卻又不是兩頭唔到岸的 fusion 菜。

MahiMahi番茄黑醋醬茄
深海魚 MahiMahi 煎得外脆內嫩。配上玫黑醋及橄欖油醃製過的番茄,醒神之餘又添香濃魚味。

炸紅芋
將沖繩特產紅芋蘸上薄脆漿去炸,甜絲絲的紅芋外皮香脆,是一道不錯的開胃菜。

INFO

🏠 読 谷 村 長 浜 1787-5 | 📞 098-958-6286| 🕐 6:00pm-10:00pm(周日休息) | 💲 ￥2,500 | 🍴 設英文餐牌,部分店員能以簡單英語溝通。

登上28米高的燈塔,便可將殘波岬懸崖的不同景色一覽無遺。

23
Map 4-1/ **A1**

人氣景點
殘波岬

🚕 由那霸巴士總站乘坐 28 號巴士,至「読谷バスターミナル」站,轉乘的士約 10 分鐘即達;由機場駕車經石川 IC 前往約 1 小時 20 分鐘

殘波岬是海邊一個延綿兩公里的斷崖,草原與大海交織成一幅美麗的圖畫,是沖繩其中一個必去景點。

殘波岬是沖繩的人氣景點,那座白色燈塔亦是《戀戰沖繩》的拍攝場地之一。殘波岬位於読谷村西北端,連綿2公里的斷崖由隆起30米的珊瑚礁構成,周邊修建了散步道、廣場、海灘等設施,是著名的潛水和垂釣熱點。想看遠一點可登上燈塔,東海美景即時映入眼簾,天氣晴朗的話更可看到粟國島、渡名喜島、久米島等島嶼景色。

INFO

🏠 読谷村宇座 | 📞 098-982-9216 (谷村役場建設經濟部商工光課) | 🕐 24 小時 (燈塔 3-9 月星期六、日 9:30am-5:30pm,星期一至五 9:30am-4:30pm;10-2 月 9:30-4:30pm) | 🌐 www.odnsym.com/spot/zanpa.html | 💲 燈塔 ￥200 (中學生以上) | **MAPCODE** 1005 685 326

Map 4-1/ **B1**

㉔

超抵住海景豪宅
Coral Garden 7 Pools

読谷巴士總站搭乘 28 號或 29 號巴士，於「読谷巴士總站」下車，轉乘 48 號巴士於「長浜」站下車，步行約 10 分鐘。由機場駕車經石川 IC 前往約 1 小時 10 分鐘。

有人甘於屈屈質質瞓 hostel，亦有人非住 5 星級酒店不可。假如你屬於後者，卻自問沒有過億身家，那就強烈建議你入住這幢樓高 5 層的別墅。別墅頂層是主人房、客房與衣帽間；3 樓是多用途空間及浴室；2 樓為客飯廳、廚房及露台；1 樓是停車場和正門；地下則是泳池，設備齊全得可跟示範單位媲美。每棟別墅最多可供 4 人入住，最啱要求安靜居住環境的旅客。

別墅共有 5 幢。每幢各有獨立樓梯直達唯一共用的 1 樓泳池。

客房設有落地玻璃，躺在床上已可欣賞無敵大海景。

INFO

🏠 読谷村長浜 718-3 | 📞 098-958-7565 | 🌐 www.coralgarden7pools.com | 💲 雙人房 ￥15,500/ 晚起

大路日本菜
和風亭
㉕

Map 4-1/ **E3**

由機場駕車經沖繩北 IC 前往約 1 小時

沖繩人的飲食習慣與眾不同，抱著狂食壽司刺身的心態去沖繩旅遊，最後一定會大失所望。假如真的無壽司不歡，介紹你去當地最具規模的連鎖食店和風亭吧。在那霸、南部、中部、北部、宮古島與石垣島共設有 16 間分店的和風亭，除了沖繩料理外，也供應多款壽司刺身，其 90 分鐘任食縣產熟成豚放題與女性御膳也很受歡迎。

女性御膳
為女士而設的御膳分量雖已減少，但一樣有齊沙律、味噌湯、天婦羅、燉蛋等多款小菜。怕天婦羅肥可換成關東煮，相當貼心。

Check Point

與那霸新都心 Naha Main Place 屬於同一集團的 Main City 具志川就在餐廳附近，食完飯可以去這個中部最大的百貨公司繼續 shopping。

地址：うるま市字江州450-1
電話：098-974-1300
營業時間：10:00am-12:00mn

順道購物

INFO

🏠 うるま市字高江洲 1026-9 | 📞 098-974-3001 | 🕐 10:30am-10:00pm | 💲 ￥2,000 | 🌐 www.san-a.co.jp/store/restaurant/wahutei.html

用五感體驗的植物園
東南植物樂園 ㉖ Map 4-1/ D3

🚕 乘坐那霸巴士 90 番於農民研修センター前バス亭下車，轉乘的士約 3 分鐘到達

東南植物樂園有 1300 種、5 萬株以上的植物，是日本最大的戶外植物園。東南植物樂園分為水上樂園及植物園兩區。園內種有珍罕的植物如日本第一高的亞歷山大椰樹、馬達加斯加猴麵包樹，與及樹幹受傷時會流出紅色樹液的龍血樹。除了靜態的樹木，園內飼養著水豚、松鼠猴及山羊等小動物，讓小朋友可以近距離接觸。

晚上園內會亮起燈色，非常耀眼。

可愛的水豚君。

🏠 沖繩市知花 2146 | 📞 098-939-2555 | 🕐 9:30am-10:00pm(營業時間可能有改，請留意官網） | 💲 大人（18 歲以上）￥2600；青年（13-17 歲）￥1400；兒童（4-12 歲）￥800 | 🌐 https://www.southeast-botanical.jp/

Map 4-1/ D5
㉗ すば処 うわちち
炙燒五花腩

🚕 由那霸巴士總站乘坐 30 號巴士，至「比屋根」站，下車步行約 5 分鐘即達

不是當地人帶路，也不知道沖繩市這個沖繩縣第二大城市竟然隱藏著那麼多特色美食，深受街坊歡迎的すば処 うわちち就是其中一家。老闆玉城芳信做了三枚肉（五花腩）沖繩拉麵幾十年，一直堅持用火逐塊肉慢慢烤熟，鎖住肉汁之餘，肉質也特別軟腍，加上日式芥辣更覺惹味可口。記者與攝影師一向對五花腩零興趣，但這碗麵卻食到連湯都有得剩。

あぶり軟骨そば
あぶり是炙燒的意思，其他食店食方便都用炆的方法烹煮三枚肉，唯獨這兒的老闆數十年來都堅持用火將肉烤熟，香濃惹味，與彈牙拉麵簡直是絕配。

不喜歡國際通等遊客區的商業化食店，這種遠離遊客區的街坊餐館應該會深得你心。

🏠 沖繩市比屋根 1-16-27 | 📞 098-933-6009 | 🕐 星期一至六 10:00am-3:00pm

英式糕點
Miche Miche

Map 4-1/ **D5**
㉘

由那霸巴士總站乘坐 30 號巴士，至「比屋根」站，下車步行約 5 分鐘即達

　店長吉長みり佳年輕貌美，她所做的蛋糕一樣內外兼備，不但賣相媲美酒店出品，香滑鬆軟的質感更叫人回味無窮。她隻身飛往倫敦修讀翻譯，沒料到被當地的甜品深深吸引，便在 The Savoy 酒店學藝3年。回到日本後，在酒店當了兩年甜品廚師，最終完成開蛋糕店的心願。

Opera
朱古力味道香濃，配上咖啡與忌廉後層次感更豐富。面層灑上小撮金箔，令賣相更精緻。

Mont Blanc
招牌栗子蛋糕，栗子蓉粗幼均勻，中間的忌廉軟心鬆化可口。由於甜度適中，吃了一整件也不覺飽滯。

🏠 沖繩市比屋根 1-7-23 | 📞 098-933-5500 | 🕐 11:00am-7:00pm；星期三及四休息 | 💻 www.miche-miche.com | 可保存 1 至 2 日

Map 4-1/ **D4**
㉙

豪裝和食店
杏屋

由那霸巴士總站乘坐 30 號巴士，至「照屋入口」站，下車步行約 5 分鐘即達

　杏屋在沖繩共有7家分店，其中兩間就位於遊客較常去的新都心和豐見城市。決定介紹偏遠的宮里分店，是因為餐廳會以不同主題示人，當中又以建有大水池的宮里店最有特色。一如大部分日本餐廳，客人先要脫掉鞋子，然後再繞過水池到「水之屋」用餐。每個個室都設有透明地板，低頭向下望已是潺潺流水，極富情調。

沖繩炒麵
沖繩傳統炒麵，通常會與苦瓜、野菜絲、豆腐、豬肉或魚同煮，是品嘗沖繩拉麵的另一種食法。

餐廳內其中6個和室設在「水之屋」，池畔另有3間大房與13間小個室，私隱度十足。

🏠沖繩市宮里 3-3-3 | 📞 098-938-5997 | 🕐星期一至四 6:00pm-3:00am，星期五至日 6:00pm-5:00am | 💻 http://www.anzuya.jp/kozaten.html | 💲 ￥2,000 | 「水之屋」座位有限，必須預約。設英文餐牌，部分店員能以簡單英語溝通。

Northern Okinawa （Motobu/ Onna/ Nago/ Nakijin）

北部 （本部町/ 恩納村/ 名護市/ 今歸仁村 ）

小編好玩推介

海洋博公園及美ら海水族館
/ 海中展望塔/ Busena Terrace
海灘/ 萬座毛/ 宣田棠岬/
名護鳳梨園/ Orion 啤酒廠/

大家/ Rumble Fish @ Busena
Terrace

F | E | D | C | B | A

1 | 2 | 3

なきじん海辺の宿 F4-4

今帰仁村

翡翠沙灘 F4-9

もとぶ元氣村 F3-13

H Orion酒店 F3-5
備瀬マリンレジャー F4-3

1 海洋博公園

H Ala MAHAINA CONDO HOTEL F11-2

森のガラス館 F3-12
琉球窯 F3-19

21世紀の森ビーチ F4-13

本部町

瀬底島

名護市

Google Map 下載

Map 5-2
北部

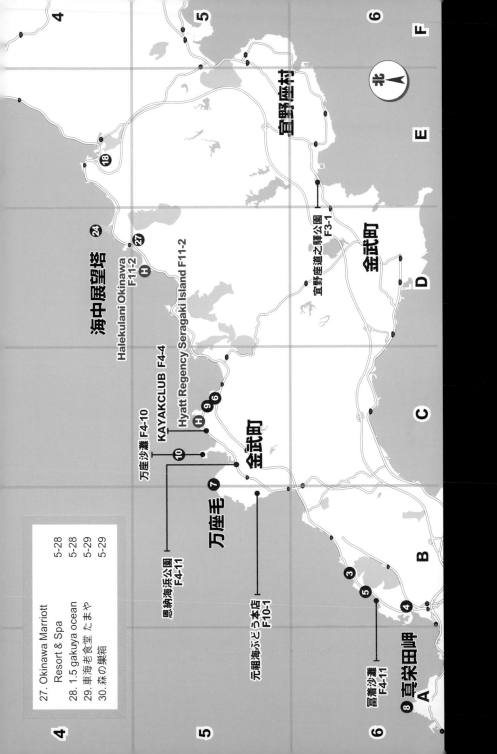

海中展望塔 ㉔

万座毛 ❼

真栄田岬 ❽

宜野座村

金武町

金武町

Halekulani Okinawa
F11-2

KAYAKCLUB F4-4

Hyatt Regency Seragaki Island F11-2

宜野座道之駅公園
F3-1

万座沙灘 F4-10

恩納海浜公園
F4-11

元祖海ぶどう本店
F10-1

冨着沙灘
F4-11

北

F　　E　　D　　C　　B　　A

4　　5　　6

玩足全日攻略

海洋博公園

Map 5-2/ C1

①

本部

🚕 名護市巴士總站搭乘65、66、70號巴士，於「紀念公園前」站下車。由機場駕車經許田IC前往約2小時20分鐘

　　根本毋須想出100個理由來游說你去海洋博公園，因為到沖繩旅遊的其中一個目的，就是要來這個集合了美ら海水族館、海豚Oki-chan劇場、海洋文化館、翡翠海灘、熱帶·亞熱帶都市綠化植物園、熱帶夢幻中心、沖繩鄉土村等11個主題區的大型公園遊覽。唯一要提醒大家的是海洋博公園面積極大，不好好控制時間，絕對沒可能玩盡每項設施。

熱帶夢幻園

海洋文化館

沖繩民俗村

盤古森林

恩納村

名護

今帰仁

海洋博公園設施一覽

迎賓廣場 免費	海洋博公園綜合諮詢處，可在此獲得公園一切資料。
美ら海水族館	世界最大規模水族館，以「再現沖繩美麗大海」為主題。 入場費：成人￥2,180、小童￥710
翡翠海灘（Emerald Beach）	入選為「日本の水浴場88選」之一。
海豚Oki-chan劇場	每日都會準時上演跟海洋公園的海豚劇場有8成相似的海豚表演。
熱帶夢幻園	展示逾2,000種蘭花，還有大型亞馬遜水族箱與展望台。 入場費：成人￥760、小童￥550
沖繩民俗村	重現17至19世紀琉球村落的面貌，「Omoro植物園」內展示了《Omoro歌謠集》所詠讚的植物。
海洋文化館	介紹亞洲、南太平洋地區以及琉球時代的航海歷史，天象儀劇場也很受歡迎。 入場費：￥190，中小學生及小童免費
兒童樂園	提供多種遊樂設施供小朋友耍樂。
熱帶·亞熱帶都市綠化植物園	設有萬國之森、酸性植物、熱帶植物等11個展區，地標為用鮮花砌成的立體花壇。
盤古森林	大片空地供遊客自由活動。
夕陽廣場	欣賞日落的好地方，設有43種道具供小朋友玩耍。

INFO

🏠 国頭郡本部町字石川424番地 | 📞 098-048-2741 | 🌐 oki-park.jp/kaiyohaku | 🕐 8:00am-6:00pm（10月至2月）；8:00am-7:30pm（3月至9月）；12月第1個星期三及四休館 | 💲 部分免費，6歲以下小童全部免費 | MAPCODE 553075409

每日不同時段有餵飼鯨鯊節目，只要站在黑潮缸前，就可以欣賞鯨鯊張大嘴獵食的有趣場面。

世界第一 • 美ら海水族館 1a

這個叫不少人發夢都想去的水族館就位於海洋博公園內。水族館樓高4層，共分成9個主題區，只要跟足以下指引慢慢行，就可以一次過欣賞到8米長的鯨鯊、魔鬼魚、黃鰭吞拿魚、鯊魚、活珊瑚礁等海洋生物。另外，記住夾啱時間到館外欣賞海豚劇場，隔鄰的海龜館與海牛館亦同樣值得一遊。

2 小 時 參 觀 路 線

1 礁湖生物 (3/F)

位於入口處，展示了海星、海參、海膽、珊瑚礁各種生長在沖繩附近海域約50呎深的海底生物。參觀者可觸摸活海星及貝殼類生物，近距離觀察沖繩珊瑚礁的生態。

2 珊瑚之海 (3/F)

從鄰接海洋直接注入海水，並在陽光照射下養殖了超過800群珊瑚。鹿角珊瑚、黃杯珊瑚、蘑菇珊瑚等品種已在水族館培育5年以上，全都以自然方式生長並呈現眼前。

3 熱帶魚之海 (3/F)

飼養了多個品種的熱帶魚，牠們大多色彩鮮艷，與暗淡的珊瑚群形成強烈的對比。另外還有種類繁多的生物棲息，叫人大開眼界。

4 珊瑚世界 (2/F)

將不同種類的珊瑚放在小魚缸內養殖，並以日文及英語詳細列明品種及特性，加深參觀者對珊瑚的認識。

5 珊瑚礁之旅小水槽 (2/F)

總共設有30個魚缸，養殖了多種在淺水區生長的海洋生物，好像小丑魚、神仙魚、雀鯛、銀鱗鯧、龍蝦等。

6 水邊生物群 (2/F)

這兒所展示的椰子蟹、沖繩島蟋蟀、花鰻鱺等在水邊生活的海洋生物雖然其貌不揚，卻全都屬於瀕臨絕種的稀有生物。現放在館內悉心養殖，故欣賞價值極高。

7 黑潮之海 (2/F)

整座水族館的主角就是超巨型的黑潮之海！這個叫沖繩人引以為傲的巨大魚缸高10米、寬35米、長27米，儲水量達7,500立方米，是目前世界最大的魚缸。魚缸模擬水深200米的海底環境，飼養了多種珊瑚、熱帶魚和魔鬼魚，當中人人搶著要爭看其風采的，就是世界第一條成功長期飼養的鯨鯊。現時館內共養了3條身長8米的鯨鯊，細心留意還可以見到鯨鯊BB騎著媽媽的背在水中暢泳。

8 鯊魚博士研究室 (2/F)

鯊魚數目不算多，這個展館卻非常值得參觀。這兒詳細介紹了400款鯊魚的特色，並展出了鯊魚嘴巴的標本，你還可以摸摸各種鯊魚皮的質地，原來有滑有啦，相當有趣。

9 深層之海 (1/F)

即使玩開潛水亦未必有機會見識到生長在200米以下的深海生物，這些魚類和螃蟹或者不及淺水魚漂亮，但有些魚竟然會發光，絕對是前所未見。另外，你亦可以在「深海探險部屋」體驗600米水深的水溫是如何冰冷。

館內解說節目（翻譯機不適用，只設日文解說）（冬季與夏季時間會有差別）

礁湖生物（觸摸池）	10am、2pm（由飼養員使用水底攝錄機進行詳細解說）
珊瑚之海	10:30am、12:30pm、2:30pm
熱帶魚之海	11am、1pm、3:30pm（1pm 為餵飼解說）
美海劇場 （共三套影像）	活在美麗海：9am、*11am、12nn、*1pm、4pm、*#6:30pm 沖繩 黑潮之海：10am、*11:30am、1pm、*2pm、*4:30pm、5:30pm 沖繩 珊瑚礁之海：*10:30am、*12nn、1am、2pm、*3:30pm、*5:30pm、#6:30pm * 僅限星期六、日及公眾假期上映 # 僅限3月至9月上映
快樂海洋研究室	11am、2pm
黑潮之海	11:30am、9:30pm（鬼蝠魟餵飼時間）、*1:30pm、*3pm、*5pm * 鯨鯊餵飼時間
黑潮探險之旅	9:30am、10am、10:30am、6pm、#6:30pm、#7pm # 僅限3月至9

抵食望海餐廳 • Inoh 1b

遊畢水族館，可以去2/F 的海景餐廳吃午餐或吃個小食。這裡風景一流，左方可望海豚劇場，右方是沙灘靚景。午市是自助餐，成人只收1,520yen/位，相當抵食！4:00pm 後有小吃及拉麵供應，即使是自駕遊，都可以點一杯無酒精冰凍啤酒嘆一下！

INFO

🏠 国頭郡本部町字石川 424 番地 | 📞 098-048-2745 | 🕐 早餐 9:00am-10:30pm；自助午餐 11:30am-4:00pm；單點 4:00pm-7:00pm（冬季與夏季時間會有差別）| 🌐 churaumi.okinawa

旅遊貼士

嚴禁自拍神棍

2016年5月館方開始在水族館內禁用自拍神棍，敬請大家留意了！

必遊 • 水族館精品店 1c

從水族館遊畢後，就會直接進入精品店。這裡的精品相當抵買，而且種類繁多，最重要的是「真真真」精美，除非閣下無欲無求，否則一定忍不住手買一兩件。

本部

恩納村

名護

今帰仁

10月至2月期間，海豚劇場每天上演4場，3月至9月期間則每天5場，每場約15分鐘。

精彩絕倫 • 海豚劇場　1d

離開美ら海水族館後，精彩節目陸續有來，最不容錯過的首推海豚表演劇場。劇場由1975年演出至今，已訓練過無數隻會唱歌、伸腰、握手、空中翻滾的海豚，全部都得意可愛。看完表演後，也可步行前往附近的海龜館、海牛館與翡翠沙灘，繼續體驗沖繩的海洋世界。

海豚表演

地點：海豚Oki-chan劇場

時間：10:30am、11:30am、
　　　1:00pm、3:00pm、
　　　5:00pm

遊園小貼士

電動遊覽車

海洋博公園地方實在太大，除分別設有南口、中央及北口3個免費停車場外，樂園內亦有電動遊覽車接載遊客穿梭不同主題區。

無料翻譯機

不想錯過場內的廣播介紹，出發前可致電098-048-3740免費預約設有普通話、英文、日語、韓語4種語言的翻譯機，便可明白各場館的說明。

收藏介紹卡

入園後不妨儲起1套16款的介紹卡。以硬卡咭紙印製相當精美，將水族館的特色全輯錄在上面，值得珍藏。

INFO

🏠 国頭郡本部町字石川 424 番地 | 📞 098-048-3748 | 🕐 8:30am-8:00pm（3月至9月）；8:30am-6:30pm（10月至2月）；12月第1個星期三及四休館 | 🌐 oki-churaumi.jp | 💲 成人 ￥2,180、小童 ￥710 | ✏ 遊客可在即日內出入場館，只要離開時向職員說一聲，他們就會在你身上蓋印，憑印便可再次入場。

特色餐廳

想一邊食飯一邊欣賞「黑潮之海」，可到2樓 Cafe Ocean Blue 用餐；而4樓 Inoh 餐廳則可遠眺地平線與伊江島美景。

日本雜誌力推 **Map** 5-2/ **D1**
ピザ喫茶花人逢 ②

🚗 名護市巴士總站搭乘 65、66、70 號巴士,於「本部高校前」站下車,
轉乘的士約 15 分鐘。由機場駕車經許田 IC 前往約 2 小時 30 分鐘

本部

恩納村

名護

今帰仁

這家人氣爆燈的茶居只供應薄餅、沙律兩款
食物。假如你是那種食成個pizza都不覺飽的
人,建議你出發前先填飽肚子,免得掛著抱怨
而影響欣賞靚景的心情。店舖位處深山,食物
方面也幾乎沒機會給顧客選擇,卻依然得到日
本旅遊雜誌「まっぷる」大力推介,讓這裡被綠
樹林蔭包圍的古宅坐擁180度無敵大海景,及其
古民家風的環境!別說香港,就連日本也難找
到一個寬敞古樸的庭園擁有如此美好的景致吧。

野菜沙律
用新鮮沖繩縣產蔬菜製造,加上
日本黑醋沙律汁,好食又醒胃。

花人逢特製pizza、芒果汁
即叫即製的芝士薄餅足足有30厘米,相等於一個
大批的大小。兩個人夠食有餘。

在赤瓦屋頂的古房子用餐別具情調,無敵大海景更叫人抗
拒不了,即使路途遙遠又要等位,回想起來也是值得的。

為襯托於居的古雅風情,餐
牌用摺扇來做,相當有特色。

餐怡由古董農車改裝而
成,那份心思值得欣賞。

揸車小貼士
跟路牌免迷路

自駕遊的朋友留意,雖然
輸入電話號碼可找出目的
地,不過抵達後就會發現
只來到山腳位置。其實只
要依照沿途的指示牌前
往,就不怕在深山迷路。

INFO
🏠 国頭郡本部町山里 1153-2 ｜ 📞 098-047-5537｜ ⏰
11:30am-7:00pm;星期二、三休息 ｜ 💲 ¥2,400｜
kajinhou.com ｜ ✏ 設英文餐牌,只限現金。

日本人親子度假首選 ③ Map 5-2/ B6
Rizzan Sea Park Hotel Tancha Bay

那霸空港乘酒店專線巴士直達，或駕車經石川 IC 前往約 1 小時 10 分鐘

酒店同時可供新人在教堂進行婚禮。而這座 Le AngeMarry 教堂更是沖繩唯一一間兩層高的教堂，認真巴之閉！

沙灘非常廣闊，長約800m。而且就在酒店大樓正前方，出入相當方便。

去外地玩有一條必對的定律：當地人熱捧的，不會差的！這家度假酒店擁有近800間客房，而且90%以上的客人全是日本人，可想而知酒店質素有保證！

酒店的配套相當全面，由餐飲至玩樂設施，都同時能夠顧及小朋友、青少年以及成年人。是全家上下親子度假的第一選擇。

沙灘和泳池連在一起，小朋友就最愛玩完沙後，來泳池玩跳水！

酒店還設有電子遊戲室。每局均一價￥100。有『骨灰級』的賽車，亦有『較新』的射擊RPG，甚至夾公仔，以至推銀機都有！

INFO

🏠 恩納村字谷茶 1496 | 📞 098-964-6611 | 💲雙人房 ￥11,200/ 晚起 | 🌐 www.rizzan.co.jp

食物最強哈爾移動城堡
Nakadoma Inn

 Map 5-2/ **B6**

🚗 由機場駕車經許田 IC 前往約 2 小時

這座民宿外形像極一幢灰色城堡，每間房都有個廣闊露台，可以飽覽國道58號的優美景色。旅館共有17間客房，分別可容納1至4人，所有木製家具都在峇里島訂造，風味與別不同。值得一提是居酒屋「我空我空」，一洗民宿餐廳家庭式經營的風格，供應多款傳統琉球料理與自創菜式，在當地頗有名氣。此外，這兒距離沖繩著名景點萬座毛僅10分鐘車程，十分方便。

每間客房的裝潢各不相同，雖稱不上豪華，但有齊電視、DVD機、上網等設備，最適合離開資訊世界的人。

海葡萄沙律
以吞拿魚、鱆魚及沖繩名物海葡萄做成。海葡萄粒粒晶瑩通透、海水鮮味十足，是鎮店招牌菜。

民宿外貌像古堡，最多可容納41位顧客入住。

INFO

🏠 国頭郡恩納村前兼久 258 | 📞 098-982-5337/ 098-965-1017(我空我空)
| 💲 雙人房 ￥14,300/ 晚起 | 🌐 https://www.buzz-resort.com/

5-11

浪漫滿Fun ⑤ Map 5-2/ B6
Sun Marina Resort

🚕 那霸空港乘酒店巴士直達（每日對開6班），或駕車經石川IC前往約1小時20分鐘

　這裡極受香港遊客歡迎，特別是新婚兩口子的朋友。房間闊落，裝修新淨，比旁邊的Rizzan Sea Park感覺更浪漫新潮。酒店的水上活動較適合成人，如水上電單車等。Resort最大賣點是對出海邊有一海上長堤，跟情人拖手漫步，看著日落是何等浪漫之事。此度假村極之搶手，要book就快手！

INFO

🏠 郡恩納村字富着66-1 | 📞 098-965-2222 | 💲 ￥12,600起/晚 | 🌐 https://www.marriott.co.jp/hotels/travel/okasi-sheraton-okinawa-sunmarina-resort

---

パイさい（4合1口味）
共有水雲、芝士、紅芋、沖繩小檸檬4種口味，外層酥脆餡料也不算太甜，用焗爐烤一下會更好食。

Map 5-2/ C5 ⑥ 手信版首里城
御菓子御殿

🚕 那霸市外巴士總站搭乘20號巴士，於「瀨良垣」站下車，步行約1分鐘。由機場駕車經石川IC前往約2小時

　以為只有澳門先有賣手信賣到街知巷聞的店舖，誰知沖繩更犀利，手信大哥御菓子御殿在沖繩最貴地段國際通開了一家堂皇新舖已算巴閉，原來恩納分店仲誇張，入口學足首里城，裡面不但有透明度極高的甜品工場與蛋糕店，2樓餐廳更坐擁無敵私人沙灘景，假如課長仲村国浩懂廣東話的話，一定會高唱「你叫我做浮誇吧！」。

知多啲 **御菓子御殿簡介**
仲村国浩表示，總店於1979年在讀谷開業，門口大朵沖繩傳統「花笠」裝飾已注定走浮誇路線。招牌紅芋批面世後，自2003年起每年都獲頒發不同殊榮，現時在沖繩各地共有9家分店。

2樓餐廳供應沖繩料理及蛋糕甜品，而窗外位置永遠最搶手，因為可以遠眺伊江島的景色。

INFO

🏠 恩納村瀨良垣100 | 📞 098-982-3388 | 🕐 商店 9:00am-6:00pm；餐廳 11:30am-5:30pm＊8-9月營業時間延長1小時 | 🌐 www.okashigoten.co.jp

象頭斷崖
万座毛　Map 5-2/ C5
⑦

🚗 那霸市外巴士總站搭乘 20 號巴士，或在機場搭乘 120 號巴士，於「恩納村役場前」站下車，步行約 10 鐘。由機場駕車經石川 IC 前往約 2 小時

這個像一個象鼻的斷崖就是沖繩縣大名鼎鼎的萬座毛，由於形狀是天然形成，周圍又長滿野生植物，所以被指定為縣內的天然紀念物。「萬座」是指可容納萬人的意思，「毛」在沖繩方言中則表示空地。顧名思義，這個位於恩納村的國家公園就擁有一大片空地，而從廣闊的平原俯瞰，更可看到懸崖峭壁下的美麗珊瑚礁。

萬座毛懸崖約高20米。因『象鼻』下面是蔚藍的海水，上面則是長滿植物的廣闊平原，所以被人起了這個名字。

近距離看萬座毛，可以清楚見到懸崖上長滿野生植物。雖然是平地其實也頗危險。

INFO

🏠 恩納村恩納 | MAPCODE 206 312 097

浮潛勝地
真栄田岬　Map 5-2/ A6
⑧

🚗 由那霸巴士總站乘坐 28 號巴士，至「読谷バスターミナル」站，下車轉乘的士約 5 分鐘即達

只要在 Yahoo! 或 Google 這些搜尋網站輸入「真栄田岬」，就會發現網站內容十居其九都跟浮潛有關。事實上，這個由隆起珊瑚礁所構成的海角確實是沖繩最受歡迎的浮潛勝地。

沿著全長約200米的散步道直行便可到達海邊，而從岬上的觀景台眺望大海，更可清楚見到水底的珊瑚礁與海洋生物，在這裡浮潛絕對感受得到與魚兒暢泳的樂趣。

沖繩靚沙灘多不勝數，人人都爭著來真栄田岬潛水。全因沖繩最出名的潛水勝地『青之洞窟』就在這兒。

INFO

🏠 恩納村真榮田 471 | 🌐 www.maedamisaki.jp/ | MAPCODE 206 092 084

無敵海景咖啡廳 ⑨　Map 5-2/ C5
Diamond Beach Cafe

🚕 那霸巴士總站或名護巴士總站乘坐 120 號巴士，於瀬良垣駅下車

　　Diamond Beach Cafe坐落在海灘，整體以白色和藍色為主調，十分有沖繩海洋風格。店外有個露台座位，對面就是碼頭，碼頭的高度和露台的地板一樣低，可以一覽碼頭外的沙灘和大海，而且咖啡店離海灘只有10秒的距離，所以還可以外帶飲料到海邊走走。店內菜單以咖啡、意粉及華夫餅為主，所有座位都是海景座位，遊客可以一邊感受海風，一邊度過悠閒的時光。另外店內還有賣紀念品與小食，有興趣的話也可以在那邊買手信哦！

就算很熱，很多遊客也會為了海景而坐在戶外。

店內也有賣沖繩海洋風的飾品。

INFO

🏠 国頭郡恩納村瀬良垣 498-1| 📞 098-927-4555 | 🕐 夏季 9:00am-6:00pm；冬季 9:00am-5:00pm（不定期休假）| 🌐 http://dbcafe.jp/

酒店在恩納村自成一角，擁有廣闊的私人沙灘，可在上面進行多姿多采的水上活動。

舒適人氣之選

ANA Intercontinental Manza Beach Resort

Map 5-2/ **C5**
⑩

 機場乘 Limousine 巴士直達酒店，約 1 小時 40 分鐘。由機場駕車經屋嘉 IC 前往約 1 小時 30 分鐘

幾乎所有沖繩旅遊書都一定會介紹万座 ANA 酒店，就算不是這兒的住客，大部分遊客都會到此一遊，遇到香港人的機會也相當大，全因酒店曾是《戀戰沖繩》的拍攝場地，大家來回味一番之餘，也順道玩盡各式水上活動，好像浮潛、香蕉船、水上單車等都一應俱全。

酒店本身於2009年4月全面翻新，設施比以往更先進簇新，推薦指數也進一步提升。如住客註冊成為酒店的會員，更可享受 late check-out 的款待，費用全免，不妨試試！

住客除了可到沙灘玩盡各種刺激的水上活動外，也可在洋溢著含里風情的泳池邊曬太陽。

萬座毛就正正坐落在酒店的對出海面，即使是酒店本身的小石灘，亦可看到跟萬座毛相同的石灰礁岩。

INFO

🏠 恩納村字瀬良垣 2260 | 📞 098-966-1211 | 💲 雙人房 ￥36,000/ 晚起 | 🌐 www.anaintercontinental-manza.jp

沖繩櫻花祭

永 久 必 讀
沖繩賞櫻攻略

沖 繩 3 大 櫻 花 祭

沖繩櫻花每年都最早盛放，櫻期大約在1月15日至2月15日之間。想知每年櫻花的開花情況，就要留意網站公布了。

日本氣象協會：www.tenki.jp/sakura/expectation.html

沖繩櫻花知多啲

有別於東京及京都的吉野櫻，沖繩櫻花屬寒緋櫻品種，前者色澤呈淡粉紅，後者則像桃花般帶桃紅色。寒緋櫻一般在中國南部及台灣開花，花期最早於1月中開始，到2月中陸續凋謝。

三大追櫻勝地

沖繩雖位於日本，但感覺總是與別不同。天氣、景色、食物、名產、語言如是，想不到連櫻花亦特別有性格。只要校啱日期出發，在東京、大阪、京都處處皆見櫻花；然而即使在花開季節來到沖繩，要賞櫻，首先就要花時間發掘。

沖繩櫻花開得早，大約1月中已見花蹤。而沖繩 3 大櫻花祭都在本島北部舉行，入選了「日本50櫻名所」的今歸仁城跡當然有份，八重岳及名護市賞花人潮同樣如鯽，是沖繩最著名的3大賞櫻勝地。

Map 5-2 D1

賞櫻名所
今帰仁城跡 ⑪

今歸仁城跡一向是遊客的熱門去處，因為這個又名「北山城」的古蹟正是沖繩9大世界遺產之一。由於這兒是其中一個「日本50櫻名所」，據說當年琉球王朝的皇室成員也愛在這兒賞櫻；難怪每當城跡內大約200株櫻花盛開時，遊人都紛紛湧到這兒來一睹櫻姿。

INFO

🏠 国頭郡今帰仁城村今泊 | 📞 098-056-4400
| 🕐 8:00am-6:00pm（櫻花盛開期間另有安排）
| 💲 ￥400 | 🌐 http://nakijinjoseki.jp/information
MAPCODE 553 081 414*17

行程貼士

夜櫻最佳觀賞地

若打算用1日時間賞遍沖繩櫻花，建議把今歸仁城跡留作最後一站。因為晚上城跡將會亮起彩燈，把長達1,500米的石灰岩城壁照得璀璨，是沖繩觀賞夜櫻的最佳景點。

熱鬧櫻花祭
八重岳櫻之森公園

Map 5-2
D2

(12)

扶老攜幼來賞櫻，又或者玩得太劫不想走太多路的話，八重岳櫻之森公園一定會叫你高興萬分。因為高453米的八重岳，由山腳到山頂的4公里路程就種植了7,000多株櫻花，遊人既可選擇步行上山，也可邊遊車河邊欣賞路旁的櫻花；沿著長約2.5公里的櫻並木道向上走，更可遠眺藍天碧海的景色。

INFO

🏠 国頭郡本部町字並里 921 | 📞 098-047-2700 | **MAPCODE** 206 859 348

景致一流
名護中央公園

(13)

Map 5-2
F3

名護中央公園位於高345米的名護岳，約2公里的散步道就種植了23,000多株櫻花樹。不過若想從山腰的展望台俯瞰名護市的景色，首先就要征服數百級樓梯。不想登山看櫻花，名護市的さくら公園、名護十字路大通り、省護漁港港內也是不錯的賞櫻地點。

INFO

🏠 名護市 名護 | 📞 098-052-7434|
MAPCODE 206 629 062

賞櫻1日遊路線

沖繩3大櫻花祭分別位於北部的名護市、本部町與今帰仁村。由於三地相鄰，乘車前往也很方便，不妨抽1日時間賞遍3大名所的櫻花。

路線1：
那霸→名護中央公園
交通：那霸空港搭乘20號巴士，於「名護城入口」站下車，步行約5分鐘。由機場駕車經許田IC前往約1小時40分鐘。

路線2：
名護中央公園→
本部八重岳櫻之森公園
交通：名護巴士總站搭乘70或76號巴士，於「八重岳入口」站下車，步行上山約1小時，或乘的士約15分鐘。由機場駕車經許田IC前往約1小時40分鐘。

本部八重岳櫻之森公園→
今帰仁城跡
交通：名護巴士總站搭乘66號巴士，於「今泊」站下車，步行約20分鐘。由機場駕車經許田IC前往約1小時40分鐘。

本部

恩納村

名護

今帰仁

鳳梨園的吉祥物菠蘿公仔夠可愛，拍照熱點多不勝數，最啱鍾意影相的香港人。

任食菠蘿 Map 5-2/ **E2**
名護鳳梨園 ⑭

🚗 名護巴士總站搭乘 70、76 號巴士，於「名桜大学入口」站下車，步行約 2 分鐘。由機場駕車經許田 IC 前往約 2 小時

由於地下鋪設了感應系統，所以鳳梨號在無人駕駛下都可以自行在園內穿梭。

罐頭菠蘿食得多，去到沖繩一於去鳳梨園參觀菠蘿田和菠蘿花，再到「鳳梨免費品嘗閣」任食新鮮菠蘿吧！遊客只需登上「鳳梨號」就可以安坐車上繞園一周，觀賞紅色的珊瑚菠蘿、菠蘿花、筆筒樹、菠蘿田等，下車後會經過鳳梨資料館與貝類展示館，跟著就是鳳梨切塊工場，有興趣可看看工作人員是如何將菠蘿去芯。再繼續向前走就會來到叫遊客最興奮的甜酒試飲閣與菠蘿試食區，各款菠蘿美食任食唔嬲，樂園雖小卻叫人十分滿足。

鳳梨資料館詳細介紹菠蘿的品種、歷史與食用方法，毗鄰的貝類展示館則搜羅了世界各地和沖繩獨有的特色貝殼。

菠蘿新地
幾乎每枱客人都會點的菠蘿新地約高37厘米，除了幾球菠蘿雪糕外，還有新鮮菠蘿肉、粟米片、菠蘿味餅乾等材料。

勁 Hit 菠蘿歌 〔知多啲〕

樂園主題曲《パツパパイナツプル！》旋律易記聽一次已入腦，菠蘿舞更令人想起 Wonder Girls 首《Nobody》。樂園更曾推出 CD，全國日本人都有會唱會跳這首歌。

INFO

🏠 名護市為又 1195 | 📞 098-053-3659 | 🕐 星期一至五 10:00am-5:00pm，星期六至日 10:00am-6:00pm | 🌐 https://www.nagopine.com/zh-CHT/ | 💲 成人 ¥850、小童 ¥450

Map 5-2/ **E2** ⑮ 熱帶果園

Okinawa Fruits Land

🚕 名護巴士總站搭乘 70、76 號巴士，於「名桜大學入口」站下車，步行約 2 分鐘。由機場駕車經許田 IC 前往約 2 小時

水果園種滿不同品種的果樹，樹上掛滿各款生果，香氣撲鼻。

分熱帶水果園、雀鳥園及蝴蝶園 3 大主題區。水果園內種了 30 多種熱帶果樹，包括楊桃、蓮霧、芒果和大樹菠蘿，也有較少見的樹葡萄、扁櫻桃、火龍果、咖啡豆果實，想品嘗水果則可去水果餐廳。雀島園的主角則是五顏六色的鸚鵡，三色黃胸鸚鵡好奇心超旺盛，氹得遊客笑逐顏開。至於蝴蝶園則飼養了日本最大的大胡麻斑蝶。

鸚鵡回多多一輪嘴講日文，就算聽不明白也覺得牠們十分可愛。

INFO

🏠 名護市 為 又 1220-71 | ☎ 098-052-1568| 🕐 10:00am-5:00pm | 🌐 www.okinawa-fruitsland.com | 💲 成人 ￥1,200、小童 ￥600

Sweet 打卡熱點 ⑯

心形岩 **Map** 5-2/ **F1**

🚗 從那霸機場出發車程約 1.5 小時

心形岩位於今歸仁村沿岸古宇利島北端海灘上，因為嵐曾在 JAL 的廣告以此為背景，因而聲名大噪。雖然地點不太就腳，每天卻吸引大量 fans 來打卡，特別是情侶們遠道而來拍照放閃。雖然心形岩離岸不遠，趁潮退涉水登岩不算太難，不過有機會破壞自然生態，大家最好只作遠觀而不要過度親近。

嵐的 JAL 廣告（網上圖片）

INFO

🏠 国頭郡今帰仁村古宇利島

本部
恩納村
名護
今帰仁

親子之旅 ⑰ Map 5-2/ F2
名護自然動植物公園

🚗 名護巴士總站轉乘的士約 5 分鐘。由機場駕車經
許田 IC 前往約 1 小時 45 分鐘

　　假如帶小朋友去沖繩玩，這個飼養了逾150種野生雀島、爬蟲類與哺乳類動物的動植物公園一定會令他們樂而忘返。園內設有15個主題區，特別推介大家去「國際種保存研究中心」參觀，那兒飼養的都是因交通意外受傷需特別照顧的動物，很多沖繩人都會專程

進入園區後，遊人可到輕便鐵道名護站，付費乘搭仿照戰前貫通沖繩南北的小火車繞園一周。

INFO

🏠 名護市名護 4607-41 | ☎ 098-052-6348 | 🕐 9:30am-5:30pm | 🌐 www.neopark.co.jp
| 💰 成人 ￥1200 、小童 ￥600；輕便鉄道票價：成人 ￥660、小童 ￥440

大琉球
用8年時間釀造的大琉球泡盛是店內人氣商品之一，由製麴、發酵、蒸餾到成熟過程共用了8年，酒味特別馥郁。

Map 5-2/ E4 ⑱ 免費參觀
Helios 酒造株式會社

🚗 由機場駕車經許田 IC 前往約 2 小時

　　成立於1961年的Helios釀酒廠不算歷史悠久，但憑著正宗的酒造技術，其芳香醇厚的出品一樣吸引到大批支持者，東京和大阪也有分店，採訪當日亦見到來自日本其他城市的旅行團前來參觀。酒廠的招牌貨是採用600年古法釀造的泡盛，也有出產冧酒、香檳、啤酒、威士忌等；遊客更可免費參觀釀酒過程。

陳列室內有數十款酒類供客人選擇，以泡盛佔大多數。

INFO

🏠 名護市字許田 405 | ☎ 098-050-9686 | 🕐 10:00am-5:00pm，
星期六日休息，參觀時間：10:30am、1:30pm、3:00pm | 🌐 www.
helios-syuzo.co.jp | ✏ 必須預約。

瀑布庭園用膳
大家 ⑲ Map 5-2/ E2

🚗 名護巴士總站搭乘 70、76 號巴士，於「名桜大學入口」站下車，轉乘的士約 3 分鐘。由機場駕車經許田 IC 前往約 2 小時

　　不少琉球大宅已被搬到琉球村等主題樂園供遊人參觀，想感受原汁原味的古宅氣派，改建自百年古民家的大家是僅餘選擇之一。2001年完成復修的大家在沖繩無人不曉，除了因為依山而建可在瀑布旁用餐極具氣派外，所提供的料理也屬一級貨色，沖繩 Agu 豬更是必食之作。連中午供應的多款湯麵套餐，也是選用 Agu 豬；晚飯則主打 Agu 豬料理和琉球料理，大家御膳共分3款，最便宜的「イジュの花」也有11道菜，陶板燒與shabu shabu 亦同樣做得出色。

沖繩 Agu 豬生薑燒飯
沖繩 agu 豬以肉質鮮嫩聞名全日本，肉質鮮嫩加上膽固醇低，價錢就算比一般豬稍貴，吃過也知物有所值。

Agu豬拉麵套餐
每日限定20個。有豬肉飯、拉麵、水雲、醃木瓜與蘿蔔絲沙律、豆腐，份量十足。雖然Agu豬是招牌菜，但其他菜式水準一樣超班。

醒目消費 免費試飲果醋
食飽飽記得去後園的製醋工場，那兒售賣各款煮食用醋及果醋，其中果醋更設免費試飲。記者就試了菠蘿、芒果、沖繩小檸檬等口味的冰凍果醋，酸酸甜甜果味濃郁，禮盒裝亦價錢合理。

想在瀑布旁的位置用餐，最好避開午飯及晚飯的繁忙時間前來，下午茶時間天還未黑，欣賞靚景最適合不過。

藏身於山林間的大宅佔地極廣，門前翠綠的庭園也是其中一個拍照熱點。

INFO
🏠 名護市中山 90 | 📞 098-053-0280 | 🕐 11:00am-4:30pm，6:00pm-9:00pm | 🌐 www.ufuya.com | 💲 ¥3,000

沖繩拉麵始創店 ⑳
丸隆そば Map 5-2/ F2

🚗 名護巴士總站轉乘的士約 5 分鐘即達。由機場駕車經許田 IC 前往約 1 小時 45 分鐘

看到店名前面「元祖」兩個大字，已知道這是一家歷史悠久的麵家，只是沒想到沖繩的代表美食之一豚肉沖繩そば竟由這兒的第一代老闆我那霸隆光所創，想試最正宗的沖繩拉麵，這家老字號絕對是不二之選。丸隆そば於1948年開業，多年來一直供應沖繩家常小菜，不論是三枚肉、野菜、海鮮、苦瓜一樣做得出色，而且全部不含味精，加上餐廳的日本嬸嬸店員非常親切，感覺就像去了日本朋友家中用膳般，一點拘束感都沒有。

丸隆拉麵(大)
創業62年來的招牌拉麵。肥瘦分明的三枚肉炆得香濃入味。肉質香脆近乎入口即溶。麵條亦做得彈牙有咬口。

丸隆そば賣了48年拉麵，不但一直維持著高質素，連店內裝潢亦保留著當年的風格。

排骨＋三枚肉拉麵限定套餐
三枚肉啖啖肉固然好味，不過講到惹味始終及不上排骨。這個套餐份量雖然較小卻集齊兩種口味，感覺上更抵食。

知多啲
沖繩そば之爭
「そば」是指蕎麥麵，但沖繩そば無論製作材料、賣相與味道都跟一般そば不同，故曾引起爭議。後來日本政府准許沖繩繼續沿用そば的名字，不過前面必須加上「沖繩」免得混淆。

懷舊食店所賣的零食跟一般手信店不同，這些充滿古早風味的糖果就像我們的白兔糖般，是不少人的童年回憶。

INFO
🏠 名護市大北 1-10-25 | 📞 098-052-4624 | 🕐 11:00am-4:45pm(星期四休息)

平靚正
Hotel Yugaf Inn Okinawa ㉑

Map 5-2/ **E3**

那霸機場乘高速巴士 111 號於名護巴士總站下車，徒步 5 分鐘

名護三寶——「水族館、菠蘿園、啤酒廠」差不多是遊客必去的景點，想在名護投宿，小編推介在廿一世紀之森公園旁邊的 Hotel Yugaf Inn。8月旺季的海景雙人房連早餐只是約 HK$650！酒店對出有個公眾沙灘，後方就是前往水族館和菠蘿園的巴士總站，相當方便！

🏠 名護市宮里 453-1| 📞 0980-53-0031 | 🌐 www.yugaf.com | 💲 每人￥4,720 起 / 晚

Map 5-2/ **E2**
翻生侏羅紀
㉒ DINO 恐龍公園 / 山原亞熱帶之森

名護巴士站搭乘琉球巴士70、76號公車至「三土堤」站下車徒步5分鐘

DINO恐龍公園就在御菓子御殿名護店旁，公園地方不算大，但在密林中，竟然隱藏著80多隻恐龍。雖然恐龍的造型是否算栩栩如生屬見仁見智，不過公園用盡森林的地形，加上恐龍又非常密集，總會為大人小朋友都帶來驚喜。玩飽嚇飽後，記得到隔籬的御菓子御殿掃貨，滿載而歸。

🏠 地址：沖繩縣名護市中山 1024-1 | 📞 0980-54-8515 | 🕐 9:00am-6:00pm | 💲成人￥1,000，兒童￥600 | 🌐 https://www.okashigoten.co.jp/subtropical/

幸福之味
Patisserie Bonne Chance ㉓

Map 5-2/ **E3**

由名護巴士總站步行 3 分鐘即達。由機場駕車經許田 IC 前往約 2 小時

喜歡吃泡芙、卷蛋及士多啤梨蛋糕的朋友，既然已千里迢迢來到沖繩，又何必介意路途遙遠，一於跟當地人去幫襯這家人氣蛋糕店吧！在店主仲里敦宏先生率領下，店舖每日都會製作數十款蛋糕甜品，當中以泡芙最受歡迎，下午3時後一定會賣光。這兒也有售賣自家製果占，濃郁的果香非一般貨色可比。

草莓嘉絲蛋糕
士多啤梨蛋糕層次分明，忌廉分量適中，剛好可以中和士多啤梨的酸味。

泡芙
泡芙分忌廉及朱古力味兩款，外層酥脆生油味極香濃，與滑溜的忌廉及朱古力醬相當搭配。

🏠 名護市うむさの森 1-17-2 | 📞 0980-43-8998 | 🕐 11:00am-7:00pm (星期二及每月第三個星期一休息)

本部

恩納村

名護

今帰仁

人氣沙灘 Map 5-2/ D4
Busena Terrace海灘 ㉔

🚗 那覇市巴士總站搭乘 20 號巴士，於「ブセナリゾート前」站下，由機場駕車經許田 IC 前往約 1 小時 30 分鐘

海灘本屬酒店管理，但同時亦開放予公眾。沙灘水清沙幼，沙瑚骨不算多，而且有許多水上活動，眼見香蕉船每隔一陣子就有人租來玩，相當受歡迎。

玩完沙灘之後可以乘坐免費穿梭巴士前往「海中展望塔」餵魚，一氣呵成！

INFO

🏠 名護市 喜瀬 1808 | 📞 0980-51-1333 | 🕐 9:00am-7:00pm(7月至 8月)，9:00am-6:00pm(6月 23 日至 6 月 30 日、9 月)，9:00am-5:00pm(4月至 6 月 22 日、10 月)| 🌐 www.terrace.co.jp/busena

㉔a 醉翁之意 海中展望塔

遊客沿長橋行出離岸170米，然後向海底潛入5米觀賞野生海魚。老實說，觀賞指數不高，當中小丑魚的一格其實是人造的「示範單位」(去旺角金魚街看更佳)。不過小編卻建議去買一份魚糧在橋上餵魚，看那些大魚浮上水面搶食的場面更加精彩。醉翁之意不在潛入水中看魚，但來海中心吹吹清勁海風，的確心曠神怡。

最精彩的節目，卻是在展望塔前餵魚。這裡有販賣機賣乾魚糧，餵得興起，隨時可玩上半小時！

在Busena Terrace沙灘接待處有免費穿梭巴士前往展望塔。

行到塔底，就是挑排隊輪流從小窗回看魚兒，而萬眾期待的「Mo仔」卻是被困在魚籠內的。

INFO

🏠 名護市字喜瀬 1744-1 | 📞 098-052-3379 | 🕐 9:00am-6:00pm (4月至 10月)，9:00am-5:30pm (11月至 3月) | 🌐 www.busena-marinepark.com | 💲 成人 ￥1,030、小童 ￥530；玻璃底觀光船：成人 ￥1,560、小童 ￥780；入場費＋觀光船套票：成人 ￥2100、小童 ￥1,050

新鮮食材應有盡有。店員會根據你的需要提供建議。

FRESH SEAFOOD DAILY

挑選好食材後。師傅會即場烹飪料理。

部瀬名岬海鮮餐廳
Rumble Fish (24b)

　玩完沙灘，參觀完海中展望塔後，可以到Rumble Fish享用晚餐。這家燒烤風格的餐廳位於部瀬名岬旁，以烹製海鮮的為主打，遊客可以在選擇當天的食材（主要以海鮮和蔬菜為主），按照自己喜歡的烹調方式。他們的主打菜品生蠔貽貝海鮮拼盤和法式馬賽海鮮湯。餐廳內還附屬的迷你啤酒廠，提供原創精釀啤酒Busena Gold，遊客一邊欣賞大海和日落，一邊享用新鮮釀造的啤酒以海鮮菜餚。

INFO

🏠 名護市喜瀬 1808 | 📞 0980-51-1333 | 🕐 5:00pm-9:30pm | 🌐 https://www.terrace.co.jp/busena/restaurants_bars/rumble_fish.php

Map 5-2/ E3 (25) 阿古豬料理
やんばるダイニング　松の古民家

🚕 那霸巴士總站或名護巴士總站乘坐 120 號巴士，於瀬良垣駅下車

　松の古民家有60年歷史，餐廳本身就是一棟很有懷舊感的古老私人住宅。他們家以使用當地食材製作的沖繩料理為主，松の古民家最推薦的是每日限量供應的阿古豚肉涮涮鍋！可以品嚐到豬肉的原汁原味，食客們可以一邊體驗琉球古宅的氣氛，一邊享用美味晚餐。

滿滿新鮮食材的阿古豚肉涮涮鍋超美味！

INFO

🏠 名護市大南 2-14-5 | 📞 050-5571-9763 | 🕐 5:00pm-9:30pm | 🌐 https://www.facebook.com/matsunokominka/?locale2=ja%20JP

5-25

免費直擊啤酒生產過程
Orion 啤酒名護工廠

Map 5-2/ **E3**

㉖

那霸市巴士總站搭乘 20、21、77、120 號巴士，於「名護城入口」站下車，步行約 5 鐘。由機場駕車經許田 IC 前往約 2 小時

　　參觀 Orion 啤酒廠是不少人去沖繩旅遊重頭節目，因為 Orion 不但是沖繩縣最好賣的啤酒，假如當地也有「10大名牌」選舉，Orion 亦必定佔一席位。啤酒廠興建於1957年，一直堅持用歐洲進口的優質大麥、啤酒花、碎米、大豆等材料來釀製啤酒，每年生產量達 72,000噸，合共約1億瓶，是沖繩產量最多亦最具代表性的啤酒品牌。

啤酒廠每年約有60,000人來參觀，當中8成是日本人。其次是美國、台灣、香港和大陸人。參觀後客人可免費試喝啤酒及花生小食，也可到精品店購買 Orion 的產品。

Orion 是沖繩啤酒界一哥，產品分銷到東京、大阪、北海道、仙台、台灣和美國等。每年品牌更會推出兩至三款新產品，「歷史容器一覽」就展出歷年來 Orion 出品的包裝。

任飲新鮮啤酒

　　平日在香港有錢都未必有機會參觀啤酒廠，但來到沖繩，只要事先致電預約，便可在職員帶領下免費參觀啤酒製作過程，從採購原料、加入麥芽、發酵、過濾、入樽到品質檢定的程序都一覽無遺。完成大約20分鐘的參觀過程後，更可品嘗新鮮釀造的啤酒及佐酒小食。至於小朋友或要駕駛而不能喝酒的人士，則可選擇品牌推出的果汁或茶，總之人人有份永不落空。

參 觀 過 程 逐 格 睇

① 為方便安排,最好在出發前2至3天致電確認參觀時間。抵達啤酒廠後,職員會先給你一份英語說明,再帶你看製作啤酒的材料,包括麥芽、啤酒花、碎米、糖液、大豆等。

② 接著是觀察煉製麥芽漿的過程。將粉碎的麥芽放入「仕入釜」煮熱,就會蒸發成麥芽汁,整個過程由電腦控制。

③ 加入酵母菌後,麥汁中的糖分經過7日左右就會分解成炭酸,雖然可以喝但味道不夠香醇,所以會放在攝氏0度的貯酒箱內儲存20日至2個月,釀成不同啤酒。

④ 熟成啤酒會被送到過濾機由電腦作出品質鑑定,經過濾後啤酒會變成平時所見的金黃色。

⑤ 然後就是由電腦控制的入樽、清洗及殺菌過程,每小時可製作19,200瓶啤酒。

⑥ 最後檢定員會以每分鐘350瓶的速度檢視品質;機器貼上標籤後,啤酒就可送到市場售賣。

⑦ 參觀完啤酒製作過程後,員工會帶領你來到貴賓廳,你可以在此選擇飲啤酒或其他Orion出產的飲品。

INFO

🏠 名護市東江 2-2-1 | 📞 098-054-4103 | 🕐 9:20am-4:40pm(導賞 35 分鐘、試飲 20 分鐘);31/12-3/1 休息 | www.orionbeer.co.jp | ✏ 1. 最少提早 1 天預約。2. 介紹人員只會說日語,但有英文說明書。

戶戶有海景 　㉗ 　**Map** 5-2/ **D5**

Okinawa Marriott Resort & Spa

🚕 由機場駕車經許田 IC 前往約 1 小時
20 分鐘

房間寬敞開揚，309 間客房均設有海景露台，打開落地玻璃門吹吹海風實在是人生一大享受。

　酒店本身以「海洋」為賣點，除了擁有沖繩數一數二的花園大泳池外，美ら海水族館、海中展望塔等著名景點都近在咫尺，住客更可購買特惠套票。由於酒店位處海邊，即使最便宜的客房一樣附設海景露台。計落比 3、4 星級的「豆腐膶」酒店更抵住。

🏠 名護市喜瀬 1490-1 | 📞 098-511-1000 | 🌐 www.okinawa-marriott.com| 💲 房價：雙人房 ￥17,850/ 晚起

Map 5-2/ **E3** ㉘ 沖繩 Style 果昔

1.5 gakuya ocean

Oatmeal Blueberry
藍莓口味的 Smoothie。

🚕 名護市巴士總站搭乘 66 號巴士，於「屋部」站下車步行約 2 分鐘

Green Smoothie
配合綠茶及菠菜製作的新鮮果昔。

　1.5 gakuya ocean 系列的餐館在日本共有 4 間，其中 2 間在熊本、另外 2 間在沖繩。主打輕食料理的名護分店，連當地雜誌都大力推介，其最受歡迎的 Smoothie 系列飲品，以透明玻璃樽裝著新鮮度十足的果昔，除了生果和牛奶外，不添加一滴水。材料採用沖繩縣產的芒果、火龍果、士多啤梨、菠蘿等，樽身還見到由水果砌成的可愛圖案，加上視覺享受，迅速讓心情變好。

🏠 名護市屋部 30-3 | 📞 098-043-5115 | 🕐 12:00nn-12:00mn（星期三休息）| 🌐 https://gakuya.shopinfo.jp

本部　恩納村　名護　今帰仁

本部
恩納村
名護
今帰仁

新鮮明蝦 ㉙ Map 5-2/ E1
車海老食堂 たまや

🚕 從美麗海水族館開車約 15 分鐘

這家餐廳用每天新鮮捕獲的明蝦來製作各式各樣的料理，例如大蝦天婦羅、涮涮鍋等等。店內所有菜式都是在客人下單後使用活蝦來製作料理後上桌，務求令客人享用到最新鮮最彈牙的口感以及清新醇厚的香氣。要注意的一點是，這間餐廳是完全預約制，如果想到這邊用餐，記得要事先預約啊！

餐廳提供的蝦子都是活蹦亂跳的活蝦。

INFO

🏠 国頭郡今帰仁村字古宇利 297 | 📞 0980-56-2773 | 🕐 午餐 11:30am-4:00pm；晚餐 5:00-10:00pm | https://www.instagram.com/kurumaebi_shokudo_tamaya

---

隱藏在樹林的 cafe，就像小時候的秘密基地。

㉚ 森林與海洋交織的美景
Map 5-2/ E1 森の巣箱

🚕 從名護市開車約 20 分鐘

森の巣箱是一間樹屋 cafe，由沖繩設計師使用廢木料重新裝潢而成。因為大量使用木材，所以可以充分感受到溫暖木頭所帶來的溫馨空間。店內提供各種對新鮮食材的菜單，例如地中海拼盤和自家製 Cacao Cola。遊客可以一邊眺望大海享用美食，一邊在被大自然包圍的舒適空間中放鬆身心。

今帰仁

INFO

🏠 国頭郡今帰仁村湧川 699 | 📞 050-5589-6651 | 🕐 11:00am-7:00pm | https://www.morinos.okinawa/

離島

離島市位置圖

北

F

H

C

B D

A

E

G

A 石垣島
B 西表島
C 宮古島
D 竹富島
E 与那國島
F 久米島
G 波照間島
H 慶良間諸島

水上活動天堂・石垣島

　　石垣島在沖繩半島西南面約400公里，由於沙灘的水質比沖繩主島更清澈，並擁有全日本最大的珊瑚礁，因此日本人都視這兒為潛水天堂，連專sell陽光海灘的寶礦力廣告亦曾以此作為拍攝場地。玩水之餘，石垣島中部的于茂登嶽亦是沖繩最高山峰，526米高山四周遍布亞熱帶樹林，帶來的又是另一番風味。另外，作為沖繩最熱鬧的離島，石垣島市中心一帶亦相當熱鬧，石垣市公設市場便開滿商店食肆，是購買手信的好地方。

交通：(1) 從香港機場乘HK Express直飛石垣島（每周2班）；
(2) 從那霸空港乘JTA或ANA內陸機約55分鐘（每日16班）；
(3) 從宮古空港乘JTA或RAC內陸機約35分鐘（每日2班）。

面積：222.63平方公里
人口：4.882萬

石垣市民會館

Google Map
下載

Map6-2
石垣市中心

石垣市役所

石垣市特產品販売センタ
F12-4

730紀念碑

石垣巴士總站

石垣碼頭

北

Map6-3
石垣島

石垣市中心

石垣島

宮古島

西表島

竹富島

與那國島

久米島

波照間島

慶良間緒島

香港來往石垣島

（香港快運至截稿前仍未有重開直飛石垣島航班的消息，密切留意官方網站）

2016年6月開始，香港開通了直飛石垣島的航班，由香港快運營運。以前要去石垣島，必須先抵達沖繩的那霸，然後再轉乘1小時的內陸機前往，依家可以由香港直飛，啱晒想去石垣度假3-4天的朋友。

石垣島航班資料

HK Express 每周2班航機直飛石垣島（星期二及六），航程2小時5分鐘。

網址：www.hkexpress.com

沖繩本島往來石垣島

飛機

如果想沖繩本島和外島聯遊，可以在那霸空港乘國內航班火速前往。無論是傳統或廉航均有經營，班次算密，差不多每小時已有一班出發，航程約1小時左右，相當快速。經營的航空公司包括：日本的JTA、RAC、全日空ANA、Skymark及樂桃Peach。

網址

JTA: www.jal.co.jp/jta

RAC: http://www.churashima.net/rac

ANA: www.ana.co.jp/asw/wws/au/j

新石垣空港

全名為「南方之島石垣機場」的新石垣空港，於2013年才正式運作，取代舊的石垣空港，有國際線和國內線，如果大家想買手信和休息，一定要到國內線，這邊比較多商店和餐廳，而國際線只有航空公司櫃檯。

地址：石垣市白保地內

電話：0980-87-0468

石垣島

宮古島

西表島

竹富島

與那國島

久米島

波照間島

慶良間諸島

機場來往市區交通

機場巴士

在國際線航廈對出便有機場巴士，旅客可按目的地選擇適合的巴士。由於石垣島並不大，所以機場巴士只有兩種，屬於「空港線」的4號巴士前往石垣島港碼頭；另一輛是專走酒店路線的10號巴士，途經兩大人氣酒店，包括全日空洲際酒店及日航八重山酒店，但終點站也是石垣島港碼頭。前往市區機場巴士車程由30分鐘至47分鐘不等，如果直達碼頭只要30分鐘，車費是￥150-540，視乎目的地而定。

4號巴士（每日由機場開出，服務時間為6:55am-9:45pm，每30分鐘一班）

10號巴士，（每日由機場開出，服務時間為7:25am-8:45pm，每30分鐘一班）

的士

除了巴士，乘的士出市區也是不錯的選擇，如果你是3-4人而且行李不多，攤分的車費只比巴士多一點點。從機場前往碼頭（市中心），車程約30分鐘，車費約￥3,000以內。

外幣兌換及提款

國內線航廈設有外幣兌換機及提款機，如無時間在港兌換日圓，可考慮在此處兌換。兌換機接受港幣兌換，唯匯率很差，如非必要，不建議用兌換機換日圓。至於提款機，只要你的提款卡有開通境外提款功能，並有銀聯、Master Card或Visa，都可以在這裡提款，當然以銀聯的匯率最好，但要留意銀行會收取手續費。

餐廳及商店

國內線航廈有大型商店，是買手信最後衝刺的地方，國際線離境後禁區是沒有免稅店的。這裡也有數家餐廳，也有全石垣島唯一一間Starbucks，也是日本最南端的Starbucks，有時間可以到這裡打卡留念。

石垣島

宮古島

西表島

竹富島

與那國島

久米島

波照間島

慶良間諸島

市內交通

的士

石垣島的士算是日本最便宜的,4人座普通車起錶 ¥460(首1.16公里),其後每341米 ¥60。例子,從 日航八重山酒店步行到公設市場附近,時間約16 分鐘,如果乘的士約 ¥600-700。另有9人座特大 車,首1.16公里起錶 ¥580、其後每248米收 ¥80。

巴士

石垣島地方不大,巴士路線也相對簡單,如不自駕,乘巴士 在市區內遊玩也是不錯的選擇。不過巴士班次不頻密,建議 出發前先計劃好行程,也可以購買一日巴士券(¥1000)。

網址:http://www.azumabus.co.jp/

搭巴士方法

上車後要拿取一張整理券,如果多人同行拿一張就 可以了。

整理券上有一個號碼,這是用以知道你的下車站車費。

在車頭會有顯示屏,除了可以看到下一站的站名,也可以知道車 費。例如你手上持的整理券是3號,便只要看顯示屏上3號的車 費,下車時把車費連同整理券一起投入車費箱就可以了。

如果不夠零錢,可以在下車時兌換,但只 接受500日圓及1,000日圓紙幣。而車費 和整理券則投入於前方的車費箱。

石垣巴士路線圖

巴士	路線
1	バスターミナル(巴士總站)(簡寫:BT)←→川原
2	BT→川平湾→米原ビーチ(米原海灘)→空港→BT
3	BT→空港→米原ビーチ(米原海灘)→川平湾→BT
4	BT←→空港
5	平野←→平久保崎←→伊原間
6	BT←→空港←→玉取崎←→平久保崎←→平野
7	BT→石垣島鍾乳洞→バンナ公園(Banna Park)→川平湾→BT
8	BT←→石垣島鍾乳洞←→川平湾←→米原ビーチ(米原海灘)←→伊原間
9	BT←→グランヴィリオリゾート(Grand Vrio Resort)←→川平湾←→クラブメッド(Club Med)
10	BT←→アートホテル(Art Hotel)←→ANAホテル(ANA Intercontinental Manza Beach Resort)←→空港
11	BT←→米原ビーチ(米原海灘)←→川平湾←→空港
13	BT←→平和祈念館←→県立八重山病院

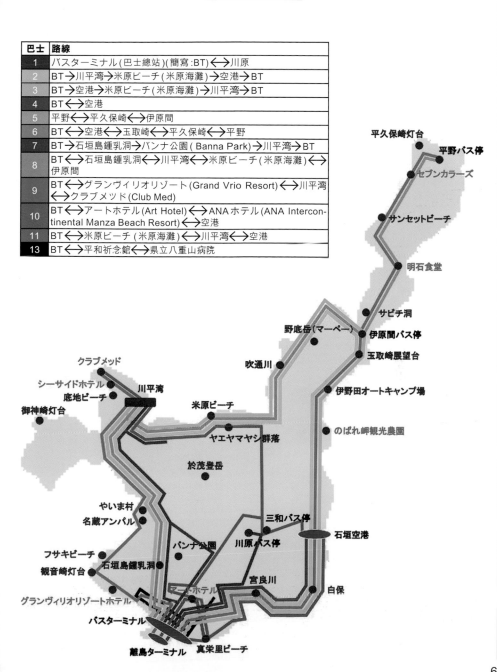

石垣島

宮古島

西表島

竹富島

與那國島

久米島

波照間島

慶良間諸島

石垣島

宮古島

西表島

竹富島

與那國島

久米島

波照間島

慶良間諸島

租車

租車在石垣島玩是十分流行的，而且在沖繩租車也相當便宜，幾乎80%的人來到石垣島都會租車。日本有很多租車公司網，大家可以在香港於網上預訂，一般都會有折扣優惠。記者試過在抵達前兩天欲先預約在 club med 的租車公司，可惜爆滿。所以，如果想到石垣租車，一定要提早在網上預約。

常用租車網：

Tabiral
http://tc.tabirai.net/

以沖繩為基地的租車公司，有中文版網頁，有中文及英文的汽車導航。此外，亦包括了多間租車公司和綜合租車網公司的資訊，一目了然。

Toyota rent a Car
https://rent.toyota.co.jp/zh-tw/

Nissan Rent a Car
https://nissan-rentacar.com/tc/

Tocoo!
http://www2.tocoo.jp/cn/index

Orix
http://car.orix.co.jp/

Jalan
http://www.jalan.net/rentacar/

租車 Step by Step

機場對出的停車場，便是租車公司集合的地方，大家只要找回你們所屬的租車公司便可。

取車地點離機場有一些距離，所以需要乘接駁車前往。有時可能要等30－40分鐘才開車，因為租車公司一次過會接幾個航班的客人，請預留時間。

抵達租車公司後，客人先要辦理登記手續。

客人要先準備好護照、駕駛執照和國際駕駛執照，租車公司會影印以作記錄之用。

一般收費可以用現金或信用卡。

最後，租車公司會發一份表格，上面記錄了客人的資及租車資料。

然後便是取車的程序，租車公司職員會跟客人一起檢查車身，共記錄車身的問題。

最後職員會發出這份記錄文件，客人請妥善保存。

關於汽車保險

一般租車公司都會要客人購買「免責補償制度」保險，類似我們的第三者保險，是必須購買的。另外，客人可自選購買「NOC 安心保險」，購買了這保險以後，萬一汽車損毀，客人不用作賠償（某些情況下除外，如超速駕駛），所以建議大家一併購買。

來往離島交通

石垣島因為位於八重山諸島的中心，所以由石垣島乘搭渡輪前往各個島嶼也十分方便，最近的竹富島只需要10分鐘，可以把離島添加到石垣島的行程內。

現時有3間渡輪公司營運，分別是八重山觀光渡輪、安榮觀光及石垣島夢觀光。

石垣島附迎的島嶼包括：竹富島、西表島、小浜島、黑島、鳩間島和波照間島。

安榮觀光： www.aneikankou.co.jp
八重山觀光渡輪： www.yaeyama.co.jp
石垣島夢觀光： ishigaki-dream.co.jp

航點	船程	單程票價
石垣島 ⟷ 竹富島	10-15分鐘	￥790
石垣島 ⟷ 小浜島	25-30分鐘	￥1,400
石垣島 ⟷ 黑島	25-45分鐘	￥1,510
石垣島 ⟷ 西表島（大原港）	40-90分鐘	￥2,060
石垣島 ⟷ 西表島（上原港）	40-50分鐘	￥2,690
石垣島 ⟷ 鳩間島	40-50分鐘	￥2,690
石垣島 ⟷ 波照間島	60-80分鐘	￥4,070

截至2023年5月

石垣島

石垣牛大巡禮

石垣牛鐵板燒

月桃庵　Map 6-2

🐄 石垣離島碼頭步行 2 分鐘

石垣牛是沖繩縣八重山郡內生牧養的黑毛和牛總稱，分為5個等級:1、2、3級為銘產、4、5級為特選，肉質清爽甘甜、脂肪不會過多，所以是和牛中的名物。要嘗這種極品牛肉，鐵板燒是最原汁原味的方法。月桃庵獨沽一味只賣牛肉，調味也是簡單的海鹽，一客切粒牛扒 (Dice Cut Steak) 套餐索價￥4,200並不便宜，想慳些可選牛肉漢堡，雖然不是啖淡石垣牛，不過最平￥1,800已可品嘗，算是不錯的「入門版」。

🏠 石垣市美崎町 4-9 | 📞 098-088-0298 | 🕐 11:30am-2:00pm、5:30pm-9:30pm | 🌐 https://www.miyahira.co.jp/

Map 6-2 ②

牛小腸
￥560

石垣牛併盤(特上肉盛)
￥5,600(2人份)

這裡的漢堡排很有名氣，肉質軟腍而且又多汁，100g分量￥560

平食石垣牛

ステーキ・燒肉
きたうち牧場　浜崎本店

🐄 石垣離島碼頭徒步約 10 分鐘

石垣島きたうち牧場是石垣牛的老店，原名叫「金城燒肉」，石垣島的人一定知道。他們有自己的牧場，可以飼養出優質的石垣牛，而且因為自設牧場，所以可以把價格控制在比較低的水平，大家都可以用很划算的價錢，吃到美味的石垣牛。這裡用炭火燒烤，牛肉燒出來會更香口。

🏠 石垣市浜崎町 2-3-24| 📞 098-083-7000| 🕐 4:30pm-10:00pm | 🌐 http://krs-beef.jp

新派石垣牛漢堡
Vanilla-Deli

牛油果 wasabi 漢堡 ￥890
全部即點即造，上桌時都是
熱呼呼的

🐄 石垣市公設市場徒步約 4 分鐘

　　還是嫌石垣牛有點貴的話，可以轉戰石垣牛漢堡。Vanilla-Deli 和きたうち牧場都是有提供石垣牛漢堡包，當中以 Vanilla-Deli 的評價較高。他們用的是石垣島黑毛和牛，配以他們自家製的特別醬汁，以牛油果 wasabi 石垣牛漢堡最人氣，因為 wasabi 可以減低牛肉的油膩感，再加上健康的牛油果，味道十分清新。另一人氣之選是 Mozzarella 芝士石垣牛漢堡（モザレラ　チーズバーガー），Mozzarella 芝士來自北海道，每個 ￥1,490，很多時未到1點便已賣光。

🏠 石垣市石垣 12-2 1F | ☎ 098-083-3270 | 🕐 11:30pm-6:00pm，星期日休息 | 🌐 www.arashiro.co.jp

Map 6-2 必試石垣牛

④ 炭火燒肉たけさん亭

🐄 石垣離島碼頭徒步約 10 分鐘

石垣牛拼盤有三種
價格配搭，分別是
￥5,000、￥5,900、
￥6,900，尚算抵食。

　　去石垣島又怎能不吃石垣牛呢！這家餐廳除了提供炭火直燒外，還有十個石垣牛的稀少部位可供選擇，例如臀股肉、肩里肌、橫隔膜、肩甲骨內側肉等，都是平常較難吃到的位置。店家會把該天有提供的部位菜單張貼在牆上。另外，店家還有提供三款石垣牛拼盤，分別是赤身、上等及特上三種，由廚師依據當天新鮮的牛部位抽選三種。

肉的油脂分布都很平均。

🏠 石垣市浜崎町 2-2-4 | ☎ 0980-88-0704 | 🕐 5:00pm-10:00pm、星期二及五全日休息 | 🌐 www.takesantei.com

宮古島

西表島

竹富島

與那國島

久米島

波照間島

慶良間諸島

與富士山齊名

川平灣

Map 6-3

⑤

🚗 石垣機場乘的士或駕車約 30 分鐘

川平灣不但是八重山的代表名勝，亦是日本全國 8 處國家指定名勝之一，在 2009 年出版的日本《米芝蓮》旅遊版中，更與富士山並列為 3 星推介。沖繩海灘全都美不勝收，川平灣能夠突圍而出，全因碧綠的海水清澈見底，水色隨著陽光照射與潮汐漲退更是千變萬化。如此備受推崇的珊瑚礁海灣，一生人總要來一趟。

強烈建議付費乘搭玻璃船，近距離欣賞水底景色。

呈新月形的川平灣被幾個珊瑚礁島嶼圍繞，遠看已美得令人目眩。

INFO

🏠 石垣市川平 ┃ 📞 098-082-1535（石垣市觀光課）

川平灣玻璃船

在川平灣入口有 3、4 間玻璃底船公司，遊客可乘船出海，從這樣透徹的海上，觀看海底的世界。船公司的航班時間、收費和航程都差不多，乘哪家都一樣。

川平灣玻璃船

川平マリンサービス	
班次	9:00am-5:00pm，每15分鐘一班
航程	約30分鐘
價錢	大人￥1,000；小童￥500（可網上預約）
休息	年中無休
網頁	http://www.kentoushi.com/kms/

まりんはうす　ぐるくん	
班次	9:00am-5:00pm，每15分鐘一班
航程	約30分鐘
價錢	大人￥1,050、小童￥530（網上預約大人￥840、小童￥430
休息	年中無休
網頁	www.gurukun-kabira.com

Map 6-3 20萬年天然古蹟
⑥ 石垣島鍾乳洞

🚗 石垣機場乘的士
或駕車約 10 分鐘

鍾乳洞位於石垣島西南面，距離石垣機場僅10分鐘車程，是八重山最著名的名勝之一，值得一遊。

全長3.2公里的鍾乳洞充滿神秘感，單是開放給遊人參觀的660公尺範圍，已叫大家對這個形成於20萬年前的自然奇觀讚嘆不已。這兒曾一度被海水淹沒，多年後再露出水面便形成了石垣島最大的鍾乳洞，還可見到巨蚌、枝珊瑚、桌形軸孔珊瑚等海洋生物化石。遊洞後可順路到毗鄰的紀念品店、水果園及亞熱帶植物園參觀。

INFO

🏠 石垣市石垣 1666| 📞 098-083 -1550 | 🕐 9:00am-6:30pm | $ 成人 ¥1,200 、小童 ¥600 | http://www.ishigaki-cave.com/

神佛共存
桃林寺・權現堂

Map 6-3
⑦

🚗 從石垣港附近的バスターミナル乘巴士「まちなか 1」於「桃林寺」站下車。從新石垣機場乘的士約 30 分鐘

桃林寺和權現堂只有一小欄柵之隔，傳說是1613年薩摩藩的人向琉球國王尚寧進言而建成的，也是沖繩最古它的木造建築物。「權現」是屬於日本神佛思想，日本人視菩薩化身成日本神出現為「權現」。在權現堂內供奉了熊野權現，亦即是八重山首間神社。這裡現時已經空置，但曾經在1981年列為日本國家指定重要文化財產，可見地位也相當重要。另一邊的桃林寺則是在1611年開山，山號「南海山」，供奉的是觀世音菩薩，也是八重山地區唯一的王家寺廟。

圖：hubchin@石垣空想旅行社

INFO

🏠 石垣市石垣 285| 🕐 7:00am-7:00pm

宮古島

西表島

竹富島

與那國島

久米島

波照間島

慶良間諸島

地道市場　**Map** 6-2
石垣市公設市場 ⑧

🚗 從石垣港步行約6分鐘/
從「730記念碑」步行3分鐘

石垣市公設市場就在 Euglena Mall 的中央位置，感覺就有點像那霸的牧志公設市場一樣。這裡1921年已設立，歷史相當悠久，距今已有90多年歷史。這裡樓高3層，1樓是菜市場，可以買到石垣牛、海產及其他新鮮食材。2樓則有石垣島特產的商店，貨品非常之多，可以一次在這裡解決手信。雖然這裡也有熟食中心，但餐廳是沒有代烹調服務，所以別以為在1樓買到的海產可交由餐廳代煮。

INFO

🏠 石垣市 大川 208 Euglena Mall 內 | 📞 098-084-3477 | 🕐 9:00am-9:00pm (特產商店 10:00am-8:00pm)，每月第 2 及 4 個星期日休息 | 🌐 www.euglenamall.com

---

Map 6-2　熱鬧商店街
⑨ ユーグレナモール

🚗 從石垣港步行約 6 分鐘/ 從「730 記念碑」步行 3 分鐘

ユーグレナモール（Euglena Mall) 是石垣島上其中一條很熱鬧的商店街，感覺有點像那霸的平和通。這條街分成南北兩條，北面的一條叫做「銀座通り」，南面的一條是「中央通り」，全長約265米，圍繞著公設市場，在中心街道大川上有兩家購物商場，在商店共有約100家，是買手信的好地方。Euglena Mall 是日本最南部的有蓋商店街，也是石垣島最熱鬧的市中心。

INFO

🏠 石垣市 大川 207 | 🕐 因各店而異，一般 10 時開始營業 | 🌐 www.euglenamall.com/

石垣島手工藝
Jalan Arts

Jalan Arts是販賣自家製的石垣島手工藝品，走進店內你會馬上發現，在角落裡師傅在默默地製作，做好後就拿出店面售賣。

這裡以石垣島的貝殼，配上各種材質，製作出首飾和擺設。除了飾物外，還有自家設計的服裝，帶有沖繩的味道但又不會令人覺得老土。

他們自家設計的恤衫

利用貝殼做的首飾

INFO

🏠 石垣市字大川 219 | 📞 098-088-5296 | 🕐 10:30pm-8.00pm | 🌐 http://jalanarts.com

手信大本營
おみやげ市場

想一次過買到最齊的石垣島手信，一定要來Euglena Mall的おみやげ市場。粉紅色的門面相當吸引，你很容易就找到它！這裡有齊最地道的石垣島土產，單是黑糖的種類已經多得你無從入手了。除了乾貨，海葡萄和菠蘿都有，總之你想得到的石垣島土產，你都可以一次過在這裡購買，而且品牌很多都非常地道，跟機場的手信分別很大，值得一到！

沖繩的海葡萄。可以買回去做手信，只要在室溫下便可存放幾天

石垣島出產的天然砂糖

石垣島特產菠蘿。比機場賣得平

INFO

🏠 石垣市大川 207-3（島のみやげ館）| 📞 098-083-7111| 🕐 9:00am-8:00pm

石垣島

宮古島

西表島

竹富島

與那國島

久米島

波照間島

慶良間諸島

食鹽多過食米
塩屋

⑩

Map 6-2

🚕 730 記念碑徒步約 2 分鐘

海鹽是沖繩名物，在沖繩的塩屋便是鹽的專門店，不只售賣沖繩出品的海鹽，更有多款不同味道，來自日本不同地方的鹽。這家店就在 730 Family Mart 附近，跟國際通店一樣，這裡同樣有海鹽雪糕，客人可以加入不同味道的鹽來調味。

連鹽都可以細分用來吃不同的食物

過百款食鹽任你試

宮古島得獎雪鹽

INFO

🏠 石垣市字大川 245 丸樓 1 樓西 | 📞 098-082-7835 | 🕐 11:00am-7:00pm；10 月 -6 月營業至 8:00pm
| 🌐 www.ma-suya.net

Map 6-3
⑪
懷舊刨冰店
石垣島冷菓

🚕 石垣市公設市場徒步 3 分鐘

石垣島冷菓是當地很有歷史的冰品店，店面小小，但人潮多多。他們家的刨冰是用特製的冰塊，澆上甜甜的黑糖和灑上水果凍乾，吃起十分清爽不膩。他們的刨冰吃到一半都不太融化，原因是店家在早上太陽還沒出來時到冷凍室刮冰，在沒有濕度的狀態下製作，就會像這樣變成不易融化的冰！除了刨冰，店內還有賣米粉、餃子、手工雪糕和原創今川燒，味道也挺不錯的！

3,500

INFO

🏠 石垣市字大川 305 | 📞 0980-88-6077| 🕐 12:00nn-6:00pm| 🌐 https://isigakijimareika.ti-da.net/

飲勝啫喱
泡盛ゼリー本舗 ⑫

Map 6-2

 石垣離島碼頭徒步約 10 分鐘

這家店將沖繩名物「泡盛」變身成為啫喱！店家利用島上不同酒藏出品的泡盛酒研製出獨特又易入口的啫喱杯，味道款式五花百門，而當地女士就最愛的梅酒和やいま，據說都有美顏的效用，所以非常受歡迎。

啫喱帶有酒香，雖然有酒精成分，但酒味較淡，非常易入口。

每杯泡盛啫喱 ¥280 起，口味很多元化，買來當手信一流！

INFO
🏠 石垣市大川 280-7 | 📞 098-083-7310
| 🕐 11:00am-8:00pm

Map 6-2　⑬　沖繩職人
Kayak 八重山工房

 石垣離島碼頭徒步約 8 分鐘

這家店可算是島內工藝品的集中地，除了小飾物、手工梘、陶瓷碗碟外，還有自家設計的 Tee，每一樣都是出自島上職人之手。其中，就自家設計的 Tee，就是老闆與 4 位畫家朋友共同合作的商品，設計的靈感來自沖繩的自然環境與文化特色，每件都是島內限定的款式呢！

INFO
🏠 石垣市大川 270-1 南から 2 番目 | 📞 0980-87-5696
| 🕐 10:00am-8:00pm | 📘 Kayak Yaeyama workshop
| 🌐 https://www.kayak8.com/

石垣島
宮古島
西表島
竹富島
與那國島
久米島
波照間島
慶良間諸島

石垣島

宮古島

西表島

竹富島

與那國島

久米島

波照間島

慶良間諸島

水果炒雪糕
ハウトゥリージェラート武田

Map 6-2 ⑭

🚗 石垣市公設市場徒步 1 分鐘

石垣島這間人氣的炒雪糕店，老闆娘用上真正並冷凍至 -20 度的大理石來炒雪糕，保證炒出來的雪糕不會馬上溶掉。此外，老闆更會親自向當地農民購買水果，真真正正的是一杯「石垣島限定」雪糕。

新鮮水果雪糕包括了菠蘿、木瓜、百香果和熱情果

老闆娘會先把果汁灑滿大理石上，所以炒出來的雪糕啖啖都有水果味道

店內亦發售以石垣島芒果製成的果醬。

INFO

🏠 石垣市字大川 281 | 📞 0980-83-5452 | 🕐 1:30pm-5:30pm (2 月、11 月)、11:00am-7:00pm (3 月 -10 月)；12 月至 1 月休息 | 🌐 hautree.net

Map 6-2

鄉土料理

⑮ 八重山そば処来夏世

🚗 石垣離島碼頭徒步約 20 分鐘

此店距離碼頭頗遠，主力只賣八重山蕎麥麵，而且有一個以中文來説不太「吉利」的名字 (来夏世)。不過該店設於民宅內，感覺有點像到朋友家吃飯，非常特別。蕎麥麵只有大、中、小碗，配料及湯底都沒有選擇，但返樸歸真，反而能嘗到蕎麥獨有的香味及嚼勁。每碗蕎麥麵附有蘿蔔苦瓜漬物，不夠飽肚可以追加紅米飯，是大魚大肉外沖繩料理的簡樸選擇。

INFO

🏠 石垣市字石垣 203 | 📞 0980-82-7646 | 🕐 10:00am-2:00pm，星期三、四及日休息

看夕陽一流
Fusaki Beach ⑯
Map 6-3

 從石垣港附近的バスターミナル乘巴士『川平リゾート線』到「フサキリゾートヴィレッジ」下車

Fusaki Beach（富崎海灘）位於石垣島的西南部，是 Fusaki Resort Village 的一部分，不過會開放給非住客使用。這裡的黃昏景色最吸引人，也成為了大家前來 Fusaki 的主要原因。這裡由天然的白沙堆成，附近也有珊瑚礁群，夏天或會有海龜上岸生蛋。沙灘的泳季在3月中至10月，這時會架起防水母網，其他月份不能下水。此外，酒店也會提供不同的水上活動，也有出租浮潛用具，就算不是住客都可以參加。

圖：macky34@石垣空想旅行社

INFO

🏠 石垣新川富崎 1625 | 📞 0980-88-7000 | 🕐 3月至10月 9:00am-5:30pm、6月1日-9月30日 9:00am-6:30pm、11月-2月 9:00am-4:30pm | 🌐 https://www.fusaki.com/facility/beach

---

Map 6-3 民族主題公園
⑰ 石垣やいま村

🚕 從石垣港附近のバスターミナル乘巴士9號到「石垣やいま村」下車

這裡是日本最南端的主題公園，以展示石垣島的民俗風情為主，位置就在名藏河川的濕地紅樹林旁。整個主題公園分成3個部分，村內有4所從島內遷入的百年古宅，也是整個公園的中心部分，入面展示了八重山島民的傳統生活。此外，入場人士也可參加各種體驗活動，可以試穿琉球傳統服飾（收費）或者參加手工藝製作。

圖：mayumi-yamashiro@石垣空想旅行社

圖：mayumi-yamashiro@石垣空想旅行社

INFO

🏠 石垣市名藏 976-1 | 📞 098-082-8798 | 🕐 9:00am-5:30pm | 🌐 www.yaimamura.com | 💲 大人 ¥1,000 小童 ¥500

石垣島

宮古島
西表島
竹富島
與那國島
久米島
波照間島
慶良間諸島

Map 6-3

㉘

生態公園
バンナ公園

🚕 從石垣港附近的バスターミナル乘巴士 2、7 或 8 號到「八重守の塔」下車。回程則乘 3 或 8 號回バスターミナル

圖：石垣空想旅行社

圖：石垣空想旅行社

圖：石垣空想旅行社

圖：石垣空想旅行社

バンナ公園 (Banna) 位於海拔230米的バンナ岳上建造而成，算是屬於郊區位置，距離市中心約4公里。這裡有散步道、蝴蝶園、昆蟲館、滾軸溜冰場和單車場等設施，非常適合親子活動。最值得前來的是這裡的4座展望台，可以俯瞰石垣市街，利用免費望遠鏡，更可看到竹富島。

INFO

🏠 石垣 961-15 ｜ ⏰ 24 小時
｜🌐 www.banna7.com/

遙望太平洋
玉取崎展望台

Map 6-3

㉙

🚕 從石垣港附近的バスターミナル乘巴士 5 或 6 號，到「玉取」下車，步行 10 分鐘

在石垣島的東北方，金武岳東部突出的一座50米高的山上，設立了一座觀景店，名為「玉取崎展望台」。這個觀景台有個很有沖繩風的紅瓦頂，從這裡從北面看，可以看到平久保半島及伊原間灣，東西兩邊則是太平洋及東海。這裡可以乘巴士前來，這裡是石垣島最北端的中間點，可以安排行程順道前來，不必特地前來。

圖：沖繩觀光議會

圖：沖繩觀光議會

INFO

🏠 石垣市伊原間 ｜ ⏰ 24 小時

圖：石垣空想旅行社

圖：石垣空想旅行社

Map 6-3

⑳

石垣最北點
平久保崎

🚗 從石垣港附近的バスターミナル乘巴士5或6號，到「平野」下車，再轉乘的士。因為的士也不易招，自駕會比較方便

　　日本人很喜歡把旅遊景點包裝得叫人不去不可，這裡就被包裝為「石垣島最北端」了。從石垣市中心前來，開車大概是1.5小時。這裡的岬角剛好位於東海和太平洋交界，北面400米距離的地方，便是無人島大地離島，在夏季天氣好的時候，更可以遠望多良間列島。這裡有個燈塔，於1972年建成，除了為船隻導航外，更可作氣象監測，搜集天氣資料，不過燈塔不對外開放。

INFO

🏠 石垣市平久保 | ⏱ 24 小時

沖繩獨家　**Map** 6-3　㉑
Royce 石垣版朱古力

🚗 從石垣空港乘 4 號巴士到「平得」下車，步行 7 分鐘

　　説起Royce朱古力，大家一定不陌生，也會想起北海道。原來，Royce有石垣版的朱古力，其獨特之處是在可可豆上。原來可可豆只適合在南北緯20度以內的地方生長，但日本的地理位置卻不是在這裡。Royce為了想生產「純國產」的朱古力，所以在北緯24度的位置，亦即是石垣島成立子公司，在差不多的氣候裡，自家栽培可可豆，做到真正的 Made in Japan。不過，現時可可豆的栽培還在實驗階段，但他們也為沖繩推出十多款用上沖繩材料製作的產品，除了沖繩境內，日本其他地方是買不到的，想買來做手信，可以在機場或者國際通上的卡樂B專門店買到，當然，也可在石垣島上購買。

INFO

石垣島販賣處
德村菓子店

🏠 石垣市真栄里 230-10| 📞 0980-83-1177 | ❗ 沖繩其他地方：那霸機場及各個內陸線機場、國際通的 Calbee+ | ⏱ 星期一至六 9:00am-7:00pm，星期日 10:00am 開門 | 🌐 www.royce-ishigakijima.com

相片由Royce提供

【石垣島酒店推介】

石垣島

宮古島

西表島

竹富島

與那國島

久米島

波照間島

慶良間諸島

全方位享受
ClubMed ㉒

Map 6-3

🚕 訂房時可預約機場接送服務。此外,可於
石垣島離島碼頭乘巴士前往

ClubMed 是來自法國,把度假村的模式帶到整個世界,只要付一個價錢,由交通到村內的食宿、玩樂都包含在內,完全做到客人可以「零顧慮」。他們村內的職員叫 G.O (General Organizer),來自世界的不同地方,當然也有中文的G.O,他們會以朋友的方式喝客人交流。村內會提供客人早、午、晚及下午茶和宵夜,全部都包含在房價內,酒店90%的飲料都是免費的,連大部分的村內活動,包括浮潛都已包括在內,客人無須再為其他開支而擔心。

此外,這裡有專車接送往返到機場,更有提供收費的旅行團,價錢不算貴,可以滿足了一眾沒有車牌但又想遠離煩囂的朋友。最重要,他們有自己的沙灘,不用受到其他旅客的騷擾。

雙人房,如果有小朋友可以睡4人

每間房外都有小花園

INFO

🏠 石垣市石崎 1 | 📞 852-3111-9398(香港辦事處) | 🖥 www.clubmed.com.hk/r/Kabira-Ishigaki/y | 💲 兩人 4 日 3 夜套票,每位約 HK$4,400 起 (19 年 12 月參考價,不包機票)

自家水上樂園
富崎海灘度假村

Map 6-3
㉓

 訂房時可預約機場接送服務

富崎海灘度假村剛於2022年完成翻新工程。酒店位於石垣市中心及川平灣之間的富崎海灘旁，距離海灘不用一分鐘路程。酒店最特別是擁有自家的水上樂園，雖然未算巨型但足夠小朋友在此放電。此外酒店亦一年四季開放恆溫游泳，住客同時可以享用日式錢湯澡堂、桑拿房及按摩浴缸，深層放鬆身心，緩解身體疲勞。

INFO
🏠 石垣市新川 1625 | 📞 0980-88-700| 💲 雙人房每晚 HK$1,700/ 晚 | https://www.fusaki.com/zh-tw

Map 6-3
㉔

高 CP 值之選
石垣海濱酒店

 訂房時可預約機場接送服務

酒店位於石垣島北部的川平灣，鄰近的米原海灘更是浮潛勝地。酒店佔地雖然及不上大型度假村，但勝在簡約寬敞實用，而且房價相對便宜。酒店房間不算多，最啱追求寧靜的客人。另外酒店又設有 Villa 別墅區，一次可以供4-5人入住，自成一國享受天水一色的美麗景致。

INFO
🏠 石垣川平 154-12 | 📞 0980-88-2421 | 💲 雙人房每晚 HK$900/ 晚

石垣島

宮古島

西表島

竹富島

與那國島

久米島

波照間島

慶良間諸島

交通方便
石垣島藝術酒店

Map 6-3 ㉕

🚕 於公設市場一帶乘的士前往日航八重山約 ￥550

高層房間可遠望海景

酒店原名為日航八重山，重新裝修後改名「石垣島藝術酒店」。從機場有巴士直達酒店，而酒店門外亦有巴士前往市中心十分方便，就算步行往公設市場一帶亦只是20分鐘。假如你想去米芝蓮海灘川平灣，酒店同樣有巴士前往，絕對適合不會開車的朋友。

房間寬敞，並設有大浴場

附近沒有便利店，所以酒店設有小賣部及手信店

INFO
🏠 石垣市大川 559 | 📞 81 0980-83-3311 | 🌐 https://www.art-ishigakijima.com/ | 💲 雙人房 ￥14,819 起 / 晚

Map 6-3
㉖

近市區酒店
ANA InterContinental Ishigaki Resort

🚕 機場、石垣島離島碼頭及川平灣可乘巴士前往「全日空」下車

想住近一點市區又可以有度假feel的酒店，可以選擇 ANA InterContinental Ishigaki Resort。這裡位於市中心和機場中間，來往來兩地車程大約20分鐘，機場巴士和市中心的巴士均可抵達，從川平灣及 Clubmed 也有巴士前往，十分方便。這裡有自己的海灘，而且十分受日本人歡迎，旺季至少要提早兩個月訂房。

酒店內也設有泳池

客人可免費享用海灘上的設施
酒店內有鐵板燒餐廳，可以享用到石垣牛

海景雙人客房

INFO
🏠 石垣市真栄里 354-1 | 📞 098-088-7111 | 🌐 www.anaintercontinental-ishigaki.jp | 💲 雙人房 ￥25,920 起 / 晚

美景冠絕沖繩 • 宮古島

假如想在最短時間內欣賞到最多的名勝，宮古島其實是個不錯的選擇。宮古島位於沖繩本島西南面約300公里，地處太平洋和東海之間，與池間島、來間島、伊良部島、下地島、大神島、多良間島、水納島7個島組成宮古群島。不少日本人都認為宮古島的景色美絕沖繩，全因此島幾乎是平原，蔚藍海水、小平房與綠樹林蔭一望無際，而產自宮古島的海鹽更是沖繩特產。

Check Point

三項鐵人賽

每年4月島上均會舉行「全國鐵人三項比賽宮古島大會」，屆時超過1,500名選手將會齊集於此，參加游泳、單車、馬拉松比賽，氣氛相當熱鬧。

交通：(1) 從香港機場乘HK Express直飛宮古島（每周3班）；
(2) 從那霸空港乘JTA、RAC或ANA內陸機前往約50分鐘（每日13班）；
(3) 從石垣島乘JTA、RAC內陸機約30分鐘（每日2班）。

面積：159.2 平方公里
人口：5.491 萬

香港往來宮古島

（有關航線暫已停辦，至截稿前仍未有重開直飛宮古島航班的消息，請密切留意官方網站）

由2019年7月開始，HK Express加開了香港往來宮古島下島地機場(SHI)的航班，逢星期二、五及日都有往來各一班航班，航程約2小時15分鐘。

網址：www.hkexpress.com

宮古島交通

巴士

宮古島公共交通工具以巴士為主，主要由協榮巴士經營，而八千代巴士則行走池間島。全島共8條路線行走，以平良港為巴士總站。

路線查詢：

協榮巴士 https://385kyoei.com/；
八千代 https://www.yachiyo-bus-taxi.jp/

的士

宮古島的士起錶（首1.167公里）收費￥470，之後每365米收費￥60。除了按錶收費，的士亦提供3-9小時的觀光旅遊服務，方便不想自駕的旅客。

查詢：

MARUCHIKU Taxi https://maruchiku.jp/
八千代 https://www.yachiyo-bus-taxi.jp/

租車

島上有十多間租車公司，包括NISSAN、ORIX、OTS及TOYOTA，旅客可按行程需要及喜愛車款選擇。

西表島

竹富島

與那國島

久米島

波照間島

慶良間諸島

石垣島

宮古島

西表島

竹富島

與那國島

久米島

波照間島

慶良間諸島

北 **Map7-2**
宮古島

Ocean Tribe F4-4

Google Map
下載

宮古空港

來間島

沖繩首座登山吊車 **Map** 7-2
宮古島登山吊車 ①

🚗 宮古島機場乘的士或駕車約 20 分鐘

　　為了讓遊客可以一覽宮古島的美絕景色，島上的Shigira Resort斥資興建沖繩首座登山吊車。吊車全長283米，「車程」13分鐘。因為宮古島幾乎全是平原，坐上吊車居高臨下，真正360度無遮無擋。想玩盡些，索性入住 Shigira Resort，上天下海玩到夠才回到沖繩本島。

INFO

🏠宮古島市上野字新里 1405-3 | 📞098-074-7240 | 💲 吊車來回 ￥800，Shigira Resort 別墅套房 ￥64,600/ 晚起 | 🌐 http://www.nanseirakuen.com/shigira/index.html

離島

石垣島

宮古島

西表島

竹富島

與那國島

久米島

波照間島

慶良間諸島

世外桃源
The Rescape

Map 7-2 ②

 宮古島機場乘的士或駕車約 20 分鐘

來得宮古島，追求的當然不是國際通的熱鬧繁華。The Rescape 隱匿於宮古島的東北岸，要翻山越嶺才到達，附近食買玩設施全欠奉，絕對是自給自足的國度。全個度假村只有24幢別墅，大部分設有私家泳池，與及專屬管家服務。為了同時滿足好動的住客，村內也會提供不同的康體活動，包括潛水、行山及SUP立槳衝浪，讓住客身心都得到充電。

INFO

🏠 宮古島市城辺長間 1901-1 | 📞 098-074-4120 | 💲 別墅套房
¥ 84,000/ 晚起 | 🌐 https://okinawa-uds.co.jp/hotels/the-rescape/

四通八達
Map 7-2 ③
Hotel Locus

 宮古島機場乘的士或駕車約 15 分鐘

Hotel Locus 與 The Rescape 屬同一個酒店集團，不過 Hotel Locus 走的卻是大眾化的路線。全酒店有100間客房，裝潢走簡約的日系路線，最平不用¥ 10,000/ 晚。雖然沒有海天一色的靚景，這裡位置勝在是宮古島市中心，無論在平良港巴士總站乘巴士作島內遊，或於碼頭乘渡輪到其他外島遊都超級方便，更有單車外借供客出入。而且食肆選擇亦超多，最啱喜歡熱鬧好動的旅客。

INFO

🏠 宮古島市平良下里 338-40 | 📞 098-079-0240 | 💲 雙人房
¥ 8,500/ 晚起 | 🌐 https://okinawa-uds.co.jp/hotels/hotellocus/

神秘海底世界　**Map** 7-2
宮古島海中公園 ④

🚕 宮古島機場乘的士或駕車約
25分鐘

　　位於宮古島北端的海中公園，顧名思義是以海洋為主題的公園。公園沿岸而建，有觀海步道、展望台，最特別是在一座深入海底5米的水族館。水族館設有24個，每個有0.5米寬的觀測口，讓遊客可以清楚地觀察沿岸海洋生動的動態。行到累了，公園又設有海景餐廳，一邊品嘗沖繩海鮮料理，一邊欣賞宮古島海岸風光，既寫意又自在。

INFO

🏠宮古島市平良狩俣 2511-1| 📞098-074-6335| 🕐水族館 10:00am-5:00pm | 💲 水族館 成人 ￥1,000，高中生 ￥800，小學至初中 ￥500，6 歲以下免費 | 🌐 http://miyakojima-kaichukoen.com/

INFO

🏠宮古島市下地与那覇 1199 番

Map 7-2　世界第一海灘
⑤ 與那霸前濱沙灘

🚕 宮古島機場乘的士或駕車約 30 分鐘

　　宮古島有兩大絕色海灘，包括與那霸前濱沙灘及砂山海灘，其中那霸前濱沙灘更榮獲「Dive & Travel Awards 2017」，被譽為「世界第一海灘」。海灘水清沙幼的程度，可以用驚人來形容。海灘對出的池間大橋，點綴了海天一色。沙灘的設施不算多，在沙灘上的 MIPAMA ES SU CASA餐廳，提供豪邁而美味的沖繩料理及BBQ套餐，伴著一望無際的碧海青天，令人心情無比舒暢。

文化深度遊

Map 7-2

宮古島市總合博物館 ⑥

🚗 宮古島機場乘的士或駕車約 5 分鐘

宮古島在很多年前已有人居住。展覽室內的模型便將古代人的生活及家居環境一一呈現眼前。

　東平安名崎、與那覇前浜海灘、オムギャーマリンガーデン海岸、池間大橋、吉野海岸、砂山海灘、長間浜被當地人選為「宮古7大絕景」。有時間當然要逐一暢遊，不過若想更深入了解宮古島的一切，這所博物館將會對宮古島與周邊小島的歷史與風俗作詳細的介紹，更展示了從遺跡發掘出來的文物。

每逢祭典或喜慶節日，昔日宮古島的原住民都會穿上怪異裝束，載歌載舞。

INFO
🏠 宮古島市平良東仲宗根添 1166-287 | ☎ 098-073-0567 | 🕘 9:00am-4:30pm（星期一及公眾假期休館）| 💲 成人 ¥300、小童 ¥100

Map 7-2
⑦

喪吃宮古牛

宮古牛燒肉 喜八

🚗 宮古島機場乘的士或駕車約 30 分鐘

　沖繩離島除了石垣牛，宮古牛也是名物。宮古牛屬於和牛最高頂峰的「黑毛和牛」，出產量極少，非常珍貴。宮古牛柔嫩細緻，甘甜味美，而喜八正是宮古牛的專家。店家會採購極頭牛，再解體不同部位予客人品嘗。除了宮古牛，這裡也提供「多良間牛」與Agu豬，集合沖繩各地出產的精良肉類，簡直是食肉獸的天堂。

INFO
🏠 宮古島市平良下里 595-1 F | ☎ 098-073-3859 | 🕕 6:00pm-10:00pm | 🌐 http://miyako-kihachi.com

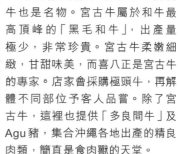

石垣島

宮古島

西表島

竹富島

與那國島

久米島

波照間島

慶良間諸島

椰子蟹大餐
海鮮悟空

Map 7-2
⑧

🚕 宮古島機場乘的士或駕車約
30分鐘

　　在日本不同地方都有該地的特產蟹品，而海鮮悟空可以嘗到的，竟是生於宮古島上紅樹林的椰子蟹。椰子蟹生以吃椰子及水果為生，野生捕獲的椰子蟹肉味鮮美，腹部脂肪多，獨具椰香味，是海鮮悟空必試名物。蟹品以外，這裡亦能吃盡沖繩海產料理，包括紅芋天婦羅、海葡萄及各式刺身，也有不同的泡盛選擇，定能滿足海鮮控的胃口。

INFO

🏠 宮古島市平良下里246番地 | ☎ 098-072-0897 | 🕐 11:30am-2:00pm,5:20pm-10:00pm，星期日只有晚市

⑨
Map 7-2

有得食有得玩
鄉家

🚕 宮古島機場乘的士或駕車約30分鐘

　　以沖繩傳統料理為主打的鄉家，除了在食物上落足心機，每晚7時半開始，更有沖繩傳統的技藝表演，包括三味線演奏、宮古島民謠獻唱等。雖然身為遊客，未必能了解所有表演的內容，能箇中的熱情及鄉土情懷，卻能充分體會和投入。食物方面，餐廳也堅持採用沖繩在地的出產，無論是海鮮、肉類及蔬菜，都是新鮮由原產地直送，貫徹餐廳尊重並宏揚在地文化的宗旨。

INFO

🏠 宮古島市平良字西里570-2 | ☎ 0980-74-2358 | 🕐 5:30pm-10:00pm | 🌐 https://zumi-goya.com/

珍藏逾萬貝殼　**Map** 7-2
宮古島海宝館 ⑩

 宮古機場乘的士或駕車約 25 分鐘

沖繩到處都是絕美海灘，不少遊客也會拾幾個貝殼留念。想知道自己執到的貝殼有多特別，不妨跟館長數十年的珍藏比較一下。

出生於城邊町的幸地和夫館長自幼就學潛水，並收集了無數珍貴貝殼。為與同好分享珍藏，他特別開設了這家海寶館，展示了6,000種逾15,000顆貝殼，更按形狀、顏色及生態作分類介紹。這兒同時設有體驗課程，參加者可嘗試切斷貝殼，再加工磨製成貝殼飾物。若對自己的手藝沒信心，館內亦有小賣店出售各類貝殼產品。

INFO

🏠 宮古島市城辺町字保良 591-1| 📞 098-077-2323 | 🕐 9:00am-5:00pm | 🌐 www.kaihoukan.co.jp | 成人 ￥500、小童 ￥300

Map 7-2　日本百景
⑪ 東平安名崎

🚕 宮古機場乘的士或駕車約 35 分鐘

位於宮古島最東面的海角，是宮古島其中一個最著名的風景名勝，曾被選為日本百景及日本都市公園之一，可想而知景色有多漂亮。海角高約20公尺，上面有一個長滿鮮花與綠草的天然平台，南面是太平洋，北面則對著東海，構成一幅絕美的圖畫。登上海角盡頭的燈塔，更可從高處俯瞰最美麗的自然景致。

沿著東平安名崎往前走，就會見到一座白色燈塔。只需付出￥200，就可在塔上180度觀賞宮古島美景。

海天一色賺得多，但走到東平安名崎的盡頭，才親身感受得到那份震撼。

INFO

🏠 宮古島市城辺保良 | 📞 098-090-8294（宮古觀光協會）| 🕐 9:00am-4:30pm（平安名崎燈塔）| 💲 ￥150（平安名崎燈塔）| **MAPCODE** 310 176 820*30

石垣島

宮古島

西表島

竹富島

與那國島

久米島

波照間島

慶良間諸島

宮古絕景
池間大橋 ⑫

Map 7-2

🚕 宮古機場乘的士或駕車約 30 分鐘

於1992年開通的池間大橋全長1,425米，建於蔚藍的海水上，連接了宮古島北部及池間島，四周景色隨著天色及潮汐不斷變化，景象各有風味，難怪成為宮古7絕美景之一。若嫌坐在車上看不清美好景致，也可將汽車停在一旁，站在橋邊眺望附近的島嶼與海中的魚兒。

INFO

🏠 宮古島市平良池間 | MAPCODE 310 871 737*88

夕陽無限好
長間浜 ⑭

Map 7-2

🚕 宮古機場乘的士約 25 分鐘

砂山海灘的天然巨岩雖然是龍友們的構圖恩物，不過若想正正經經影張沖繩的「鹹蛋黃」風景照，長間浜可能會更適合你。位於來間島西北面的長間浜，是當地其中一個人氣長灘。由於泳灘向正西方，每到黃昏時分，不少人都會湧到這兒來觀賞日落美景。

INFO

🏠 宮古島市來間 | MAPCODE 1072 193 446*8

龍友必去
砂山ビーチ ⑬

Map 7-2

🚕 宮古機場乘的士或駕車約 10 分鐘

説砂山沙灘水清沙幼，大家可能會嘘：「廢話！沖繩有邊個沙灘不是水清沙幼？」那麼砂山沙灘憑什麼成為宮古7大絕景之一呢？原來這個沙灘上有個被海水和海風侵蝕而成的珊瑚礁洞穴，驟眼看不覺特別，但日落時透過洞穴拍照，卻輕易成為一個天然框架，龍友們怎招架得住？

INFO

🏠 宮古島市平良下崎 | MAPCODE 310 603 174*08

白色發電風車
西平安名崎 ⑮

Map 7-2

🚕 宮古機場乘的士或駕車約 25 分鐘

西平安名崎位於宮崎島西北面，海角尖端處設有展望台，可以眺望西邊的伊良部島、東邊的大神島，以及相鄰的池間島景色，是繼長間浜之外的另一個欣賞日落勝地。食正西北風的西平安名崎還有另一個特色，就是蓋了一座風力發電白色風車，環保之餘又有點綴環境之效。

INFO

🏠 宮古島市平良狩 | MAPCODE 310 841 572*55

Map8-1A
与那國島

北

Google Map
下載

1. 最西端之碑　　　8-4
2. 与那國島伝統工芸館　8-4

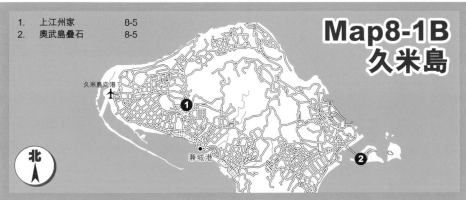

1. 上江州家　　　8-5
2. 奧武島疊石　　8-5

Map8-1B
久米島

久米島空港

兼城港

北

Map8-1C
波照間島

北

波照間港

波照間空港

1. 最南端之碑　　　8-6
2. 二シ浜　　　　　8-6

座間味村觀鯨協會
F4-8

座間味村
座間味港

阿嘉港

渡嘉敷村
渡嘉敷港

1. 渡嘉敷島　　　8-7
2. 阿嘉島　　　　8-7

Map8-1D
慶良間諸島

北

石垣島

宮古島

西表島

竹富島

與那國島

久米島

渡照間島

慶良間諸島

最大原始森林●
西表島

面積：289.27平方公里
人口：2,437人

　　與熱鬧的石垣島相比，西表島就更加貼近大自然。這兒的面積僅次於沖繩本島，是八重山諸島中最大的島嶼，但人口卻只得2千多人，故十分寧謐恬靜。島上有9成面積被亞熱帶森林覆蓋，在這兒既可欣賞瀑布、紅樹林與奇珍異獸，也可在河流上划橡皮艇，相當寫意。

交通：(1) 石垣—西表大原港：乘八重山觀光渡輪、安榮觀光高速船約35分鐘（每日9至11班）；
(2) 石垣—西表上原港：乘八重山觀光渡輪、安榮觀光高速船約40分鐘（每日6班）

上原港

②

綱取灣

鹿川港

北

大原港

①

1.由布島水牛車
2.マリュドゥの滝

騎牛牛過河
由布島水牛車 ①

🚗 大原港乘的士或駕車至水牛車乘車處約20分鐘

　　來到西表島，絕對不能錯過乘水牛車過河這一行程。由於西表島的美原村就在另一小島由布島對岸，因此遊客可乘坐20分鐘水牛車，渡過潮漲時深度約1米的淺灘，來到恍如熱帶植物園、生長著近40,000棵椰子樹和木槿樹的由布島。

負責拉車渡河的水牛都很聽話，只要車伕輕拍其屁股，就會乘乘地接載一車約10人過河。

INFO

🏠 竹富町古見 689 | 📞 098-085-5470 | 🕐 西表島發車 9:00am-4:15pm，由布島發車 10am-5:00pm（每隔30分鐘開車）| 💲 成人 ¥1,760、小童 ¥600（來回）

百大瀑布
マリュドゥの滝 ②

🚗 上原港搭乘往「白浜」方向巴士，於「浦內橋」站下車，再轉乘觀光船至「中流段軍艦岩」終站，步行約 30 分鐘至展望台

　　有興趣到西表島遊覽的，十居其九都是喜歡接觸大自然的人。既然如此，也就不要怕路途遙遠，到全沖繩縣唯一獲選為「日本100大瀑布」的「マリュドゥの滝」一開眼界吧。此瀑布分成兩個段落，由於落差不遠，與平常磅礡的瀑布相比，又有另一番風貌。

「マリュドゥ」是沖繩方言「圓形的潭」的意思。因瀑布呈圓形而得名。

INFO

🏠 竹富町浦內川 | 📞 098-082-5445（竹富町觀光協會）

最富琉球味
竹富島

面積：5.42平方公里
人口：366人

竹富島地方小小，島上就只得300多名居民和一間小學。由於人口小，空氣自然特別清新，所以又被譽為沖繩最乾淨的島嶼，島內清一色都是白砂地、紅瓷頂木屋，以及造型趣怪的守護獅。竹富島自1987年開始更被日本政府列為重要傳統建築物群保存地區，自此吸引不少遊客前來感受小島獨有的琉球農村文化色彩。

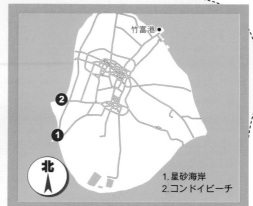

竹富港

1. 星砂海岸
2. コンドイビーチ

北

交通：從石垣島乘八重山觀光渡輪、安榮觀光、高速船約10分鐘（每日18-21班）。

沙灘摘星
星砂海岸 ①

 由竹富港步行約 30 分鐘；騎單車約 18 分鐘

除了黑糖和海鹽外，星砂亦是沖繩最受歡迎的手信之一。小小的沙粒到底有何特別之處，每天都吸引無數人前來「刮沙」？原來「星砂海岸」擁有為數不少的星形沙粒，只要花點時間和眼力，就可以從普通沙粒中找出星砂。自問沒有耐性慢慢儲齊一小瓶，還是花￥200在附近的攤檔購買現成品吧。

Check Point
星砂的由來
星形沙粒其實是依附在海藻上的孔蟲軀殼，孔蟲死後軀殼被海浪沖到海灘上，經風化後便成了星砂。

INFO

🏠 竹富町竹富上原 | 📞 098-082-5445（竹富町觀光協會）
| 🕐 24 小時

回味 Beach Boys ②
コンドイビーチ

 由星砂海岸步行約 10 分鐘；騎單車約 5 分鐘

想當年日劇《Beach Boys》迷倒不少男少女，男的喜歡活潑可愛的廣末涼子，女的則忙著討論反町隆史還是竹野內豐長得較帥！而這個位於星砂海岸附近的沙灘，既是竹富島最大的海灘，也是當年《Beach Boys》其中一個拍攝場地。即使自命年輕未聽過這套日劇，單是幼滑白沙與碧綠色海水，已有足夠原因吸引你前來吧。

藍天白雲在香港買少見少，清澈見到小魚兒在水裡暢遊的泳灘更是難得一見。

INFO

🏠 竹富町竹富 | 📞 098-082-5445（竹富町觀光協會）
| 🕐 24 小時

石垣島
宮古島
西表島
竹富島
與那國島
久米島
波照間島
慶良間諸島

日本最西端・与那国島

沖繩與台灣位置相近，而位於沖繩最西端的與那國島，更是最接近台灣的島嶼，兩地僅相距111公里，比跟石垣島的127公里距離還接近。過去由於被黑潮包圍，令到來往其他島嶼相當困難；直至1985年在與那國島南海岸附近海底發現古城遺跡，這兒才成為沖繩另一旅遊勝地。

交通：(1) 從石垣空港乘RAC內陸機約30分鐘（每日3班）；(2) 從石垣港乘福山海運約4小時30分鐘（每周2班）。

面積：28.88平方公里
人口：2,048人

遠眺台灣　Map 8-1A ①
日本最西端の碑

 機場乘的士或駕車約15分鐘

來到日本最西邊的與那國島還嫌不夠，那就一定要去跟這塊「最西端之地」的石碑拍照留念，順道拿一份證明書，以證你曾踏足全日本最西遠島嶼的最西端。由石碑所在的海峽開始計，與台灣的距離就只有111公里；天氣好的時候，無須望遠鏡已可清楚看到台灣的山脈。

因為沒有污染的關係，與那國島無論天空或海水都好像特別蔚藍，與碧綠的山坡構成絕美畫面。

INFO 与那国久部良 | ☎ 098-087-2402（与那国町觀光協會）

500年花織藝術　②
与那国島伝統工芸館　Map 8-1A

 機場乘的士或駕車約10分鐘

織布技術是沖繩其中一種備受讚賞的手工藝。與那國島有一種已有500年歷史的琉球花織工藝，因利用島上的花卉植物作染料而稱為「花織」。你不但可以免費參觀整個紡織過程，更可購買極富特色的織錦作手信。

花織作品雖然圖案簡單，但樸實的紋理有時比花巧圖案更富特色，而流傳了數百年的精湛技巧也很值得欣賞。

INFO 🏠 与那国与那国町 175 | ☎ 098-087-2970 | 🕐 8:30am-5:30pm，星期六至 5:00pm，星期日休息 | 💲 免費

泡盛之鄉・久米島

久米島位於沖繩本島以西約100公里的東海上，與那霸距離僅半小時機程，是沖繩本島周邊最大的島嶼，也是沖繩縣的第5大島。久米島以沙灘及泡盛著稱，東南部 I-FU 海灘一帶的白沙海岸是島上最繁盛的娛樂區，每年夏天例必擠滿遊客。而產自久米島的「久米仙」在芸芸泡盛中一向最受擁戴，更吸引不少人專程前來購買。

交通：(1) 從那霸乘 JTA、RAC 內陸機約30分鐘（每日7班）；
(2) 從那霸乘久米商船約4小時（每日2班）。

面積：63.21平方公里
人口：8,228

最古老民房　Map 8-1B
上江洲家

🚗 兼城港乘巴士於「西銘」站下車，步行約 10 分鐘

上江州家由具志川城主的後裔興建，是代代相傳的地主世家。而這幢房舍約建於1726年，是沖繩歷史最悠久的民房，被列為國家重要文化財產。房舍以珊瑚石灰岩建成，被茂盛的福樹樹叢圍繞，裡面還有豬舍、水井、儲存古物的倉庫等遺跡，甚具日本武士官邸的風格和氣派。

上江州家坐落在平靜的村落中，房舍雖已有二百多年歷史，但保存得相當良好。民房被珊瑚石灰岩所造的圍牆包圍，據說是和風水有關。

INFO

🏠 久米島町西銘 816 ｜ 📞 098-985-2418
｜ 🕐 9:00am-6:00pm ｜ 💲 成人 ￥300、小童 ￥100

日本地質百選　Map 8-1B
奧武島の疊石

🚗 由巴士營業所搭乘「空港線」於「西奧武」站下車，步行約 3 分鐘

可能沖繩實在有太多水清沙幼的泳灘，所以當大家來到久米島東側的奧武島，並看到沙灘上竟布滿五角及六角形的岩石塊時，都顯得特別興奮。事實上，這些著名的疊石都屬於縣指定的天然紀念物，更被列入日本地質百選。至於產生的原因，據說是因為曾有熔岩流經此地再緩慢冷卻而成。

疊石平時會被海水淹沒，雖然海水清澈一樣看得清楚，不過若想看到龜殼般的紋理，還是在潮退時前往最適合。

INFO

🏠 久米島奧武 ｜ 📞 098-985-7115（久米島觀光協會）

國境之南 • 波照間島

與那國島是日本最西端的島嶼，至於最南端的有人島則是同樣位於沖繩的波照間島。由於日本聲稱東京都小笠原村的無人島—沖之鳥島才是當地最南的島嶼，因此波照間島只能稱為「日本最南端的有人島」。來到這個南國，最佳節目當然是在晚上觀看南十字星了。

交通：從石垣港乘安榮觀光、波照間海運高速船約1小時（每日4班）。

面積：12.7平方公里
人口：600人

小貼士
因島上沒有公共交通工具，所以只能租借單車或電單車作代步之用。

石垣島

宮古島

西表島

竹富島

與那國島

久米島

波照間島

慶良間諸島

和平紀念碑　**Map** 8-1C
日本最南端の碑 ①

🚗 波照間港駕車 15 分鐘或騎單車約 30 分鐘

波照間島既然是日本最南的有人島，那麼，在島上最南端當然也要豎立一個「最南端の碑」以作記認。紀念碑在戰後50周年建立，來自日本不同城市的遊客來這兒之前，都會從家鄉帶來一塊小石頭，再在石碑周圍堆成「蛇の道」，祈願沖繩不會再因戰亂而與本土分離。

始終是國境之南，即使附近是荒山野嶺，每天一樣吸引不少遊客前來觀光。

除了一塊石碑外，前面就是懸崖與一望無際的大海。

INFO
🏠 竹富町波照間 | 📞098-082-5445（竹富町觀光協會）

日本最美海灘　**Map** 8-1C
ニシ浜（北浜） ②

🚗 從波照間港巴士總站步行 10 分鐘

波照間島是日本最南端的有人島，亦是少數能觀測到南十字星的島嶼。島中的二シ浜海灘曾被評為日本第一的海灘，水清沙幼，海面更是一片獨特的「波照間藍」，十分漂亮。

順帶一提，二シ浜正確翻譯為北浜而不是西浜（日文西方為ニシ），根據當地的八重山方言，「ニシ」是北方的意思，意指這個海灘在島的北面。

日本還有一首歌「波照間ブルー」來讚揚北浜美景。

INFO
🏠 竹富町八重山郡沖繩縣 907-1751| 📞098-082-5445（竹富町觀光協會）| 🌐 https://painusima.com/913/.jp

潛水者天堂・慶良間諸島

沖繩是水上活動的天堂，香蕉船、玻璃船、水上電單車等玩意在本島已經有得大玩特玩。不過，若然你是潛水愛好者，那麼自成一角的島嶼應該更令你流連忘返。由座間味島、阿嘉島、渡嘉敷島等小島組成的慶良間諸島距離那霸僅40公里，無論前往時間或費用都很划算；加上海水清澈得近乎透明，難怪不少推廣沖繩旅遊的宣傳照片都出自這兒。

小貼士
先計劃才出發
由於慶良間諸島列島分散，只能依賴由那霸開出的船隻來往不同島嶼，加上班次疏落，所以出發前應先決定前往哪個島暢遊，免得一來一回浪費時間。

前往渡嘉敷島交通：從那霸乘渡嘉敷村船舶課高速船約35分鐘（每日3班）。
前往座間味島及阿嘉島交通：從那霸乘座間味皇后號高速船，其中一班會停泊阿嘉島，約1小時（每日2班）。

透明度首屈一指 ① 渡嘉敷島 Map 8-1D

 在碼頭租車前往島上各景點

沒有一個潛水愛好者可以抵擋得了渡嘉敷島的魅力！來到這個慶良間列島中最大的島嶼，任何人都會被近乎透明的海水所吸引。原來這兒的海水透明度達50米，在潛進零污染的大海之前，謹記帶齊潛水攝影裝備，因為可能一世也再沒機會在如此清澈的海洋中潛水。

如此透明的海水，可將珊瑚及海洋生物盡收眼底。

INFO
🏠 渡嘉敷島 | 📞 098-987-2232（渡嘉敷村經濟課商觀光系）| 🌐 www.tokashikibus.jp

原始森林 Map 8-1D 阿嘉島 ②

在碼頭租車前往島上各景點

沖繩不少島嶼都被開發成旅遊勝地，若想感受沖繩最純樸自然的一面，阿嘉島應該會合你心意。這兒有一大片未被開發的原始森林，幸運的話更有機會看到受國家保護的慶良間鹿的蹤跡。海洋生物亦同樣豐富，單是珊瑚礁就有超過260種，夠吸引吧？

行程小貼士
座間味島賞鯨
除了以上介紹的兩個島，座間味島也是慶良間諸島其中一個最受歡迎的小島，此島馳以名就是賞鯨活動。想欣賞座頭鯨的雄姿。

INFO
🏠 阿嘉島 | 📞 098-987-2277（座間味村觀光介紹所）| 🌐 www.shimanavi.com/aka

1) 簽證

香港特區護照及BNO持有人

由2004年4月1日開始，凡持有香港特區護照或英國（海外）公民護照(BNO)前往日本，均可享有免簽證入境、逗留當地90天的待遇。另於2005年3月25日起，凡持澳門特區護照者亦可享有免簽證入境、逗留當地90天的待遇。

其他旅遊證件持有人

若未持有香港/澳門特區護照或BNO之人士，欲前往日本旅遊、探親或公幹，需到日本簽證申請中心辦理簽證手續。辦理簽證申請約需兩個工作天。

日本簽證申請中心

地址：香港北角電氣道148號16樓3室
申請時間：周一至五8:30am-3:00pm
領證時間：周一至五8:30am-4:45pm
預約網址：https://www.vfsglobal.com/Japan/Hongkong/
簽證申請書下載：https://www.mofa.go.jp/mofaj/toko/visa/pdfs/application1_c2.pdf

2) 貨幣

流通貨幣為日圓YEN，¥100兌約HK$5.6（截至2023年6月）。港元可在日本兌換成日圓。關西機場兌換中心從6:00am 開始營業，直至最後一班航班抵達。大阪的銀行由周一至周五9:00am-3:00pm 營業，遊客亦可在郵局的辦公時間（9:00am-4:00pm）兌換日圓。雖然在大阪兌換兌換日圓甚方便，但編輯部建議讀者最好在香港先兌換，而且匯價較佳兼手續快捷。

提款卡海外提款

由2013年3月1日開始,所有信用卡/提款卡的海外自動櫃員機（ATM）每日提款限額（包括現金透支）及每日轉賬額將應**香港金管局要求被設定為港幣0元!**

旅客若打算在海外自動櫃員機進行提款,**應於出發前向有關發卡銀行進行啟動 / 激活**。

3) Visit Japan Web

網站：https://vjw-lp.digital.go.jp/zh-hant/

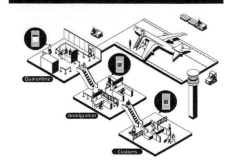

2022年11月14日起，入境日本的旅客必須使用 Visit Japan Web 預先登記才可以入境。旅客可以在電腦或手機上填寫個人及同行者（嬰幼兒或無法自行辦理入境手續之人士）資料，包括檢疫（針紙）及海關申報資料，便會獲得入境審查、檢疫及海關的 QR碼，旅客可憑此入境及離開日本之用。

首次登記過程會較複雜，但坊間有不少視頻詳細教授整個過程，只要按指示便能順利完成。

另外由2023年5月8日開始，日本政府將會撤銷入境時出示3劑疫苗接種證明或PCR檢測陰性證明，旅客未打針及檢測也可進入日本。

4）時差

時差方面，日本全國各地使用統一時間。時差比香港快1小時（＋1小時），如日本是8:30am，香港時間則為7:30am。請讀者緊記到埗後自行調校手錶、手機及手機的時間，以免稍後出現「瞓過龍」、「送車尾」，甚至「送飛機尾」等烏龍事。

5）氣象預測

出門前需留意當地的天氣。最快最直接的方面，就是上網查閱日本氣象廳的四日天氣預報！就連地震預警、海嘯預警都有齊！

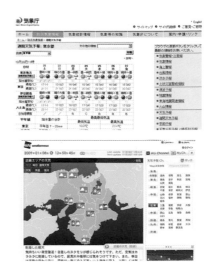

日本氣象廳
https://www.jma.go.jp/jma/index.html

除了官方的氣象預報外，日本亦有一所民營的天文台，其準確程度不遜於日本氣象廳。

除了提供天氣預報外，用家更可以直接查閱主要大區的詳細天氣情況，細緻如早午晚時段的氣溫、降雨量、降雨機會率都有提供，最令人激賞的就是網頁更提供現場即時影像LiveCam，天晴還是下大雨一目了然。

日本Weathernews網頁
http://weathernews.jp

櫻花花期預測

若你想得到當地最近的資料，可以到日本很有名的旅遊雜誌RuRuBu的網頁查看他們的報導。網頁內除了提供開花／紅葉的預測期、各地賞櫻／紅葉的熱門地方詳盡介紹外，更有讀者每週提供的現場照片，讓旅客可以做足心理準備，預算賞櫻／紅葉的最佳時間。

RuRuBu——櫻花最前線報導
http://www.rurubu.com/season/spring/sakura
RuRuBu——紅葉最前線報導
http://www.rurubu.com/season/autumn/koyo

6）電壓及電話

日本的電壓是100V，頻率是50Hz。電插座是兩腳扁插頭。由香港帶來的電器，若是110V-240V的插頭，當然沒問題，假如是220V便不能直接使用，需準備220V轉100V的變壓器。

日本的電話號碼由3部分組成，由香港致電札幌，可撥81（日本國碼）-98（沖繩區域碼）-個人電話號碼。若於沖繩致電當地的電話，就不用加上區域碼，例了如下：

香港至沖繩：XXXX-81-98-271-2256
"98"為沖繩區域碼

沖繩區內：271-2256

7）4G日本無限數據卡

　　同Wi-Fi 蛋比較起來，數據卡最大好處是便宜、慳電，可以每人一張卡。Docomo 在日本的4G覆蓋度很高，但Softbank的覆蓋範圍也達到99%，在主要大城市兩者網絡訊號接收度，差別不大。中國聯通的8天4G無限數據卡，參考價只是HK$70，比其他品牌數據卡抵用，缺點是數據用量達4GB後有限速（不低於128kbps）。如果一定想用Docomo，可以考慮3HK 日本4G 7日7GB無限數據卡，使用超過7GB會降速至256kbps，參考價為 HK$80。(資料截至2023年5月)

售賣地點：鴨寮街、各電訊公司

8）免費Wifi

　　日本流動網絡商SoftBank於2015年開始向遊客提供Wifi免費熱點服務。SoftBank的Wifi熱點主要分布在鐵路車站、高速公路休息處、便利店等地方。用戶必需利用非日本 SIM 卡，才可使用免費Wifi。每次登記後可連續使用2星期，最多可供5部裝置使用，到期後可重複登記一次。

登記方法：
1) 用手機撥打免費電話
　（英語：*8180
　　中文：*8181）
2) 取得 Wifi 密碼
3) 開啟手機 Wifi，
　用戶名為「852」加
　「手機電話號碼」，輸入密碼後即可啟用。
https://www.softbank.jp/en/mobile/special/freewifi/zh-tw/

FREE Wi-Fi PASSPORT

11）有用電話

警局	110（日語）
	35010110（英語）
火警及救護	119
24小時求助熱線	0120-461-997
那霸機場	098-840-1179
中國駐福岡大使館	092-713-1121
(沖繩為福岡大使館管轄地區)	
香港入境事務處	852-1868
那霸市立醫院急病中心	098-887-1199
名護市夜間急病診療所	098-051-1425

12）日本節日

1月1日	新年
1月的第2個星期一	成人節
2月11日	國慶節
2月23日	天皇誕生日
3月20日或21日	春分
4月29日	昭和日
5月3日	憲法紀念日
5月4日	綠之日
5月5日	兒童節
7月20日	大海之日
9月15日	敬老日
9月23日	秋分
10月第2個星期一	健康體育日
11月3日	文化節
11月23日	勞動感謝日

最新日本退税

海外旅客在貼有「**免稅標誌**」的商店或百貨購物**滿￥5,000至￥50萬（未含稅）**，結帳時只要出示有效護照，即可享免8%消費稅優惠。退稅有兩種方式：

1. 店鋪結賬時，直接收取免稅價。
   （五大藥妝店均如此，由專屬免稅櫃檯辦理）
2. 店鋪先以含稅價格付款，之後顧客憑收據到退稅櫃檯領取現金。
   （百貨公司及Outlet的辦理方法，一般會收取1.1%手續費）

由2023年4月1日起，登記Visit Japan Web時，增設了「建立免稅QR碼」。到商店進行退稅時，只要出示「免稅QR碼」給店家掃瞄即完成登記，不用再出示護照，令退稅過程更快捷。此外，免稅手續已全面電子化，不再提供紙本收據，毋須在護照上釘夾免稅單，也不需要在離境時把單據交回海關櫃台。

雖然不用再把單據在出境時交給海關，但海關會在大家離境前設置櫃檯，要求每位旅客出示護照，馬上查閱所購的免稅品。記者於離境時給抽查，要求出示紀錄中的退稅商品，部份因為已托運無法出示，海關仍要求出示當時帶在身上的部份免稅品，並就已托運的退稅品進行問話（如：買了甚麼），只要如實回答即可。

※ 如購買的退稅品已在日本境內寄回所住的地方，請於郵寄時保留單據，離境時跟海關出示即可。

退稅退足13% ??

目前不少信用卡都與日本商戶有合作推出優惠，於指定商店或百貨公司用特定信用卡簽賬，即享額外5%-6% 折扣，優惠雖不算太多，但連同8% 免稅就有13% 折扣。由於店舖眾多，未能盡錄，以下為銀聯卡之退稅優惠連結：

http://www.unionpayintl.com/cardholderServ/serviceCenter/merchant?language=en

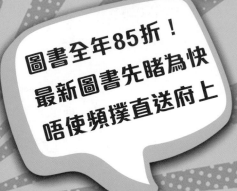

《 沖繩王 》

出版經理：馮家偉

執行編輯：Gary、Winnie

美術設計：Windy

電話：5116 9640

傳真：3020 9564

出版：經緯文化出版有限公司

電子郵件：iglobe.book@gmail.com

網站：www.iglobe.hk

港澳發行：聯合新零售 (香港) 有限公司

電話：852-2963-5300

台灣發行：大風文創股份有限公司

電話：886-2-2218-0701

國際書號：978-988-76582-1-4

初版：2008年　第52版：2023年6月

定價：港幣128元　台幣499元

iGLOBE PUBLISHING LTD.

Rm 25, 8/F, Blk A, Hoi Luen Industrial Ctr,55 Hoi Yuen Rd, Kwun Tong, KLN